起業の科学

スタートアップサイエンス

田所雅之

日経BP社

起業家の一番大きな課題を解決するために、この本を書いた。

　この本は、スタートアップの成功に必要な知識をまとめようと、作成してきたスライド集『スタートアップサイエンス2017』がベースになっている。1750ページに上るスライド集を作るために、5年間、約2500時間を費やし、1000人以上の起業家、投資家、スタートアップ関係者と対話をしてきた。

　「なぜ、『スタートアップサイエンス』のスライドをまとめたのか？」とよく聞かれる。

　私がスライド集、そしてこの本をまとめた理由は、起業家の一番大きな課題を解決するためである。

　私自身、これまでに日本では4回、シリコンバレーで1回、スタートアップを立ち上げてきた。企業内で新規事業の立ち上げをするプロジェクトにも数多く加わってきた。また、スタートアップに対する投資家としても経験を積み、スタートアップの現状を多角的に見てきた。

　その経験から分かるのは、スタートアップを始めた瞬間から、起業家には課題が次から次へと降りかかってくることだ。その中でも、一番大きな課題は、スタートアップが成長していく過程の様々なタイミングで、自分たちが何を実現すればよいのかを判断する基準がないことだ。そのため、起業家は目標に対して前進できているのかさえ分からないまま、迷いつつ歩みを進めるしかない。

　スタートアップ以外の一般企業ならば、既存事業の売り上げやそこ

| Chapter 0 | INTRODUCTION |

から上がる利益が行動の指標となる。しかし、スタートアップは、起業から最初の売り上げが立つまでには、長い道のりがある。その途中で、何を達成すれば目標に対して前進できているのか、スタートアップの創業メンバーは具体的な基準がないままに悩み続けている。

その不安な状況からスタートアップを救うべく、世の中には数多くの優れた書籍、ブログ、動画などが公開されている。個別にはそれぞれ重要な内容が盛り込まれており、それぞれはとても有用なものだ。

しかし、問題がある。情報の多くがコンテクストに沿ったものでなく、スタートアップのどの段階で有効なのか分からないことだ。

このため、読むタイミングによっては、スタートアップにとって間違った情報になってしまうことがある。アイデアを十分磨き込んでいないのにプロダクト開発に注力したり、プロダクトがカスタマーの心を捉えるものになっていないのに成長に向けて投資をしたりといった間違いを起こし、成功する前に資金が尽きて倒れてしまう。

また、成功のために必要な情報の多くは書籍やブログ、動画などそれぞれのパッケージの中に散らばっており、情報を探すにも読み込むにも膨大な時間が必要になる。起業家はスタートアップを立ち上げた瞬間から、あらゆることを自らやる必要があり、これらの情報を集めるには、圧倒的に時間が足りないのだ。

「いつ、何のために役立つ情報かというコンテクストが分からない」「情報が散在していて、忙しい起業家には把握しきれない」。こうした問題点を解決するために、起業家が成長のステージごとに何に取り組めばよいのかを、私の経験も踏まえて時系列で整理したのが、この『起業の科学 スタートアップサイエンス』である。

本書では、カスタマーに熱烈に愛されるプロダクトを生み出し、成

長できるようになるまでの考え方を「アイデア検証」から「スケール（事業拡大）」までの20のステップとして定義している。各ステップでどのようなアクションをすべきかを詳細に紹介しており、このステップに沿うことで、自分たちのスタートアップが適切な方向に進んでいるか、時期に合った拡大ができているかをチェックできる。

　私はアマゾンやフェイスブックのような「大成功するスタートアップ」を作ることはアートだと思っている。ただし、この本で示した基本的な型を身につければ「失敗しないスタートアップ」は高い確率で実現できる。これを私はサイエンスだと信じている。その思いから、本書のタイトルを「起業の科学 スタートアップサイエンス」と定めた。

　読者のイメージとしては、スタートアップに関してまだ経験が浅く、玉石混交の情報に左右され、シリコンバレーでもがいていた2011年の自分自身を想定している。

　スタートアップが世界でもっと増えれば、世界は活性化し、より良い場所になると信じている。スタートアップを始めたい人、既にスタートアップを始めて壁にぶつかっている人、さらに一般企業の新規事業担当者が成功するために本書が一助になれば幸いである。

　なお、本書の制作に当たっては、書籍『リーン・スタートアップ』（日経BP社）、『Running Lean 実践リーンスタートアップ』（オライリー・ジャパン）、スライド集「あなたのスタートアップのアイデアの育てかた」（馬田隆明氏作成）に学ぶところが多かった。改めて感謝を申し上げたい。

INTRODUCTION

本書の構成

本書は5章立てで起業して成功するまでの20ステージを紹介している。

第1章の「IDEA VERIFICATION（アイデアの検証）」では、スタートアップの準備段階で必須となる、どんな課題解決をスタートアップのアイデアに定め、それをどう磨き込むかを解説する。

第2章の「CUSTOMER PROBLEM FIT（課題の質を上げる）」では、第1章で磨いたアイデア（課題仮説）を、顧客が本当に抱えているのかを検証する。

第3章の「PROBLEM SOLUTION FIT（ソリューションの検証）」では、検証が済んだ課題仮説を実際に解決するにはどんな方法が適切なのかを検討する。実作業としてはプロトタイプ（試作）を用いたユーザーインタビューを行う。

第4章が「PRODUCT MARKET FIT（人が欲しがるものを作る）」。市場で顧客から熱狂的に愛されるプロダクトを実現するPMFの達成は、本書の最も重要な目標だ。市場の反応を検証するための実用上最小限のプロダクト「MVP」を構築して顧客の声を集め、熱狂的に愛されるプロダクトを実現するための改善を続ける方法を解説する。

最後の第5章は「TRANSITION TO SCALE（スケールするための変革）」。PMFを達成したプロダクトをユニットエコノミクス（顧客1人当たりの採算性）という観点から改善し、利益が出る状態を実現する方法を解説する。PMFが達成でき、ユニットエコノミクスがプラスになったらスタートアップはいよいよスケール（事業拡大）する段階に進むことができる。

第1章

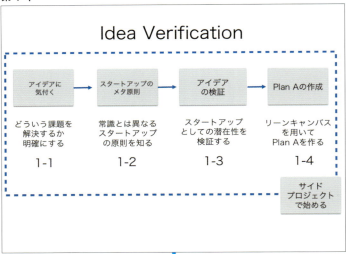

第2章

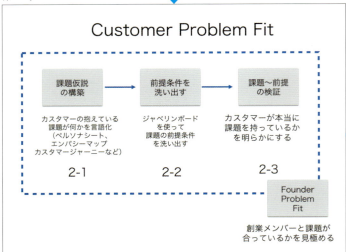

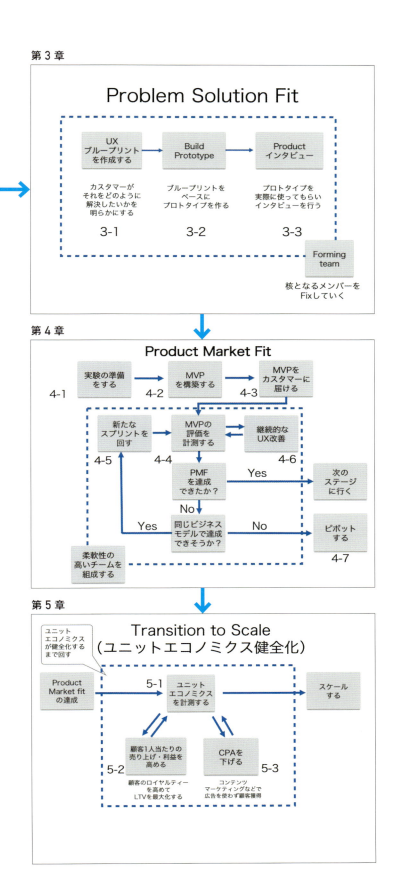

本書が提供すること

自分たちが正しい方向に進んでいるかを判断する
コンパスを提供する

スタートアップは、活動を始めてから、市場に熱烈に受け入れられるプロダクトを実現するPMFの達成まで、事業がどのくらい進捗しているのかを把握することは容易ではない。本書は、各ステージにおける進捗のチェックリストになり、スタートアップが正しい方向に進んでいるのかを確認できる。

時期尚早な拡大を防ぐためのガイドラインを提供する

スタートアップの多くは、アイデアや課題設定、プロダクトの検証が不十分なまま時期尚早な拡大に走ってしまう傾向がある（多くのスタートアップが時期尚早の拡大が理由で死んでしまう）。それを防ぐため、本書では、ステージごとにすべきこと、してはならないことの基準となるガイドラインを示す。リソースが限られるスタートアップが、無駄なことに注力して資金が尽きるという失敗の可能性を下げられる。

各ステージの目標を具体的なアクションに落とし込む
ノウハウ、ツールを提供する

本書では、抽象的な理論ではなく、スタートアップが実践できるノウハウ、フレームワーク、チェックリストなどのツールを提供している。スタートアップの経営者が、次に行うべき具体的な施策やアクションを明確に理解できる。

包括的な情報を提供する

私は5年の歳月をかけて、スタートアップに関する300冊以上の書籍、500本以上のブログを読み、1000本以上の動画を見た。さらに1000人以上の起業家・投資家などとディスカッションし、アドバイスやメンタリングを行った。そこに自分自身の起業経験・投資経験を加えたものをベースに本書を作り上げた。忙しい起業家にとって有用な情報の全体像が整理できる内容にまとめた。貴重なリソースである時間をセーブできるはずだ。

Contents

はじめに 3

Chapter 1

IDEA VERIFICATION 【アイデアの検証】 16

1-1 スタートアップにとっての「良いアイデア」とは 18

いかに課題にフォーカスするか
誰が聞いても良いアイデアは避ける
他の人が知らない秘密を知っているか?
なぜクレージーなアイデアが求められるのか?
スタートアップが避けるべき7つのアイデア

1-2 スタートアップのメタ原則を知る 38

スタートアップとスモールビジネスの違い
97%のことにNOと言えるか
スタートアップは極端に直感に反する

1-3 アイデアの蓋然性を検証する 54

スタートアップはタイミングが命
市場環境の流れを読む
PEST分析で「兆し」を見つける
破壊的イノベーションと持続的イノベーション
スタートアップの10のフレームワーク
ターゲットの市場に狙いを定める

1-4 Plan A（最善の仮説）を作成する 88

リーンキャンバスの書き方
ピボットの重要性と留意点

COLUMN サイドプロジェクトでアイデアを練る 100

Contents

Chapter 2

CUSTOMER PROBLEM FIT 【課題の質を上げる】 104

2-1 課題仮説を構築する 106

課題の質を上げる
ペルソナを想定する
カスタマーの体験に寄り添う

2-2 前提条件を洗い出す 120

ジャベリンボードの使い方

2-3 課題～前提の検証 124

Get out of the building!
プロブレムインタビューの心得
仮説を修正していく

COLUMN **創業メンバーは課題が腹落ちしているか（ファウンダー・プロブレム・フィット）** 138

Chapter 3
PROBLEM SOLUTION FIT
【ソリューションの検証】 …………… 140

3-1 UXブループリントを作る ……………… 142
最適化する前に入念な検証をする

3-2 プロトタイプの構築 …………… 160
UX設計をベースにプロトタイプを実装する

3-3 プロダクトインタビュー …………… 166
カスタマーの声がリスクを減らす
Problem Solution Fit終了の条件

COLUMN 共同創業するチームを作る ……………… 172

Contents

Chapter 4 PRODUCT MARKET FIT 【人が欲しがるものを作る】 … 180

4-1 ユーザー実験の準備をする —————— 182
リーン・スタートアップをより実践的にする
MVPの型を知る

4-2 MVPを構築する —————— 192
MVPからの学びを最大化する

4-3 MVPをカスタマーに届ける —————— 200
恥ずかしい状態のうちに市場に出す
マーケティングより直接対話する

4-4 MVPの評価を計測する —————— 204
スプリントの繰り返しで評価を計測
定量分析で定番の指標を使う
定性分析のインタビューでインサイトを得る

4-5　新たなスプリントを回す　　　218

PMF達成へ再びスプリントを実行
PMFは達成できたか?

4-6　UXを磨き込む　　　224

UXがユーザーの愛着を左右する
ユーザーを定着させるUXの秘訣
分かりやすさがユーザー定着の決め手

4-7　ピボットを検討する　　　238

ピボットをするか　辛抱するか
残り何回ピボットできるか?

COLUMN　PMF達成へ柔軟性の高いチームを作る　　　244

Contents

Chapter 5 TRANSITION TO SCALE 【スケールするための変革】 … 246

5-1 ユニットエコノミクスを計測する … 248
顧客が増えれば利益も増える形に
LTV（生涯価値）を計測する

5-2 顧客1人当たりのLTVを高める … 258
顧客を長く定着させるには秘密がある

5-3 顧客獲得コスト（CPA）を下げる … 264
PMF直後のCPAを把握する
オーガニックでCPA低減
情報をストックして幅広い層にリーチ

おわりに … 278

編集協力 = 郷 和貴
カバー・表紙イラスト = アフロ
オビの写真 = 菊池一郎、Snapchat

本書の図版は、スライド集『スタートアップサイエンス2017』をもとに作成した。
また、本書に掲載したURLは2017年10月初め時点のものである。

Chapter 1
IDEA VERIFIC

章の目的
- ●スタートアップにとって「良いアイデア」とは何かを理解し、解決すべき課題は何かを明確にする（1-1）
- ●スタートアップのメタ原則を知り、考えるべきアイデアの方向性を知る（1-2）
- ●自分たちが一生を懸けて取り組むべきアイデアなのかを検証する（1-3）
- ●リーンキャンバスを用いて、最初のアイデア仮説「Plan A」を作成する（1-4）

　スタートアップが成功できるか、失敗して消えてしまうか。それを決める基準は、Product Market Fit（PMF）を達成できるかできないかという点にある。

　スタートアップがプロダクトを生み出しても、それがPMFを達成して顧客から熱烈に求められるものでなければ、成長はできない。いずれ、そのスタートアップは資金が尽きて倒れてしまう。

　では、なぜ多くのスタートアップはPMFを達成できずに失敗してしまうのか。

　それは、プロダクトを作る前の段階でアイデアが十分検証できていないからだ。

　今取り組んでいるアイデアは、顧客が今悩んでいる課題に正対し、それを解決できるものになっているのか。スタートアップらしい、飛び抜けた「クレージー」なアイデアになっているのか。

　多くのスタートアップは、こうした検証なしに走り出して失敗する。

【アイデアの検証】

　PMFを達成する道のりは、あなたのスタートアップが温めているアイデアが本物かどうかを徹底的に検証し、磨き上げることから始まっている。

　まず、スタートアップとは何かを理解し、自分たちのアイデアはそれにふさわしいものか、現在取り組むべきものかを確かめてみよう。

　連続起業家で起業家教育に注力するスティーブ・ブランク氏は、創業チームや自分の殻に閉じこもらず、積極的に「Get out of the building.(建物を出よ)」と指摘している。机上の空論はやめて顧客と対話し、マーケットをもっと知るべきだという指摘だ。

　ただ、慌ててオフィスを飛び出してはいけない。顧客のもとを訪れる前に議論を尽くし、自分たちで最善と思えるアイデア仮説「Plan A」を持とう。

　では、あなたの取り組むアイデアは一生を懸けるべき価値があるものなのか、それを検証するところから始めよう。

写真=iStock

Chapter 1 　IDEA VERIFICATION

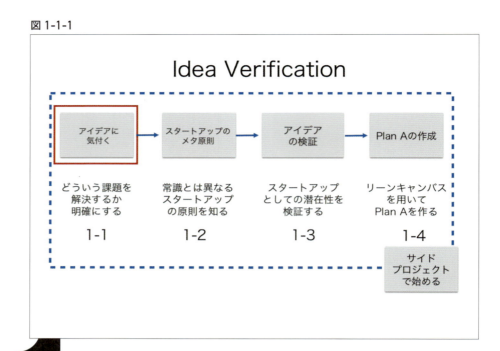

図 1-1-1

1-1 スタートアップにとっての「良いアイデア」とは

いかに課題にフォーカスするか

解決する課題の質を高めよ

「スタートアップの生死を分けるのは、Product Market Fit（PMF、市場で顧客から熱狂的に愛される製品のこと）を達成できるかできないかだ」

米国の有力ベンチャー・キャピタル（VC）、アンドリーセン・ホロウィッツの共同創業者、マーク・アンドリーセン氏はこう指摘する。いくら優れたプロダクトを生み出しても、市場に受け入れられなければ成長はできないからだ。

では、PMFを達成するために何をすればよいのか？

オフィスを飛び出して顧客のいるところを訪れ、対話をすることももちろん重要だ。ただし、その前にスタートアップがまずすべきことがある。自分たちのビジネスアイデアが市場から求められているものなのかを検証することだ。

ビジネスアイデアというと「儲かるアイデア」「ニッチなアイデア」「最先端技術を使ったアイデア」「社会貢献につながるアイデア」など、切り方によっていろいろなタイプが存在する。

では、スタートアップにおいて最も重要なアイデアは何か。それは、課題の質にフォーカスすることである。

私は今まで1500社近くのスタートアップのデューデリジェンス（評価）をし

注）マーク・アンドリーセン氏はウェブブラウザーのモザイクやネットスケープを開発したソフトウエア技術者。『HARD THINGS』（日経BP社）の著者ベン・ホロウィッツ氏とともに、2009年にVCのアンドリーセン・ホロウィッツを設立。アーリーステージのスタートアップに投資をする。
右の発言は、アンドリーセン氏のブログをアーカイブしている以下のサイトを参照した。
http://pmarchive.com/guide_to_startups_part4.html

図 1-1-2

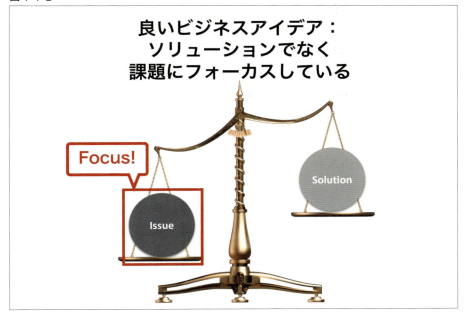

写真=iStock（天秤）

てきた。残念ながら、ビジネスアイデアが「課題ドリブン（課題ありき）」でなく、「ソリューションドリブン」「プロダクトドリブン」「技術ドリブン」であるスタートアップがあまりに目立つ。

一例を挙げよう。

私が今、アドバイスをしているスタートアップで、優れたIoT技術を有した会社がある。メンバーたちの会話を聞いていると、自分たちの技術力に自信があるからだろう。「この技術があれば、一般家庭の市場も取れるんじゃないか」といった話が平気で出てくる。

これはスタートアップにありがちな典型的な勘違いであり、「良いソリューション」をそのまま「良いアイデア」だと思ってしまっている。

一般家庭の課題を十分に検証せずに、その解決策（この場合はIoT技術）を投入するのは、危険極まりない。仮にニーズがあったとしても、技術力や資金力のある大手がIoT市場に打って出ようとしている中、磨き込みが浅い課題設定ではまともな勝負などできっこない。

ヤフーでCSO（最高戦略責任者）を務める安宅和人氏は知的生産の考え方を説いた著書『イシューからはじめよ』の中で、「バリューのある仕事をしようと思えば、取り組むテーマは『イシュー度』と『解の質』が両方高くなければならない」と述べている。

つまり、世の中にはたくさんのビジネスアイデアがあるが、目指すべきは課題（イシュー）の質とそのソリューションの質がいずれも高いアイデアである。その両方がそろうからこそ、市場で輝きを放つ価値あるアイデアになるという。

これは、スタートアップのアイデアにそのまま当てはまるものだ。では、そのバリューのあるアイデアを見つけるにはどうしたらいいのか？

実は、筋道（パス）は一つしかない。

「課題の質を上げてから、ソリューションの質を上げる」という筋道だ。先にソリューションの質を高めてから、解決する課題の質を高めるというパスは存在しない。

よって、スタートアップを始めるに当たって真っ先に注力すべきは、解決を目指す課題の質を向上させることだ。

「今検討しているアイデアは、顧客にとって本当に痛みのある課題なのか？」

注）IoTとは、Internet of Thingsの略。あらゆるデバイスをインターネットに接続する技術。ビッグデータの収集など、新たなビジネスの基盤となっている。

注）『イシューからはじめよ―知的生産の「シンプルな本質」』（安宅和人著、英治出版）。安宅氏は「イシュー度」とは「自らの置かれた局面でこの問題に答えを出す必要性の高さ」、「解の質」とは「そのイシューに対してどこまで明確に答えを出せているかの度合い」と定義している。

図 1-1-3

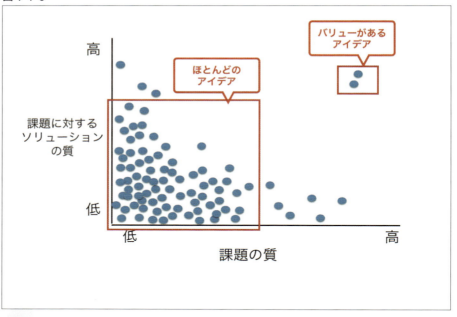

「このアイデアの妥当な代替策が、既に市場に存在していないか？」

このように様々な角度からアイデアの深掘りを繰り返していくことで、課題の質が上がる。それができたら、その課題に対する解決策を検討し、磨きをかけていくことで、初めて価値のある「良いアイデア」に至るのだ。

課題を軽視して大失敗

課題の質ではなく、ソリューションの質にこだわると、顧客にほとんど使われずに終わる。そんなサービスやプロダクトを例示してみよう。

【グーグルグラス】

眼鏡型端末のグーグルグラスは、米グーグルが2013年に満を持して発表したが、2015年1月に個人向け販売の中止を発表。市場にフィットするというPMFを達成できずに消えていった典型的なプロダクトだ。現在は法人向けに特化したモデルだけが細々と作られている。

グーグルグラスの失敗原因は明確で、自分たちが作りたいものからプロダクト作りが始まったことにある。つまり課題ドリブンではなかった。

グーグルグラスの単価は1500ドル（現在のレートで約17万円）。機能は斬新だったが、一般消費者が手を出せる金額ではなかった。

おそらくグーグルは、スマホに続くネット端末の新たな基本フォーマット（フォームファクター）になり得るともくろんで、「この機能でこれくらいの値段なら売れるはずだ」と判断したのだろうが、そうはならなかった。

それどころか、カメラを内蔵したグーグルグラスはプライバシーの侵害を引き起こすと問題視されて、バーへの入店を断られたり、あるいは端末を着用して車を運転することを禁止する条例ができたりした州もある。アイデアの検討が不十分なプロダクトは課題解決どころか、逆に課題を生み出すものになり得るという皮肉な結果に終わった例だ。

【Apple Watch（アップルウオッチ）】

Apple Watchを筆頭とするスマートウオッチ（腕時計型デバイス）も、一時はグーグルグラスと同じような状況に

図 1-1-4

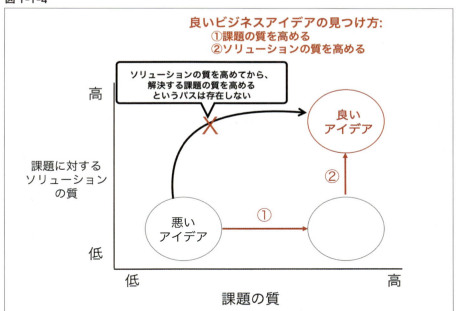

あった。第1世代が登場した2015年には、若干火がついたが、2016年には一時的に出荷台数が激減したと報じられるなど、当初の勢いは続かなかった。

アップルの思惑ほど、世の中のユーザーは腕時計で買い物をせず、地図も見なかった。スマホでできることを、わざわざ腕に着けた小さなスクリーンでやろうとは思わなかったようだ。

2016年後半にGPS機能などを追加した第2世代の製品が登場して、ようやく出荷台数が戻り始めた。

アップルには、スマホの次のフォームファクターがウエアラブル端末であり、その先陣を切りたいという狙いがあっただろう。しかし、当初のApple Watchのエコシステム展開は、プレマチュア・スケーリング（ユーザーがプロダクトにまだ定着していない未成熟な段階での拡大）という面があった。

大企業になったアップルやグーグルには莫大なキャッシュがあり、世界中から優秀なエンジニアが集まっている。彼らはPMFよりも前に、資金力とブランド力で市場やエコシステムを新たに作り出そうとするパワープレーを選んだ。

しかし結局、ユーザーの期待に応えることができず、力技で作り出したプロダクトは思うようには売れなかった。

ただし、2017年9月に発売した3世代目の「Apple Watch Series 3」は立ち上がりが好調とされる。時計単体で高速データ通信が利用できるようになって使い勝手が向上し、ようやく3世代目でユーザーの課題に正面から応えられる製品に成長してきたのかもしれない。

課題を意識しないのは自殺行為

こうした例が示すのは、グーグルやアップルのような実績や資金力のある彼らですら、課題の質を軽視して、プロダクトありき、ソリューションありきで考えると容易に失敗するということだ。

では、資金も人材も知名度もないスタートアップが、課題を軽視したらどうなるのか。それはただの自殺行為だ。

スマートウォッチのスタートアップであるペブルテクノロジーは初製品のクラウドファンディングで約11億円も集めたが、他のスマートウォッチ同様、急激に波が引き、身売りをすることになった。

注）Apple Watchは前世代のSeries 2まで単体ではデータ通信ができず、インターネットを利用するにはiPhone本体に接続する必要があった。このため、ユーザーが腕時計型デバイスに期待するものと大きなズレがあった可能性がある。
Series 3からはWatch単体で通話やメールを利用でき、UX（ユーザー・エクスペリエンス）は向上した。今後のAppleの動きには期待したい。

Chapter 1 | IDEA VERIFICATION

図1-1-5 米グーグルが2013年に発表したグーグルグラス

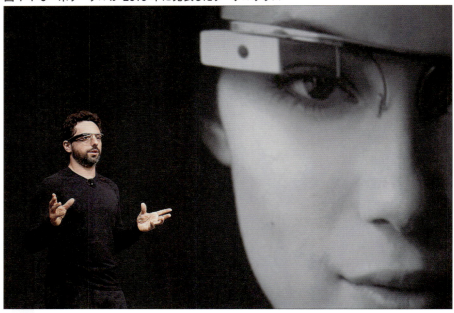

写真＝Bloomberg/Getty Images

注）2016年末、ペブルは腕時計型健康管理デバイス開発のFitbit（フィットビット）に買収された。

注）クラウドファンディングは、インターネットを通じて広く一般個人などから少額の投資を集める方法。ハードウエア・スタートアップの場合には、投資と引き換えに開発中のプロダクトが手に入る「購入型」のファンドが多い。

ペブルは、ウエアラブルのブームに便乗して、特段の課題解決を念頭に置かずにスケールしようとしたのかもしれない。

ペブルのみならず、ガジェット系スタートアップにはPMFを実現する前の段階で、クラウドファンディングなどを通じて「なんとなくよさそう」と感じた人の資金が集まりやすい。そのため、課題の検討が不十分でビジネスとしてスケールしようとすると頓挫しがちだ。

ガジェット系スタートアップのクラウドファンディングに集まる人たちは、自分自身が抱える「痛みのある課題」を解決するためにガジェットを購入するのではない。多くの人が「なんとなく面白そう」という淡い期待だけで支援する。

その結果、初回のプロダクトを出荷できたとしても、こうしたプロダクトは、そもそもが「興味本位のカスタマー」向けのプロダクトでしかない。だから、広いユーザーをとらえてスケールできるスタートアップにはなりにくい。

課題の質を決める3つの要素

では、課題の質は何によって決まるのだろうか？　それはファウンダー（創業者）が次の3つの要素をどれだけ持つかに依存する。

● 高い専門性
● 業界（現場）の知識
● 市場環境の変化（PEST）に対する理解度

視点、知識、経験。これらが極めて重要であり、しかも、ファウンダー個人に求められる。この点については後で詳しく説明するが、一例を挙げるならば、米国のスタートアップ、インスタカートがある。スマホなどで注文すると近所のスーパーでの買い物を代行してくれるサービスを提供する。2012年に創業し、2017年3月には時価総額が約34億ドルと報じられた。

インスタカートを立ち上げたのはアマゾン出身のエンジニア。彼はアマゾンの物流システムであるFBA(Fulfillment Business by Amazon)の構築に携わっていたので、物流を熟知していた。物流と小売りの関係も理解しており、流通業界についての深い洞察も持っていた。

図 1-1-6

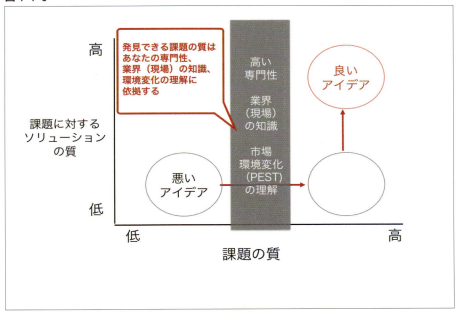

そこで、食品の品質が直接確認できないECの欠点を補うべく、既存のスーパーとの共存共栄というサービスを生み出した。専門性や知識、市場環境の変化について理解があったため、課題の質が高いビジネスアイデアを思いついたのだ。

自分ごとの課題を解決せよ

実は、課題の質を高めるには、もう一つの要素がある。ターゲットとする課題が「自分ごと」であるかどうかだ。

宿泊支援サービスのAirbnb（エアビーアンドビー）は、共同創業者であるブライアン・チェスキー氏が1150ドルの家賃が払えないという切迫した状況（当時、彼の銀行残高は1000ドルしかなかった）を解決するために、ブログに「部屋を貸してほしい」というオファーを掲載したことから始まっている（当時のサービス名はAirBed & Breakfast）。

高性能掃除機を発明した英ダイソンのジェームズ・ダイソン氏は、もともとインダストリアルデザイナーで、きれい好きな性格だった。従来の紙パックの掃除機の吸い込みの弱さやパックの交換が面倒で、大きな憤りを覚えたことから、サイクロン式掃除機の開発に着手した。

これらは、自分が痛みを感じている具体的な課題から始まり、その課題を自分ならどう解決するかという順番でビジネスアイデアが形成されている。

だから、自分ごとの課題が見えたら、次のように自問してみるといい。

「もし魔法のランプがあって、課題を解決するためにソリューションを出してくるとしたら、どんなものがいいか？」

（これは「魔法のランプ」クエスチョンという。第3章で詳しく説明する）。

そこから導き出される答えの中に、ダイヤの原石がきっとある。

また、自分ごとの課題といっても、必ずしも本人が当事者である必要はない。周りの身近な人が抱えている課題でも、その課題の痛みをしっかり理解しているのであれば一向に構わない。

課題の発見は、まだ「始まり」

ただし、課題の発見は始まりにすぎない。発見されたものはあくまでも原石でしかなく、重要なのはその後の磨き込み

Chapter 1   IDEA VERIFICATION

図 1-1-7

誰の課題を解決するか？

自分ごとの課題を
解決しているか？

誰の課題？	自分自身が抱えている課題	周りの身近な人が抱えている課題	第三者が抱えている課題
メリット	一番共感しやすい。メッセージ性が強い	他の人の共感を生み出しやすい	客観的な視座を持てる。バイアスがかかりにくい
デメリット	課題による痛みを誇張しがち。客観的な視座が必要	視座が狭くなってしまう可能性がある。客観的な視座が必要	痛みの検証が表面的になりがち。どこに実際の痛みが存在するかの掘り下げが必要

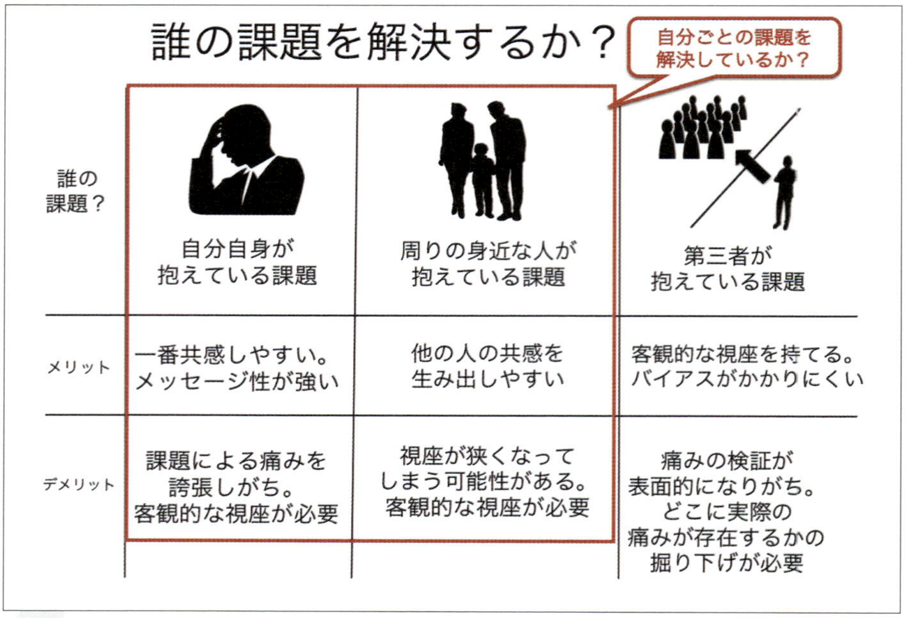

だ。磨き込むほどに課題はより深くなり、表面的な現象の奥に隠れている課題の真因が明らかになってくる。

そのとき、自分自身が課題の当事者ではなかったり、深い共感を持っていなかったりしたら、どこまで本気で磨き込みができるだろうか。つまり、アイデア自体よりも、ファウンダーがどれだけ課題を自分ごととして捉え、アイデアを具現化できるか。実行（Execution）の過程にこそ、真の価値がある。

私がベンチャーパートナーを務めるフェノックス・ベンチャーキャピタルが主催した「スタートアップワールドカップ2017」（SWC）で、日本から参加したユニファ（名古屋市）が優勝した。

ユニファのテーマは「スマート保育園の実現」だ。保育園や幼稚園に通っている子供の親がオンライン上で行事などの写真を発注できる「るくみー」というサービスや、保育園向けの園児見守りロボット「MEEBO」などを手掛ける。

ユニファの土岐泰之社長はSWCで優勝した際のスピーチで「自分は保育園の課題解決をするために生まれてきた」と発言した。保育園向けに1つのプロダク

トを作るために、自らが中心となって何十個ものプロトタイプを作るというが、重要なのは課題の磨き込みだ。

土岐社長自身が日本全国の保育園や幼稚園を300施設くらい訪ねて、ヒアリングを重ねている。現場の保育士と対話し、保育の様子を観察する中で、保育士ですら気づくことができなかった、痛みの強い潜在課題を見つけ出している。

なぜあなたが、それをするのか？

逆に言えば、スタートアップで避けなければならないのは「第三者の課題」を解決しようとすることだ。

第三者の課題とは、自分がそこまで共感や思い入れがない他人の課題のこと。強い共感を持てない課題は自分ごとにならず、痛みの検証がどうしても表面的になる。結果として真の課題にたどり着くのが困難になる。

それに、そもそも自分がその課題の痛みに深く共感していなければ説得力がないので、周囲からの協力（仲間集めと資金調達）も得られにくい。

シリコンバレーで最も有力とされるべ

図 1-1-8

"Y Combinatorのインタビューでは誰がその製品を心の底から欲しがっているのか？を聞く ベストの答えは、製品を欲しがっているのは起業家自身であることで 次によいのは、ターゲットユーザーをものすごく理解しているのが分かる解答だ"

-サム・アルトマン
Y Combinator, President

写真＝Getty Images

注) 発言はサム・アルトマン氏のサイト「Startup Playbook」のPart I "The Idea"より。
http://playbook.samaltman.com/

ンチャーキャピタル（インキュベーター）、Y Combinator（ワイコンビネーター＝YC）のプレジデント、サム・アルトマン氏は次のように言っている。

「YCのインタビューでは『誰がその製品を心の底から欲しがっているのか？』を聞く。ベストの答えは起業家自身であることで、次によいのは、ターゲットユーザーをものすごく理解しているのが分かる解答だ」

ちなみに、YCはこれまで約1500社に投資し、そのスタートアップの時価総額は800億ドルを超える。応募数に対する採択率は3％に満たない狭き門だ。世界有数のインキュベーターであるYCがファウンダーの条件として「ユーザーをどれだけ理解しているか」を重視していることは留意すべきである。

ユーザーのことが全く分からない状態、もしくは明らかに自分ごとではなく、「儲かりそう」「面白そう」といった理由でスタートアップを始めたのであれば、それは「ファウンダー・プロブレム・フィット」ができていない。

つまり、創業者の持つ課題意識と、解決を目指す課題のミスマッチがある状態なので、大けがをする前にそのスタートアップはやめたほうがよい。

ファウンダーの課題に人は集まる

スタートアップのアドバイスをしていると、「なぜ自分ごとの課題から始める必要があるのか？　どうして、課題に強く共感する必要があるのか？」とよく聞かれる。一番大きな理由は、先ほど述べた通り、強い共感があると課題を徹底的に磨き込めることだ。

もう一つの理由は、課題への強い共感や、それを解決したい思いが、あなたのスタートアップのビジョン、ミッションに翻訳されていくからだ。プロダクトを市場に本格投入するまでのフェーズにおいて、ビジョンやミッションはスタートアップの最大の競合優位性になる。

ユーザー、起業メンバー、投資家――。いずれもファウンダーが語るビジョンとミッションに引かれて集まる。そんなときに「赤の他人の課題を解決しましょう」と言っても全く共感を呼ばない。才能あるエンジニアやデザイナーは安定した大企業で働く道を選ぶだろう。

つまり、ビジョンやミッションが語れないファウンダーの下には、そもそも魅力的な人材が集まらない。人材が集まったとしても、そのコミットメントを引き出すことができない。メンバーが向いている方向がバラバラになるので、組織として、まずうまくいかない。

自分ごとの課題が大事な理由は、もう一つある。スタートアップが歩む道のりは想像以上につらいからだ。

課題があるのかどうかも分からない状態から始まり、最初に立てた仮説もほぼ覆ってしまう。しかも、その間、限りある資金がどんどん減っていく。そうした困難な状況で前進を続けられるかどうかは、高いレジリエンス（メンタルの回復力）を持てるかどうかだ。

スタートアップの仕事は日々、相手に断られて、へこむことが日常である。しかし、ファウンダーが自分ごとの課題を持ち、将来的にこうあるべきだという強いビジョンやミッションを掲げていれば、高いレジリエンスの源になる。

課題に出合った原体験は何か

「自分ごとの課題になっているかどうか」を別の言い方で自問するなら、「その課題にストーリー（原体験）があるか」と表現することもできる。

ミドリムシを活用したバイオベンチャーのユーグレナを経営する出雲充社長は、東京大学に在学中の夏休みに体験したインターンシップが創業の原点だ。バングラデシュを訪問した際、栄養失調に苦しんでいる人々と出会ったのだ。

この体験から出雲氏は、こうした人々を救うことこそ自分の使命と考えた。そうして東大の文学部から農学部に転部し、人間にとってより良い農業のあり方の研究を始めたのである。

また、排尿・排便のタイミングを検知するデバイス「D Free」を開発したトリプル・ダブリュー・ジャパン（東京・渋谷）の中西敦士CEO。彼がこのプロダクトを着想したきっかけは強烈だ。

米国のカリフォルニア大学バークレー校に留学していたある日、彼は引っ越しをしている途中で、我慢できずに道端でウンコを漏らしてしまった。トラウマになりかねない原体験である。

「家を出る前に分かっていれば、漏らすことはなかった」。その体験から感じたことを生かし、中西氏は排せつ予測の技術を世に出すことを決心した。そこには「自分のような犠牲者を出したくない」との強い思いがある。

誰が聞いても良いアイデアは避ける

アイデアはクレージーか

直感的に考えると、100人中100人に意見を求めて、みんなが「いいね!」と言ってくれるアイデアで挑戦したほうが、スタートアップの成功率は上がるように思える。周囲の評価が高いほど不安が解消され、自信になるかもしれない。

しかし、逆説的だが、誰が聞いても良いと思えるアイデアは、スタートアップにとっては選んではならないアイデアである。自分のアイデアを他人に話したとき、大半の人が「それいいよね」と賛同してくるような発想は避けるべきだ。

世界を変えてきたのは、着眼点が一見悪そうで、誰も手をつけたがらないアイデアを打ち出したスタートアップだ。

岡田光信CEOが立ち上げたスタートアップ、アストロスケール（シンガポール）のミッションは「宇宙ゴミの回収」だ。他人に聞いたら、10人中9人は「どこに市場があるの？」「どうやって儲け

図 1-1-9

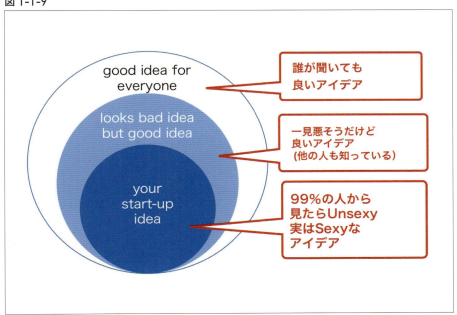

注）馬田隆明氏作成のスライド「あなたのスタートアップのアイデアの育てかた」10ページの図をもとにフキダシ部分を著者が加筆。引用元のスライドは以下。
https://www.slideshare.net/takaumada/how-to-get-your-own-startup-idea-46349038

るの？」と思うだろう。

　岡田氏は、そうしたネガティブなフィードバックが周囲から集まる状態を「マーケットが定義されていない状態」と捉えて、今のタイミングで事業を手掛けることがチャンスだと考えた。

　アストロスケールが解決しようとしている課題は深刻だ。地球の周りにはロケットや人工衛星の残骸（スペースデブリ）が増えすぎてロケットの打ち上げなどに支障をきたすレベルになっている。このままいくと2100年ごろには、地球は多くのゴミに囲まれて、人類は大気圏外に出ることが困難になるリスクがあるという。今後の宇宙開発の大きな障害だ。

　ヤマハ発動機グループのヤマハ・モーター・ベンチャーズ・アンド・ラボラトリー・シリコンバレーのCOO（最高執行責任者）であるジョージ・ケラマン氏は、ある講演で「一見アンセクシーだが、実はセクシーなアイデアを見つけることが決め手となる」と語っていた。

　あなたは、アンセクシーな（一見魅力がない）アイデアを見つけることができるだろうか？「99％くらいの人がアンセクシーだと感じるけれど、1％の人はセクシーだと感じるようなアイデア」を探し続けよう。

　前出の排せつ予測デバイスD Freeは、超音波で直腸やぼうこうにたまった便や尿の量を検知することで、排便と排尿のタイミングを予測できる。介護現場での需要が高く、クラウドファンディングのREADYFOR（東京・文京）で資金を調達し、既に実用化されている。これこそ、一見すると、実にアンセクシーなアイデアだが、人材不足が深刻な介護市場においては、実にセクシーなアイデアだ。

　こうしたクレージーでアンセクシーなアイデアは、人に話すのが恥ずかしい。人に話すのが恥ずかしい段階とは、その課題を言語化して説明するフレームワークがまだ入手できていないために、人に伝えるのが困難ということだ。

　当然、その課題に目を付けている企業はまだ存在しないか、存在していてもごくわずかだろう。

　一方、言語化して人に伝えられるような課題をターゲットにした場合は、既に課題が認識されており、妥当な代替案がある場合が多い。市場が顕在化していて、他社の事業に置き換わるかもしれないビ

図 1-1-10

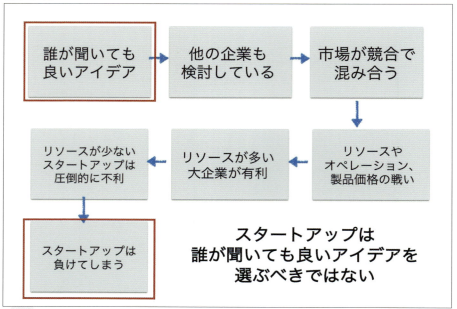

注) ピーター・ティール氏は、米PayPalの共同創業メンバーで、シリコンバレーに影響力がある"PayPalマフィア"の代表的な一人。主な著書に『ゼロ・トゥ・ワン 君はゼロから何を生み出せるか』（NHK出版）がある。コメントの出所は、https://www.youtube.com/watch?v=5_0dVHMpJIo

注) LTVを引き上げる方法と、CPAを減らす方法については第5章で詳しく紹介する。

注) クリス・ディクソン氏は起業家兼投資家。発言の引用元は、https://www.youtube.com/watch?v=akOazwgDiSI

ジネスをスタートアップが狙うのは、投入できるリソースの勝負や価格勝負になるため賢明ではない。

オンライン決済の米PayPal（ペイパル）共同創業者で、投資家のピーター・ティール氏は、スタンフォード大学のレクチャーで「競争は負け犬がすることだ」と喝破している。

顧客を奪い合うと、価格競争に陥りやすくなる。顧客1人から得られる利益、LTV（Life Time Value）はみるみる下がり、そこから先はリソースやオペレーションの質で競うしかなくなる。競争の中で顧客を獲得するには、広告費用などのCPA（Cost Per Acquisition、顧客獲得コスト）も上がる。

そして何よりも、市場のシェアを激しく奪い合う消耗戦になると、リソースの多い大企業が圧倒的に有利になり、スタートアップに勝ち目はない。

だからこそ、あなたがそのアイデアを話したときに、相手がリアクションやコメントに困って戸惑うような、しかも、世の中では未解決のままである深刻な課題にフォーカスすることこそが、スタートアップの生命線なのだ。

大企業の意思決定の仕方

誰が聞いても良いアイデアの市場が、すぐに混み合う理由は何か。それは大企業の意思決定方法を考えれば分かる。

大企業が新規事業を始めるときは、取締役会でほとんどの役員が賛同しないと稟議（りんぎ）の承認が下りない。判断の際に役員が気にするのは課題の質などではなく、その事業がもたらす売り上げや利益の見通し、蓋然性、既存のコアビジネスと競合しないかといった点である。

新規事業の担当者は、社内で役員と顔を合わせるたびに、このような質問を何度も投げかけられる。「3年以内に売り上げを100億円に持っていくことができるかね。ただし、うちの現業とカニバったら（競合したら）ダメだよ」と。

しかし、確実な儲け話の発想では、最大公約数的な「誰が聞いても良いアイデア」以外の選択肢はない。

ツイッターやフェイスブックにいち早く投資した米国有数のVC、アンドリーセン・ホロウィッツでパートナーを務めるクリス・ディクソン氏が、スタートアップが持つべきアイデアに関してYCで

講演した際にこうアドバイスしている。

「長持ちするモバイルバッテリーを開発することは、誰から見ても優れたアイデアである。従って優れたスタートアップのアイデアではない」

大企業は、「既存のユーザーの既存の課題」に対してソリューションを提供するので、必然的に「長持ちするモバイルバッテリー」をまず考える。こうした既存商品の改善は持続的イノベーションを得意とする大企業に任せておけばいい。スタートアップは「電池不要のスマホ」といった、既存のフォームファクターを前提から覆すアイデアを持つべきだ。

アンセクシーなアイデアを検証し、具現化するのはイバラの道になる。課題仮説の検証からスタートする必要があり、前例のない解決策を考える必要がある。しかし、スタートアップというビークルに乗り込んで挑む価値は、未知の課題を乗り越えることにあるはずだ。

YCのサム・アルトマン氏はスタンフォード大学の講演で「スタートアップではハードなことをするほうが実は近道である。簡単な道を選ぶことは結果として遠回りになる」と語っている。楽して成功を収めたスタートアップなど、この世に存在しない。

一見悪いアイデアが世界を変えた

クレージーなアイデアで大成功を収めたスタートアップの代表格は、何といっても宿泊予約のAirbnbだろう。

同サービスが立ち上がったのは2008年。犯罪大国のアメリカでは赤の他人の家に泊まる、他人を自宅に泊めるという行為は、まさにバッド・アイデアそのものだった。しかも、当時はフェイスブックのアカウントを使って本人を認証する仕組みはまだ存在しなかった。

ブライアン・チェスキーCEOは、自社のサービスについて「多くの人が、Airbnbはうまくいった最悪のビジネスアイデアだと言っている」と述べている。当初は、自分のアイデアを人に話すときに恥ずかしい思いをしたらしい。周りからは「やめておけ」と散々言われた。

Airbnbに限らず、私たちの生活の一部となっているようなスタートアップのサービスの多くは、一見、悪く見えるアイデアから始まっている。

レシピサイトのクックパッドは言ってみれば素人のレシピ集であり、配車サービスのUber（ウーバー）は全く知らない人の車に乗って移動するサービスだ。最近の例では、2017年にIPOをして一時は時価総額250億ドルを超えた米国のチャットサービス「Snapchat」がある。このサービスは、送ったメッセージが時間がたつと消えてしまう。

送ったメッセージがいつの間にか消えてしまうと最初に聞いたら、役に立たないツールのように思えるはずだ。ところが蓋を開けると、親しい友達と写真を送り合うには、プライバシーの流出リスクが減って安心だと注目を集めた。

Uberがまだ世に出る前、「誰でもスマホで車を呼び出せるサービスをつくる」と言ったら、「どうして？ タクシーを拾えるから間に合っているよ」と、多くの

注）Airbnbのブライアンチェスキー氏の発言は以下の講演から。
https://www.youtube.com/watch?v=RfWgVWGEuGE

注）2017年7月、米ワシントン大学が電池不要の携帯電話を開発したと発表した。無線電波と周囲の光を微弱な電気に変える仕組みだという。

注）サム・アルトマン氏の発言は以下の講演より引用。
https://www.youtube.com/watch?v=CBYhVcO4WgI

"スタートアップではハードなことをするほうが実は近道である。
簡単な道を選ぶことは結果として遠回りになる"

サム・アルトマン
Y Combinator,President

人が思ったはずだ。

しかし、実はタクシーにも問題は多い。つかまえるために何分も手を上げて待ち、米国では英語が片言のドライバーが増えたので目的地を伝えるのも大変だ。しかも支払いは基本的に現金なので、持ち合わせがなければATM（現金自動預払機）に立ち寄る羽目になる。こうした面倒な経験を当たり前のこととして見逃し、誰も大きな課題として捉えなかった。

Uberは、2017年に入って社内マネジメントの問題を報じられたが、サービスの内容自体は秀逸だ。乗車場所と降車場所をそれぞれ2タップ（スマホ画面を2回タッチする）で選ぶと、早くて1、2分で目の前に登録ドライバーの車が来てくれる。支払いは事前登録したクレジットカードで済むのでキャッシュレスで済み、金額はタクシーの半額。ドライバーはフレンドリーで、車は清潔だ。

あなたは、Uberのように、誰もが当たり前と思ってきたことに疑問を投げかけることができるだろうか。この問いができるかどうかが、あなたのスタートアップが世界を変える存在になれるかどうかの最初の分かれ道になる。

他の人が知らない
秘密を
知っているか?

成功する人は、他の人が知らない秘密を知っている。PayPal共同創業者のピーター・ティール氏は、自著でこうした主旨のことを述べている。

クレイジーなアイデアは、他の人が目をかけないようなポイントに注目してアイデアを掘り下げ、まだ誰も言語化できていない秘密を見つけることで生み出される。先ほど取り上げたUberもまさに

このケースだろう。

起業家たちがこれまで歩んできた人生で獲得した専門知識、市場に対するインサイト（洞察力）、現場での経験、これにユニークな視点が加わって、良いスタートアップのアイデアとなる。

インスタカートが大成功した理由

一つの例として、前に紹介したインスタカートの例を詳しく説明しよう。

インスタカートは、スマホを2タップするだけで、野菜や果物を自宅などに届けてくれるサービスを展開している。デリバリーしてほしい場所の郵便番号を入れると半径5マイル以内にあるスーパーが表示される。好きな店舗をクリックすると商品一覧が出てくる。

商品を選んでチェックアウトすると、「ショッパー」と言われる同サービスに登録している一般人が、注文した人の代わりに店まで買い物に行き、45分以内に自宅まで届けるという仕組みだ。

創業者のアプールバ・メータ氏はアマゾンの物流システムを開発するエンジニアで、物流と小売りに関して高い専門性があり、市場の流れをつかんでいた。しかし、特筆すべきはそんなことではない。彼自身が「グロッサリーショッピング（家庭で使う食料品や日用品の買い出し）は自分で行うもの」という通例に疑問を持った視点こそが重要である。

アマゾンなどのEC事業者が提唱する「物流網や倉庫といった巨大インフラを構築して、効率よく商品を届ける」という方法は、既存の物流パラダイムにおいては良いアイデアだ。一方で「赤の他人をスポットで雇って、グロッサリーショッピングを代行してもらう」という発想は一見悪いアイデアに思える。

見知らぬ人に、直接口に入れる食料品の買い出しを頼んで大丈夫なのか、見知らぬ配達人に、自分の住所を教えてよいのか。そんな不安がつきまとう。

図 1-1-11

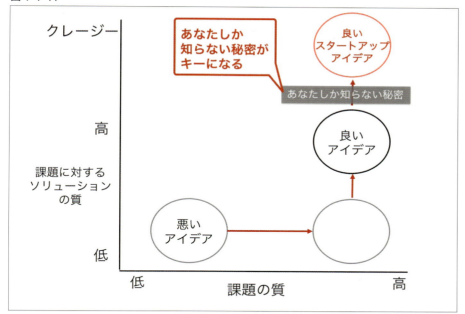

そこでインスタカートは、経歴チェックやトレーニングプログラムの仕組みを導入。配達人に対するカスタマーレビューを使った管理体制も実装し、懸念を払拭した。このサービスは一気に広がり、2017年3月時点で、全米の1200都市で利用できるまでに成長した。

確かに今となって考えれば、在庫を持たず、配送車や倉庫などの固定資産も持たずに食料品などを販売するというビジネスモデルはユニークで、採算性も高い。しかし、当初は誰もこの仕組みを理解できなかった。ここに、潜在的なニーズと市場があることにメータ氏は目を付け、ファーストペンギン（最初の一歩を踏み出す人）になったのだ。

実は、メータ氏はこのアイデアをアマゾン在職中に新規事業として提案をしたが、却下されている。目の付けどころが良く、いいアイデアであっても、アマゾンの上層部からすれば、インスタカートの仕組みは自社ビジネスと競合する奇抜な試みでしかなかった。

却下の理由は、ユーザーと小売店、買い物を代行するショッパーを結びつけてしまうとアマゾンが莫大な資金を投資してきたインフラである自社倉庫や3PL（外部の物流会社）との契約を否定することになる。アマゾンは上場企業であり、これまでの膨大な投資と逆張りする事業を始めることは容易ではない。

逆にアイデアを却下されたことが、メータ氏にとってはプラスに働いた。アマゾンが現状のシステムでこのサービスに対応できないことが明確になり、アマゾンを脅かすほどの大きなビジネスチャンスがあると気が付いたからだ。

小売りとのWin-Win関係

インスタカートのソリューションが大きな成果に結びついた最も大きな要因は、メータ氏がある大きな秘密に気づき、そこにフォーカスしたことだ。秘密とは、インスタカートが小売店との協業関係を構築できることだった。

スーパーなどの小売店にとって、アマゾンの台頭は脅威である。アマゾンの売り上げが増えれば、小売店の売り上げは減るという相関関係がある。カスタマーの財布（予算）を奪い合うのだ。

しかしインスタカートの場合は、そこ

注）3PLは、Third Party Logisticsの略。物流業務を包括的に受託する会社のこと。

でショッピングをする人が増えれば、地元スーパーなど小売店の売り上げは純増するWin-Winの関係が成り立つ。

つまり、インスタカートは既存の小売店にとって最高のパートナーになれる可能性を持ってスタートしたわけだ。

象徴的な光景を米国の各地で見た。米国の自然食品スーパー、ホールフーズの店舗に行くと、障害者用の駐車スペース脇にインスタカートのショッパー用の駐車スペースが設けられていた。店内にはショッパー専用のレジもある。

インスタカートは45分以内に届けるという制約があるので、1秒でも早くショッピングが済むようにホールフーズ側が全面協力していたのだ。

なぜホールフーズがインスタカートをこれだけ優遇するのか。

インスタカートの利用者は安さを求めてショッピングするわけではないので、小売店としては無理な値引きなしに商品が売れるのである。それに、ショッパーを手助けしてより迅速に商品を届けられるようにすれば、リピーターも増える。アマゾンの定期便や Amazon Fresh（生鮮品のデリバリー）に奪われた顧客を取り戻すこともできる。

小売りとのWin-Winの関係を築けたことが、インスタカートが短期間でスケールした最大の要因だろう。

インスタカートは、ショッパーとカスタマーの単なる仲介業者ではない。ビッグデータを駆使する技術力も優れている。彼らのサービス価値は、カスタマーがオーダーした食材や物品が「指定時間通りに正確に届くというUX（ユーザー・エクスペリエンス）」だ。

そのUXを実現するために、渋滞情報や天気、時間帯などの数十種類のパラメーターを用いて、配達のETA（予想到着時刻）を高い精度で通知している。

2017年8月、アマゾンがインスタカートの盟友だったホールフーズの買収を完了した。ホールフーズはインスタカートの株を保有していたので、現在はアマゾンがインスタカートの株主になった。Amazon Freshはまだ、全米をカバーしていない。アマゾンはホールフーズの店舗とインスタカートのインフラをうまく活用して、生鮮食品のデリバリービジネスを拡大していくだろう。

なぜクレージーな
アイデアが
求められるのか?

これまで見てきたようなクレイジーなアイデアが求められている背景には、ITの進歩で、マーケットのパラダイムシフトが高速化していることがある。

2014年ごろから、まるで雨後のたけのこのようにユニコーン企業（時価総額10億ドル以上のスタートアップ）が続々と生まれるようになった。

そして、評価額の上昇カーブがすさまじい。AR（拡張現実）デバイスを開発するMagic Leap（マジックリープ）はわずか1年でユニコーンになり、前出のSnapchat、起業家向けコワーキングスペース提供のWeWork（ウィワーク）、Airbnbも創業からわずか2年でユニコーンクラブ入りしている。

この事実は、パラダイムシフトが高速化してプロダクトやサービスの「旬」が短くなっていることも意味する。指数関数的にテクノロジーが進化し、全産業に強烈な影響を及ぼしている。

これだけ世の中の動きが速いと、ファースト・ムーバーが出てきたのを見て、「よし自分たちもやろう」と後追いしても遅い場合がある。

だからこそ、市場の勝者になるためには、誰よりも先にPMFを達成することが重要になった。もちろん、ここでPMF

注）ファースト・ムーバー（First Mover）。最初に市場を切り拓くスタートアップなどのこと。

のベースになるのは、既に誰かが検証済みのアイデアではなく、「一見すると悪いが、本当は良いアイデア（＝クレージーなアイデア）」である。

既存顧客の既存課題に対して既存のソリューションを提供することで利益を積み上げている企業は、現状にあぐらをかいてしまう。しかし、これだけパラダイムシフトが高速化すると、変化に対応できないそうした企業は市場を失う。

ビデオレンタルのブロックバスター、大手書店のバーンズ・アンド・ノーブル、百貨店のシアーズなど、事業縮小に追い込まれた企業は枚挙にいとまがない。

イノベーションカーブの変化

従来のイノベーションカーブとは、イノベーターがいて、アーリーアダプターがいて、マーケティングの権威であるジェフリー・ムーア氏が言う「キャズム」を超えると、ようやくアーリーマジョリティーに到達するといった話だった。

この従来型のイノベーションカーブなら、ある程度の時間をかけてプロダクトを検証することができた。しかし、スマホなどの普及による情報伝達スピードの加速で、もはやこのイノベーションカーブのモデルは古くなっている。

従来のように、じわじわと商品が市場に受け入れられてマジョリティーに到達するのではなくて、トライアルカスタマー（新しもの好きの顧客）とバーストマジョリティー（爆発的に広がる一般層）の2段階で極めて速く浸透する。

イノベーションカーブは新しく書き換わった。事実、ユーザーは何でも気になれば試してみて、それが刺さったら口コミに火がつき、市場を席巻するというパターンのプロダクトが増えている。

最近で言うと「ポケモンGO」、個人の価値をビットコインを使って流通させる「VALU」、写真を見るだけで商品を買い取ってくれるサービス「CASH」などは、ソーシャルメディアを通じて短期間で爆発的に広がった。

この傾向を加速させているのが、ウェブ上からiPhoneやAndroid向けアプリの画面に直接ジャンプさせるリンク「ディープリンク」の普及。例えば、フェイスブック上のニュースフィードにユーザーの興味を引くアプリの広告を表示させて、直接アプリのダウンロード用リンクにジャンプさせ、ユーザーにすぐにトライアルを始めてもらうというユーザー動線が確立されてきた。

また、クラウドファンディングに出展しているエッジの利いたプロダクトも、エンドユーザーは少額から支援者やトライアルユーザーになることができ、そして作り手側にフィードバックを与えることもできるようになった。

ユーザー数がある値を超えるのを待たず、一定数のトライアルユーザーのフィードバックをベースにプロダクトを磨き込むという新時代。商品のライフサイクルが速くなってきた今は、新たなプロダクトを世に提案するスタートアップにとっては好機ともいえる。

代替案のないアイデアを探せ

クレイトン・クリステンセン氏の名著『イノベーションのジレンマ』の邦訳版を監修した、玉田俊平太氏の著書によると、クリステンセン氏は「新規事業を考える時には無消費をターゲットにせよ」とよく口にするという。無消費とは顧客が何も持たない状態のこと。顧客が何も持たない状態だからこそ、シンプルで安価な製品が受け入れられると見る。

つまり、市場に代替サービスが存在しないということは、前例もなければ、既存の消費者もいないということだ。そうした場所を発見してPMFを達成できれば、大きな成長を見込める。

新興国に行くと、電話機能だけの携帯電話は誰も使わず、ほとんどの人がスマ

注）ジェフリー・ムーア氏はマーケティング・コンサルタント。1991年の著書『Crossing the Chasm』でアーリーアダプターから一般層（マジョリティー）の間には深い溝（キャズム）があり、そこに落ち込んでしまう商品が多数あることを説いた。同書の邦訳は『キャズム Ver.2 増補改訂版 新商品をブレイクさせる「超」マーケティング理論』（翔泳社）。

注）VALU（東京・渋谷）の「VALU」は個人の価値を評価して「VA」を発行。それを株式のようにビットコインで売買する仕組み。

注）「CASH」はバンク（東京・港）が運営するサービス。ユーザーが持つ商品をスマホで撮影して送信すると、それを担保としてすぐに送金してくれる。最終的には手数料を含めて返金するか、商品を運営元に送る。

注）クラウドファンディングの代表的な運営元としては以下がある。米国ではindiegogoやKickstarter、日本ならMakuake、CAMPFIRE、READYFORなどだ。

注）『イノベーションのジレンマ―技術革新が巨大企業を滅ぼすとき』（クレイトン・クリステンセン著、翔泳社）

注）『日本のイノベーションのジレンマ』（玉田俊平太著、翔泳社）

図 1-1-12

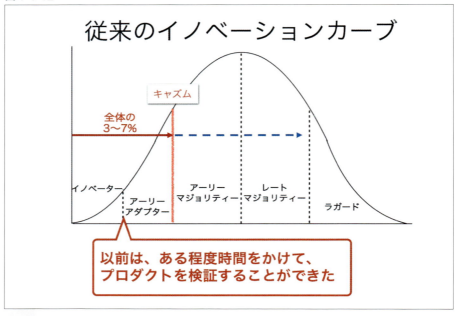

ホを使っている。ノキア製のシンプルな携帯電話が浸透していた国もあったが、結局のところ多くの消費者は固定電話しか持っていなかった。そこにインドや中国などから安価なスマホが一気に流入し、通信機能だけの携帯電話普及を飛び越してスマホが浸透した。

一方、中国のキャッシュレス化は日本の10倍以上の速さで進んでいる。例えば、メッセージアプリ「WeChat(微信)」でバーコードを読み取るだけで支払いができる仕組み(WeChat Payment)を用いるユーザーは2億人を超える。今や街の屋台などでも、この仕組みによる支払いが当たり前になっている。

だから、仮にブロックチェーンを用いた送金システムなどをスマホ向けに開発するなら、ATMやネットバンキングが街中に普及した先進国ではなく、いきなりインドネシアやフィリピンなどの市場を狙ったほうが、大きな拡大のチャンスがあるかもしれない。

新興国市場で先に磨いたプロダクトを先進国に持ってくることをリバースイノベーションという。例えば、自転車シェアリングの「Mobike」という中国のスタートアップがある。中国でシェアを伸ばし、プロダクトを磨き、日本、米国、英国のような先進国市場に乗り込んでいる。こういった新興国からのリバースイノベーションの広がりも、パラダイムシフトの高速化に一役買っている。

ロイヤルティーループの劇的変化

パラダイムシフトを加速させているもう一つの大きな要因は、ビッグデータとスマホの普及によって、ユーザーのサービスに対するロイヤルティーループが極端に高速化していることにある。

ロイヤルティーループとは、製品を知った人がそれを気に入り、ユーザーとして定着して使い続けてくれるまでの流れを輪のような形で示したもの。

従来のロイヤルティーループは、マス向けの広告などを通じて「認知して、興味を持ち、欲しいと感じ、記憶し、購入に至る」という、いわゆるAIDMAモデル。ユーザーは一つのプロダクトやサービスを選ぶために時間をかけて、それを使う価値があるか検証していた。

しかし、ネット系サービスに関して言

注)「WeChat(微信)」は中国のIT大手、テンセントが提供するメッセージアプリ。日本では「LINE」に相当する。

注)Mobikeは中国・北京発のスタートアップ。日本では福岡市に拠点を置き、2017年8月末から札幌市でサービスを始めた。
https://mobike.com/jp/

注)AIDMAとは、認知して(Attention)、興味を持ち(Interest)、欲しいと感じ(Desire)、記憶し(Memory)、購入(Action)に至るというモデル。

図 1-1-13

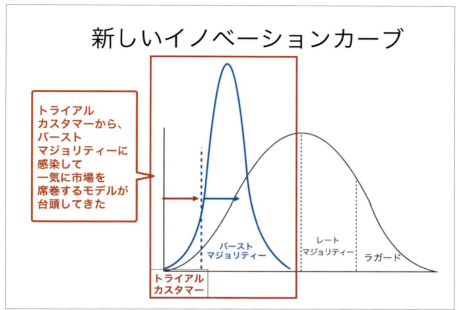

えば、スマホが普及し始めてからというもの、悠長にAIDMAのループを回している暇などなくなった。

ネットサービスが乱立しているうえ、ロイヤルティーループの入り口となるカスタマージャーニーの始点（アプリなどを使い始めるきっかけ）に急激な増加が起きたからだ。ユーザーに定着してもらうには、次のようなストーリーをどうつくるかが重要である。

ユーザーにいち早く情報を発信して、ユーザー起点に情報を口コミで広げてもらい、ユーザーとの接点を増やし、ユーザーのマインドシェアを獲得しながら、サービスへの定着率を上げる。その結果としてLTV（ユーザー1人当たりの利益）を最大化できるという流れだ。

ほとんどのサービスで「最初の1カ月は無料」といったフリーミアムが定番化した。まず使ってみて、有用だと思ったら購入する。気軽に始め、使っていく中で本格的にユーザーがそのサービスに定着する（他の代替案を捨てる）という新たなロイヤルティーループが生まれた。

例えば、Jリーグのサッカー中継動画を提供するとしよう。

かつてはDVDに映像を収録してCD・DVDショップに大きなポスターを貼ったり、旧来型の4マスメディア（サッカー情報誌、ラジオ、テレビのサッカー番組、スポーツ新聞）を使って、ユーザーに存在を認知してもらっていた。

しかし今では、サーチエンジン広告やユーチューブ上でのティーザー動画、Fフェイスブック上での動画広告といった手法で、サッカー好きの潜在的な顧客層に効率的にアプローチできる。

例えば「最初1カ月は無料」というオファーがあれば、本当のファンはすぐに飛びつくだろう。そこで良い視聴体験ができれば、シーズンを通じての視聴を志向するようになり、ユーザーはサービスに定着していく。

また、継続的に使用する顧客との接点が多いフリーミアムやサブスクリプションモデル（定額制モデル）の利点はユーザーの囲い込みだけではなく、サービスに対するフィードバックを高速に集められるという点にもある。それを基にプロダクトを絶えず改善していくことで、ファンの量と質（高いLTV、解約率が低い）を増やしていくことができる。

注）ティーザー広告は、プロダクトのある要素を隠すことにより、ユーザーの興味を強く引く広告の形態。自動車やスマホの次期モデルについてシルエットだけを先行して見せるなどの方法がよくある。ティーザー動画はこれを動画サイトに投稿するもの。

注）多くのサブスクリプション型サービス（定額型サービス）では、顧客が知人に商品・サービスを薦めてくれる可能性の高さを測る指標である「Net Promoter Score」を導入。口コミを呼ぶような魅力を常に高め続け、ユーザーからのフィードバック収集に結び付けている。

スタートアップが
避けるべき
7つのアイデア

このパートの最後に、ここまでのおさらいも兼ねて、スタートアップが避けるべき7つのアイデアを整理しておく。自己検証の参考に使ってほしい。

①誰が見ても、最初からいいアイデアに見えるもの

一見良さそうに見えるアイデアは既に誰かが手掛け、大抵は失敗している。もしそうしたビジネスがまだ世の中に存在していないならば、そこにPMFに至る勝ち筋がなかったり、十分な代替案が既に存在していると考えたほうがいい。

ネットで検索して競合しそうなサービスが出てこなかったとしても、ほぼ100%、世界のどこかで優秀なチームが準備を進めている。そのような市場にわざわざ飛び込む必要はない。

②ニッチすぎる

いくらクレージーなアイデアがいいといっても、闇雲にニッチを見つけて攻めればいいというわけではない。現状はニッチでも、将来的な成長が見込める市場であるべきだろう。

失敗例としては、2013年に登場した奇抜なデザインのプロダクトだけを扱うECサイトのFab.comがある。奇抜なデザインの商品を思わず衝動買いするような顧客をターゲットにする「セレンディピティーコマース」である。

奇抜なデザインの商品と、それを衝動買いするユーザーという組み合わせは、あまりにも市場がニッチで、400億円を調達したものの、結局、スケールせずに、15億円で身売りしてしまった。

③自分が欲しいものではなく、作れるものを作る

2015年に登場した「SEMG Pod」というプロダクトは、筋肉の動きを検知するウエアラブルデバイスだ。SEMGとは表面筋電位のことで、これを測定するのは新しい技術ではない。結局、技術的に作れたから作っただけのプロダクトであり、課題から生まれたものではなかったことが敗因だった。

④根拠のない想像上の課題

自動車レースゲームの操作に使うゲームパッドの一種で「KOLOS」というプロダクトがある。車のハンドルに当たる部分にタブレット端末をはめ込み、その画面を見ながらハンドルを操作する。クラウドファンディングのKickstarter（キックスターター）で約1億円を集めたが、ブレークしなかった。

実は、このファウンダーはタブレット端末を自分で持っていなかったという。「こんなものならニーズがあるだろう」という全くの思いつきでKickstarterに出して、一部からは支持されたものの、課題の検証を全くしていなかったので失敗してしまった。

クラウドファンディングなどを使うと、たまたま出したコンセプト動画が受けて必要以上の金額が集まり、後戻りできなくなってしまうケースがある。これは、Customer Problem Fit（CPF、カスタマーが求める課題にフィットすること）を実現しないうちに、表面的にPMFを達成したような状態だ。

最初からクラウドファンディングで賛同した人だけに売り切って終わりのプロダクトだと位置付けているのなら、それでもいいだろう。しかし、クラウドファンディングを起点にビジネスをスケールするつもりなら、どんな課題を解決できるプロダクトになっているかを検証すべ

図 1-1-14

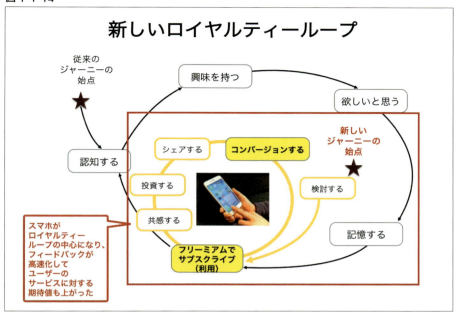

⑤分析から生まれたアイデア

2011年に日本にクーポン提供サービスのグルーポンが上陸したとき、市場にはグルーポンのコピーキャット（模倣サービス）があふれ返った。その半数ほどの企業はグルーポンの仕組みを踏襲しつつ、グルーポンが対応していない市場を攻めてどれも失敗に終わっている。

彼らは、市場を俯瞰して空いている部分を狙うというロジカルなトップダウンアプローチでビジネスを展開しただけ。そこからスケールするストーリーや、ファウンダー自身の思いは全く欠けていた。こういうきっかけで始まったスタートアップは、プロダクトの磨き込みができず、市場環境が少しでも変わったときに適切なピボット（軌道修正）もできないので、空中分解するケースが多い。

⑥激しい競争に切り込むアイデア

グルーポンの模倣ブームに続き、2012年ごろにはソーシャル関連のスタートアップがブームになった。既にパラダイムシフトが終盤に差し掛かりつつある市場では既存プレーヤーと新参者による苛烈な競争が行われている。新規参入者が他の追随を許さない競争優位性を持っていたとしても、大手企業と価格勝負の持久戦になると勝つことは難しい。

スタートアップは「競争を避けること」が、戦略（戦略は"戦を略する"ということだ）の第一義であると考えるべきだろう。

⑦一言では表せないアイデア

「誰（カスタマー）の何（課題）をどのように解決するか」を一言で表せないアイデアは磨き込みが足りない。世の中にインパクトを与えるプロダクトを作るには、核心を突く必要がある。一言でアイデアを的確に表すことができれば、スタートアップに参加する仲間を集めるときに互いの誤解を減らし、課題に共感したメンバーを集めることができる。

Chapter 1 　IDEA VERIFICATION

図 1-2-1

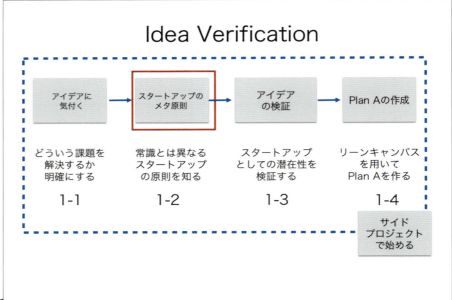

1-2 スタートアップの メタ原則を知る

スタートアップとスモールビジネスの違い

　ベンチャーキャピタリストとして活動していると、毎日のように多くの起業家から連絡が入る。私に話しに来る目的は資金調達したいからだ。「こんなビジネスモデルで、今、時価総額（バリュエーション）は5億円で、今回7000万円集めたいので、投資を検討してください」と相談を受ける。
　しかし、よくよく話を聞くと、彼らはスタートアップではなくスモールビジネスを展開しているだけというケースがよくある。
　スタートアップとスモールビジネス。この2つの違いを分かっていない起業家が多い。
　中には「起業＝スタートアップ」だと思っている人もいるくらいだが、起業の多くはスモールビジネスであり、スタートアップはその一部にすぎない。スタートアップならではのアイデアを磨くために、スモールビジネスとの違いを見ながら、スタートアップとは何を目指す組織なのかを考えていこう。

違い①成長方法

　スタートアップの理想的な成長曲線はキャッシュ（保有する資金）がいったん右肩下がりに落ち込んだ状態から急浮上

図 1-2-2

StartupとSmall Businessの違い

	Startup	Small Business
成長方法	**Jカーブを描く** 成功したら、**巨額のリターンを** **短期間で生む**ことができる	線形的に成長 **そこそこのリターンを** 着実に得ることができる
市場環境	市場が存在することが確認されていない **不確実な環境**の下で競争が行われ **タイミング**が非常に重要である	既に市場が存在することが 証明されている **市場環境の変化は少ない**
スケール	初期は少数だが、**一気に** 多くの人に届けることができる	少数から徐々に増やすことができる **少数のままで運用できる**
関わる ステークホルダー	**ベンチャーキャピタリスト**や エンジェル投資家	自己資金、**銀行**
インセンティブ	上場やバイアウト（買収）による ストックオプション、**キャピタルゲイン**	安定的に出せる**給料**
対応可能市場	労働力の調達・サービスの消費が **あらゆる場所**で行われる	労働力の調達・サービスの消費 が行われる**場所は限定される**
イノベーション 手法	既存市場を再定義するような **破壊的イノベーション**	既存市場をベースにした **持続的イノベーション**

（二次関数的、場合によっては三次関数的な角度になる）を見せるJカーブを描く。成功した暁には巨額のリターンを短期間で生むことができる。

かたやスモールビジネスは、従業員を増やしたり、商品ラインアップを増やしたり、店舗を拡大したりするなどして初期の段階から線形的(一次関数的)に徐々に成長していく。そこそこのリターンを着実に得ていくモデルである。

違い②市場環境

おそらくこれが最も分かりやすい違いになるが、スモールビジネスは既に存在する市場をターゲットにする。一方で、スタートアップが狙う市場は、それがそもそも存在するかどうかさえ確認されておらず、その前段に当たるアイデアの発見・仮説検証から始める必要がある。

そういった意味でスタートアップはハイリスク・ハイリターンを狙うものであり、本書の目的は、そのリスクをできるだけ減らすことにある。

また、市場が不確実であるがゆえ、参入のタイミングが重要になる。

例えば、おしゃれなカフェを開くなら、いつ開業しようとあまり関係はない。リラックスしながらおいしいコーヒーを飲むことの価値や、カフェとビジネスに求められる要素は、10年前とそれほど変わらないだろうし、今から10年後もさほど変わらないだろう。

しかし、1-1で紹介したスマート保育園の実現を目指すスタートアップ、ユニファの場合、まさに今、そのスタートアップを手掛けることに意味がある。5年前だったらロボットの製造コストやスマホの普及率などの外部環境から見てうまくいかなかっただろうし、逆に5年後だと市場は既に混み合っているはずだ。

このように、スタートアップのファウンダーは「なぜ、今やる必要があるのか？」という問いに対して合理的な説明ができないといけない。

違い③スケール(事業拡大)への姿勢

スタートアップは本書の第1章から第5章を通じて解説する5つのステージを達成できたら一気にスケール可能になるモデルであると同時に、「スケールすることを運命づけられた取り組み」でもある。スケールとは、ある一定の規模を

図 1-2-3

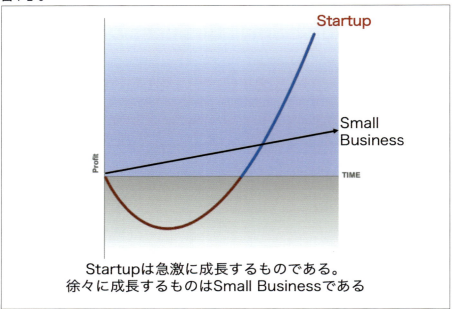

Startupは急激に成長するものである。
徐々に成長するものはSmall Businessである

超えた瞬間に、ネットワーク効果（顧客が増えるほど顧客のメリットが増すこと）や規模の経済性が働き、一気に市場を席巻して二次曲線的に成長する道筋のことである（フェイスブック、グーグル、Airbnb、メルカリなどを思い描いてほしい）。

一方、スモールビジネスは既に市場があり、PMFを達成できているものに対して事業展開するので、スケールよりもいかに事業の採算性（ユニットエコノミクス）を高めるかが重視される。そこさえ達成できていれば生き残りをかけたスケールを行う必要はない。

違い④ステークホルダー

スタートアップに資金提供するのはVCやエンジェル（個人投資家）であり、スモールビジネスに資金提供するのは銀行や信用金庫などの金融機関だ。

VCは出資した額に対するキャピタルゲイン（株式売却益）を求めるので、一気にスケールする可能性を秘めたスタートアップしか相手にしない。金融機関の多くはインカムゲイン（利息）を求めるので担保や過去の業績をベースにした堅実な収益予測を立てられるビジネスモデルしか相手にしない。

違い⑤対応可能市場

ラーメン店、バイク便、理髪店のように、商圏が限られているビジネスはスタートアップではない。

フランチャイズモデルを目標にするなら商圏は全国に広がるが、あくまでもプロダクトそのものが、ある商圏内で消費されるのであれば、それはスモールビジネスである（なぜなら、地理制約が強いと、指数関数的に成長できないからだ）。

違い⑥イノベーションの手法

フェイスブックが人々の交友の仕方を変えたように、スマホが私たちのライフスタイルを変えたように、スタートアップがもたらすイノベーションは既存市場を覆すディスラプティブ（破壊的）なものであるケースが多い。

既存市場に対して着実な改良を加えていく持続的イノベーションは、スタートアップが行うべき取り組みでない。

私はここでスモールビジネスを否定したいわけではない。大事なポイントはス

図 1-2-4

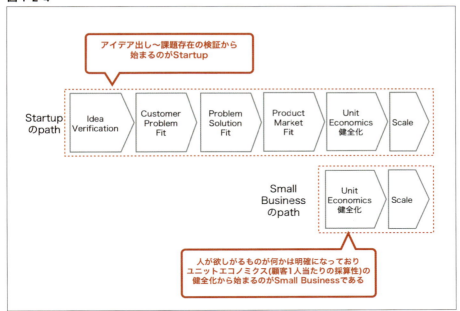

　タートアップとスモールビジネスは前提が全く違うということだ。

　そもそもPMFを達成した状態（市場や人が欲しがるものが何かがはっきり分かっている状態）から始まるスモールビジネスは、価値提案やソリューションの型も大部分がすでに出来上がっているので、いかに効率よく経営するかがポイントになる。つまり、競争優位性を高めるにはディストリビューション（届け方）、広告、値段や商品の品ぞろえなどがキーになる。

　これに対して、スタートアップの住人が住む世界はスモールビジネスの起業とは比べものにならないほど不確かなものだ。その覚悟をしっかり持つ必要がある。

　ただし、PMFを達成し、スケールできた場合の果実はとてつもなく大きい。フェイスブックの株を20％以上持っているマーク・ザッカーバーグCEOの個人資産は10兆円近いといわれている。

スタートアップは一時的な組織

　優れた起業家教育で知られる、スティーブ・ブランク氏は、スタートアップを次のように定義づけている。

　「スタートアップはスケーラブルで、再現性のある利益を生み出すビジネスモデルを探索する一時的な組織である」

　「一時的な組織」という指摘は耳慣れないが、これはスタートアップをこれから志す人にも重要な視点だ。

　つまり、スタートアップがPMFを達成してスケールする段階になったら、新たなビジネスを生むことより経営効率を追求する「一般企業」に変わる必要があるということだ。

　これはどんなスタートアップでも避けることはできない。コアメンバーが同じであっても未来永劫（えいごう）スタートアップであり続けることは論理的にあり得ないのだ。創業メンバーはステージが先に進むにつれ自分たちも変化（進化）し続けなければならない。

　「ゾンビスタートアップ」という言葉がスタートアップの世界にはある。スタートアップとして始動したのに10年、20年たってもスケールせず、そうかといって倒産もしない会社のことだ。

　実はこうした会社がたくさん存在する。だいぶ前に資金調達はしたがIPOのチャ

注）スティーブ・ブランク氏の発言は、下記による。
https://steveblank.com/2010/01/25/whats-a-startup-first-principles/

注）スタートアップがスケールの段階を迎えて一般企業に変わった後でも、自社のプロダクト・サービスのポートフォリオに、市場もはっきりしていないスタートアップ的な新規事業を継続的に立ち上げることはもちろん可能だ。

注) 曽我弘氏が立ち上げた
スプルース・テクノロジー
ズはDVDオーサリング・
システムを手掛けていた。

注) ポール・グレアム氏の
発言は同氏の個人サイト
より引用。http://www.
paulgraham.com/gro
wth.html

注) ユニットエコノミク
スの健全化については、
PMF達成後の第5章で詳し
く解説している。

注) サム・アルトマン氏の
発言は以下の講演より。
https://www.youtube.
com/watch?v=CBYhVc
O4Wgl

ンスを逃し、当座の食いぶちを確保する
ために始めたはずの業務（受託業務やコ
ンサルティング業務）がいつの間にか事
業の柱になっていたりする。

　VCなどから資金調達をしているにも
かかわらず、スケールやイグジットがで
きない状態になり、スモールビジネスを
手掛ける会社になっている。やがてVC
から資金回収を迫られ、手元資金が尽き
て、解散してしまうことになる。

　グーグル、アップル、フェイスブック、
アマゾンといった会社は、スタートアッ
プ起業家にとっては羨望の的だ。しかし、
これらの会社は既にスケールしており、
現在はスタートアップではなくなってい
る（これらの企業は新規事業を数多く立
ち上げているが、あくまで、着実に成長
できる本業で稼いだキャッシュを新規事
業に再投資している状態であり、組織と
してはスタートアップではない）。

　そもそも、スタートアップとは市場が
全くない「0」の状態から「1」を生み
出す組織である。世に言うシリアル・ア
ントレプレナー（連続起業家）は、アイ
デアを生み出しPMFを達成して「0」か
ら「1」を生む能力に優れ、そこにモチ
ベーションを感じる。

　スタートアップがスケールして一般企
業になるとき、トップに求められるのは
事業を拡大する能力や組織全体のモチベ
ーションを保つこと。この段階で求めら
れるのは「1」を「100」にすることであり、
経営陣としての役割はスタートアップと
全く異なるものになる。

「スタート」して「アップ」できるか!?

　私のメンターの1人に曽我 弘氏という
伝説の起業家がいる。

　曽我氏は新日本製鐵（現・新日鐵住金）
で定年まで働いた後、シリコンバレー
に移住し、そこからスタートアップ7社
を立ち上げて6社を潰し、その次の1社、
スプルース・テクノロジーズをスティー

ブ・ジョブズ氏と直接交渉して2001年
にアップルに売却した人物だ。

　世の中の起業のほとんどは「スタート
アップもどき」だと曽我氏が私に話した
ことがある。

　道なき道であっても果敢に「スター
ト」し、短期間で成果を「アップ」する
という覚悟で挑んでいないなら、それは
スタートアップではない、というのだ。

　Y Combinator（YC）の創業メンバ
ーであるポール・グレアム氏も「スター
トアップは急成長するようにデザインさ
れた企業だ。高いテクノロジーを持ち、
VCから投資を受けていても、イグジッ
ト戦略を持っていても、急成長していな
ければスタートアップとは呼べない」
と、曽我氏同様の指摘をしている。

　PMFを達成して、ユニットエコノミク
ス（顧客1人当たりの採算性）を健全
化できたら、大企業が参入して来る前に
一気にスケールして市場を席巻するのが
スタートアップの宿命であり戦略だ。

　スタートアップを始める人たちは、こ
のことを肝に銘じておいてほしい。

97%のことに
NOと言えるか

　これまで見てきたように、スタートア
ップとスモールビジネス（一般企業）の
常識は大きく異なる。一般企業でよしと
されることのほとんどが、初期のスター
トアップにおいては無駄とされる。

　YCのプレジデント、サム・アルトマ
ン氏は「スタートアップ創業者は97%の
ことにNOという必要がある」という言
葉を残している。

　ここからは、一般企業では正しいとさ
れることが多くても、スタートアップが
成功するためには避けるべき行動、思考
パターンをいくつか紹介していく。スタ

ートアップならではのアイデアを磨くために、こうした一般企業との違いをよく認識しておこう。

間違い❶
詳細なビジネスプランを作る

初期段階で詳細なビジネスプランを作成しようとするファウンダーがいまだに多い。特に大企業で経営企画を経験した人にありがちだ。

詳細に作れば作るほど、プランで想定する場面の網羅性と厳密性が高まって説明責任を果たすことができるので、投資家受けがいいと思っているのだろう。

しかし、スタートアップが最初に思いつく課題仮説やソリューション仮説は、顧客の前でプロダクトやプロトタイプを示し、フィードバックをもらうとガラリと変わる可能性が非常に高い。

初めから詳細なプランを立て、それを検証するために用いるKPI（重要業績評価指標）まで設計しても、その前提となる価値提案や課題仮説が変更になることはよくある。すると、詳細なプラン作りに費やした時間は無駄になってしまう。

スタートアップにおいては、プロダクトのスプリント（継続的な改善）やピボットが日常的に起きる。ピボットを前提としないような企画書数十ページ分にも及ぶ詳細なモデルを作ることはそもそも間違いだ。

それに、詳細なプランを作ってしまうと、それを達成することが正解であるという前提で創業メンバーの思考が進む恐れもある。課題仮説やソリューション仮説を検証することが徹底できなくなってしまう。このことこそ、スタートアップには大きなリスクだ。

中には予実管理（予算と実績の管理）を厳密に行おうとするファウンダーまで見受けられる。残されたランウエー（資金が底を突くまでの月数）の中で、キャッシュが枯渇しないよう慎重になることはもちろん大事だが、そこに多大な労力をかけるくらいならプロダクトのスプリントを素早く多く繰り返す方がはるかに有益である。

間違い❷
正確なファイナンシャル・
プロジェクションを用意する

同様に、PMF前に正確なファイナンシャル・プロジェクション（資金面の計画）を作ろうとすることも無駄だ。

もちろん、ある程度売り上げの見通しを実現できる可能性が高まるシリーズA、シリーズBの投資を受ける段階ともなればプロジェクションが重要になるが、アイデアの検証（ベリフィケーション）をしているような、ビジネスの前提条件がまだ見えていない不確実な段階（シード期）では全く意味がない。

以前、私がアドバイスしていたシード期のスタートアップでは、CFO（最高財務責任者）がファイナンシャル・プロジェクションを作ろうとした。

私は全力で止めようとしたが、結局、5年先までのプロジェクションを作って

注）ユーザーが痛みを感じていると想定した「課題仮説」を実現する解となる方法を「ソリューション仮説」と呼ぶ。

注）ランウエーとは、もともと飛行場の「滑走路」のこと。毎月必要な資金（バーン・レート）から計算して、スタートアップがスケールする（離陸する）まで走り続けられる期間のことを指す。スケール前に"滑走路"が途切れたスタートアップは死んでしまう。

"スタートアップ創業者は
97%のことに
NOという必要がある"

サム・アルトマン
Y Combinator,President

しまい、そこから DCF法（将来稼ぎ出すキャッシュフローを基に企業価値を算定する方法）を用いて現在の時価総額（バリュエーション）まで算出した。

そういった試算は、PMFを達成するために販売チャネルを変更するといった小さなピボットをするだけでもすぐに前提条件が崩れてしまうのでほとんど意味がない。"絵に描いた餅"の作成に貴重な時間を使っているようではファウンダーとしての資質が問われる。

ちなみに、私のようなVCのもとにはシード段階のスタートアップから精緻に作ったらしいファイナンシャル・プロジェクションが送られてくることがたまにあるが、見ても意味がないので個人的には一度もファイルを開いたことがない。

間違い❸
精緻なリポートにこだわる

精緻なリポートを作ることも無駄だ。リポーティングラインが決まっている一般企業で働いた経験があると、どうしても上司への「報告書作り」は重要な仕事と考えがちだ。経理部門出身者は会計リポート、マネジャー経験者はパフォーマンスリポートに力を入れることが多い。

しかし、スタートアップにとってリポートという形で定型的な考察や中間・結果報告をすることは重要ではない。

それよりも、既存の枠組みではすくい取れない顧客意識（顧客インサイト）の深掘り、潜在的課題の発見、市場に隠れていそうなアイデアのヒント（秘密）などを探して素早くメンバーに報告することがより重要になる。

間違い❹
「まあまあ好かれる」プロダクトを
大勢の人向けに作る

大企業が得意とする持続的イノベーションは、自社の過去のプロダクトや競合他社のプロダクトをベンチマークしながら少しずつ良いものを作っていくこと。つまり「まあまあ好かれるプロダクト」を大勢の既存顧客に届けていれば上司からは文句を言われないし、あなたは社内で"優等生"と見なされるだろう。

しかし、スタートアップにとって「まあまあ好かれるプロダクト」を作ることは失敗を意味する。それでは市場を再定義するような破壊的イノベーションができるプロダクトにならないし、ターゲットとする市場で圧倒的なシェアを取るのは難しいだろう。仮に黒字転換できて資金的に生き延びられたとしても、緩やかな成長しか続けられなければ、前出のようないつまでもスケールできないゾンビスタートアップになるだけである。

「大勢に対してまあまあ評価される」プロダクトではなく「一部の人に熱狂的に好かれる」プロダクトを作ることこそ、スタートアップの使命と心得たい。

間違い❺
詳細な仕様書をもとに開発する

これは、システムエンジニア経験者の起業家にありがちな罠だ。スタートアップはいかに早くスプリントのサイクルを回せるかの勝負になるので、詳細な仕様書などは要らない。

開発リスクを最小にしようとするソフト開発手法「アジャイル開発」の世界の格言では「包括的なドキュメントよりも、動作するソフトウエア」という言葉がある。仕様書を書いている時間があれば、まず動作するプロダクトを作り、顧客からフィードバックをもらうことを優先すべきという意味だ。

そもそも仕様書を書き始めた時点で、エンジニアは創業チームや顧客から距離を置いた存在になってしまう。仕様書よりも、いかにしてチーム一丸となって顧客と対話を続け、アイデアやプロダクトに磨きをかけられるかを優先すべきだ。

顧客との対話をおろそかにし、「自分はプログラマーだから仕様書で指示されたことしかしない」などと、自分の仕事範囲を限定したがるメンバーをスタートアップ初期のコアメンバーに参加させてはいけない。

間違い❻
最初に想定した
ビジネスモデルに執着する

「詳細なビジネスプランを作る」という間違いと共通するが、過去にビジネス上の成功体験がある人ほど最初に立てたビジネスモデルが最善であると信じ込んで、執着しようとする。

もちろん、最初に想定したビジネスモデルが成功する場合もまれにはある。女性向け衣料のレンタルサービスを手掛けるエアークローゼット（東京・港）の天沼聡社長は、2014年に立ち上げたビジネスモデルをほぼ変えることなく、スケールさせている。コンサルタント出身の天沼社長は、アイデアを100近く出し、カスタマーインタビューを200人ほど行ってビジネスプランも徹底して磨き込んだという。天沼社長は楽天でプロジェクトマネジャーを務めた経験もあり、ビジネス成功のカギを握る要素もよく理解しているからこそできる芸当である。

このように最初からうまくビジネスが立ち上がる例外的なケースもあるが、うまくいかなくても最初のモデルに執着することが一番恐ろしい。顧客から必要とされるプロダクトに、いつになっても近づけないからだ。

スタートアップのビジネスモデルは顧客の反応によって常に覆されることを前提に作っていく必要がある。最初のアイデアが否定されたとしてもひるまずに、そこから学び続けることが重要である。

間違い❼
競合を意識しすぎる

潜在的な競合を意識することは悪くない。また、ビジネス環境を左右しかねない大手のプレーヤー、グーグルやアマゾンなどの動向を注視することも大事だ。

しかし、競合をベンチマークしすぎて、「あの会社がこう動いたから僕たちも動こう」といった追随型になることは最初から負けを認めているようなものだ。いくら競合の動きを追いかけても、独自の顧客インサイトを見つけて競合に対して優位に立つことはできない。

間違い❽
差別化を意識しすぎる

マーケティングの経験者は、口を開けば「差別化」と繰り返すが、スタートアップにとって差別化をすることは結果論であり、目的ではない。「競合と差別化できるサービスを作ろう」という発想は、カスタマーの声を考慮しない、作り手側のロジックに陥ってしまうことが多い。

プロダクトを作るときは、差別化を目指すのでなく、いかに高いUXを提供できるかをベースに考えるべきである。

間違い❾
Nice-to-haveな機能を追加する

「便利な機能がいっぱいあったほうがユーザー受けするだろう」と、初期段階からやたらとNice-to-haveな（あったらうれしい）機能を実装するプロダクトをよく見かける。

しかし、PMFが達成できるかどうかは「あったらうれしい機能」の多さで決まるわけではなく、カスタマーの痛みが大きい課題を解決できるMust-haveの（なくてはならない）機能が実装されているかどうかで決まるものだ。

よってスタートアップが注力すべきは

Chapter 1 | IDEA VERIFICATION

Must-haveなコア機能に絞り、徹底的にその実現に取り組むことである。

それに、最初からプロダクトの機能が多いと、コア機能が何かがぼやけてしまう。どの機能があるからユーザーがそのプロダクトやサービスを使い続けているのかという検証が難しくなる。Nice-to-haveの機能を追加するのはPMF達成後にスケールする段階で十分である。

間違い❿
最初からプロダクトデザインや
ユーザビリティーの細部にこだわる

これはデザイナーにありがちだが、ハードの製品ではない限り、プロダクトデザインや操作性を細部まで詰めることは二の次でいい。

デザイン細部の完成度を上げるためにリソースを投下するのは時間とお金の浪費である。完成度は70％くらいで、どんどんローンチして、顧客のフィードバックを得たほうがよい。完成度80％、90％を目指すディテールの改善は、後からでよい。

間違い⓫
最初からシステムの
自動化・最適化を行う

これは、スキルレベルの高いエンジニアにありがちだ。

今は、AI（人工知能）のディープラーニング（深層学習）といった高度な技術についても、ソフトウエアのライブラリを通じてエンジニアがより身近に使えるようになった。

このため、初期段階の起業家からピッチ（短いプレゼン）を受けるときに「我が社は、人工知能技術を組み込んでプロセスを自動化しています」と説明されることがある。初期段階で、いきなりシステムの自動化やプロダクトの最適化について考えるようなスタートアップは、ア

注）ライブラリとは、ある機能を実現するプログラムをあらかじめ用意し、別のプログラムから利用できるようにした「機能集」のこと。機能の呼び出し方さえ分かれば、新たにプログラムを書かずに新機能を追加できる。

イデアの検証を徹底する前に成長するときのことを考えている。まさに、プレマチュアスケーリングそのものだ。

顧客の声にしっかり耳を傾けたり、成果を検証したりする初期の段階では、人工知能に顧客の声を学ばせるのではなく、ファウンダー自身が学ぶべきだ。

例えば、生徒の理解度に応じて最適な問題を出し続けるAIの開発と、それを使った学習塾の運営をするコンパスというスタートアップが東京・世田谷にある。

創業者の神野元基氏はAIの開発に着手する前に専用の教材を紙ベースで作って、自分が経営する塾で仮説検証を繰り返した。それによって成果が出ることを確認してから知人のエンジニアを誘い入れ、プロトタイプの開発を依頼している。この順番が正しい開発の進め方だ。

間違い⓬
ビジネスモデルが出来上がる前に
積極的に人を雇う

企業は根底にビジョンがあって、その上にビジネスモデルがあって、それを体現したプロダクトやUX、ビジネスプロセスが築かれる。

つまり、ビジネスモデルを模索しているPMF前の段階では、その会社で必要なプロセスやメンバーの役割分担の切り分けは不透明な状態が続く。ビジネスモデルが変われば、必要な人材の質（能力）や配分もまったく変わる。

よって、ビジネスモデルが見えていない段階で積極的に人を雇うのは誤りだ。

スタートアップはまずファウンダー、そして社員10人程度までの初期段階ではメンバーがどんな仕事も分け隔てなくすべてするという気概が必須である。仕事を選んではダメだ。

特に注意したいのが特定のスキルに秀でた人材を早くに雇うことだ。特定分野の専門家はソリューションそのものに直結する。その人材を活用するために開発

したプロダクトは課題ドリブンではなく、ソリューションドリブンになりかねない。ピボットをすると必要な要素が変わる可能性があることを前提に、ファウンダーはメンバーの人選を考えるべきだ。

例えば、市場検証のために機能を最小限に絞った製品、MVP（Minimum Viable Product）を作る段階で、画像認識アルゴリズムの専門家をチームに入れて10%の株を渡したとする。その後で、MVPに対する顧客のフィードバックを受けたとき、画像認識ではなく、音声認識が重要という結論になると、そのエンジニアに渡した10%の株は無駄になってしまう。

そういう意味では、今のスタートアップにとって、技術全般を幅広く理解できる汎用能力の高いCTO（最高技術責任者）を招き入れることは非常に重要。スタートアップの生死を分けるクリティカルなポイントである。

カバーすべき技術の領域がピボット（軌道修正）を経て多少変わったとしても幅広い視点を持つCTOならば、自分の専門ではない領域のエンジニアが入社してきても、そのエンジニアの評価ができるため、どんな状況でもスピード感を持ってチームをけん引できるだろう。

間違い⓭
直接関係のないネットワークイベントや飲み会に参加する

残念なことに、世の中には起業家になりたいけれど、口だけで行動に移せない人が多くいる（私は、彼らをWanna-be Startupと呼んでいる）。

こういう人たちはネットワークイベントが大好物。彼らを標的にしたイベントもたくさん開かれている。さらにそこには、"情報収集"に取り組む大企業の新規事業担当者の人たちも交じる。こうしたイベントに参加すると何かすてきな出会いが生まれそうな雰囲気がある。

しかし、起業家がまず会いに行くべき相手は顧客であり、次は自分と一緒にスタートアップに参画してくれそうな仲間である。「起業家に憧れている人」「スタートアップの情報収集をしている人」と会ったところで、時間とコストには見合わないことがほとんどだ。

学生で起業を考えているような人がイベントに参加するのはまだ分かる。でも本気でスタートアップに取り組んでいる人なら、他の起業家の話を聞いている暇などないはずだ。

間違い⓮
経歴が立派な営業責任者や事業開発担当者を雇う

ビジネスに箔をつけたり、足りない経験値を補ったりするために、経歴が立派な人をメンバーに迎え入れたい気持ちは分かる。でも、迎え入れには、それなりの「お膳立て」（多めのストック・オプションを発行したり、高めの報酬を設定したりすること）の必要があり、スタートアップにとって実はハイリスクだ。

初期の頃は、メンバー全員があらゆる仕事を分け隔てなくやらないと回らないのに、「私はマネジメントで参画したのでこんな雑務はしない」「自分は、実績のあるエンジニアなので、顧客サポートはしない」といった人がメンバーに入ると、なんでもやろうとしている他のメンバーに不公平感が生じる。

その結果、スタートアップとしての競争優位性の源泉となる、創業メンバーとしての一体感やオーナーシップを毀損してしまう。

もちろん、報酬は低くても気にせず、若いメンバーと一緒になって細かい雑務まで積極的にやってくれる人を招くのはよいが「俺はグリーン車しか乗らない」といった前職と同等の待遇を求めるタイプはスタートアップには要らない。必要なのはマネジャーではなく、Doer（実

注）MVP（Minimum Viable Product、実用最小限の製品）は、ユーザーのフィードバックを得るために市場投入する最小限の機能だけを実装したプロダクトのこと。第4章で詳しく紹介する。

行者）だ。

間違い⓯
ビジネスモデルの検証が
終わる前にパートナーシップや
独占契約を結ぶ

他の企業とパートナーシップを組むことで一気にスケールを目指そうとするケースはスタートアップによく見られるが、PMFを達成していない段階でその道に走ってしまう会社が実に多い。

例えば、優れた要素技術を持つスタートアップが早々に大手家電メーカーとパートナーシップを組むとか、少数の大手と独占的な契約を結んでしまうといったケースだ。どこまでの技術をブラックボックス化（特許化や機密化）するかという明確なポリシーがあればよいが、大手企業からは、ブラックボックスの開示を求められたり、汎用性のないカスタマイズを求められたりしてしまう。これでは、スタートアップではなく、少数の受託契約で事業を回す下請け、つまりスモールビジネスになってしまう。これは大企業が勝者になるが、スタートアップは敗者になってしまう残念なケースだ。

スタートアップはスケールするために、自社から直接顧客にプロダクトを届けながら競争優位性を築くべきだ。特定の企業との関係性に依存し、その企業を通じて間接的にしか顧客のフィードバックを得られなくなる状況は避けたい。

他企業とのパートナーシップを構築するのはPMFを達成して、ビジネスの採算性を合理的に求める段階になって考慮すべきことだ。

経験豊富なスタートアップのファウンダーならば、適当なタイミングでパートナーシップを活用して事業を拡大させることができるケースもあるが、多くの場合は、1社と独占的な排他契約を結ばず、「逃げ道」をつくる必要がある。

間違い⓰
セールスよりもマーケティングや
PRにフォーカスする

マーケティングやPRは重要な要素であることは間違いないが、PMFを達成できていない段階でユーザーを集めても穴の開いたバケツで水をくむようなもの。良いサービスもおいしい食事も出せないレストランが、積極的に客集めをするようなものだ。

例えば、あなたが立ち上げたばかりのプロダクトがたまたまTechCrunch（テッククランチ）のようなスタートアップ向けのメディアに取り上げられたとしよう。感度の高いユーザーが見るサイトなので、一時的にユーザーは増えるかもしれない。

しかし、自分たちのプロダクトが未熟な段階で世間に知れ渡るとどうなるか。最悪のコメントがアプリストアのレビューやTwitterのつぶやきとして永遠に残ることになりかねないのだ。

よって初期段階のスタートアップが注力すべきはセールスである。ただし、ここでいうセールスとはカスタマーに商品を売り込むことではなく、カスタマーと直接対話して、ネガティブなものも含めフィードバックをどんどんもらい、プロダクトを磨き込むことだ。顧客と対話する現場にはファウンダー自ら足を運び、直接行うべきである。

間違い⓱
仕事の役割を厳密に設ける

初期メンバーは自分の得意、不得意にかかわらず何でもやるべきだ。

エンジニアも顧客と話すし、顧客開発サイドもシステムをある程度分かっていないといけない。UXは全員で磨き込む必要がある。

初期の段階ではメンバー全員でビジネスモデルを構築していくことが重要にな

る。そのためにはメンバー間の密なコミュニケーションこそが重要であり、得手不得手のみを基準にした縦割りの役割分担をこの段階で持ち込むべきではない。創業メンバーは事業に関する全てを常に学び続ける必要がある。

間違い⓲
NDAを交わす

投資家と会うときにNDA（機密保持契約）を交わそうとする起業家がたまにいる。でもそのような起業家は2つの大事なことを理解していない。

一つは投資家とスタートアップの世界は紹介文化であることだ。「この前、イケてるスタートアップと会ってさ」といった情報交換を兼ねた投資家同士のコミュニケーションは日常的に交わされる。でもどこかの企業とNDAを交わしてしまった瞬間に他の投資家に込み入った話ができなくなってしまうのだ。

もう一つは、アイデア自体に大した価値はないということ。

それが半導体やバイオテクノロジーの画期的な仕組みであればNDAの書類をばらまくことが必要かもしれない。でも、そうでもなければアイデアは原石のようなもので、その後のプロダクト開発やカスタマーのインサイトを取り入れたプロダクトの磨き込みのほうがはるかに重要なのだ。

「Ideas are cheap,execution is everything（アイデア自体は安いもので、それをどう実現するかがプロダクトの価値の全てだ）」

この視点を忘れてはいけない。

何度も言うが、スタートアップが最初に思いつくようなアイデアは、顧客の対話を通じて検証する中で大抵ピボットすることになる。最初の段階から、アイデアに執着して、それを守りきろうという考えが生まれると、思考の幅や発想に制約を与えることになるので要注意だ。

間違い⓳
受託開発や業務委託を
必要以上に受ける

IT系のスタートアップが運転資金を確保するために受託開発やコンサルティングなどのノン・リカーリング・レベニュー（本業以外の売り上げ）を確保することは正当化できる。フェイスブックも資金が乏しいときは創業者のマーク・ザッカーバーグ氏がシステムエンジニアとして外部の仕事を受けていた。

しかし、間違っても本業がおろそかになってはいけないし、受託開発や長期にわたるプロジェクトや手離れの悪い案件を受けるのも避けたい。

できるだけ早いタイミングでリカーリング・レベニュー（本業からの売り上げ）に軸足を移す必要がある。

間違い⓴
業界の専門家からの
アドバイスに頼る

自分に不慣れな領域について業界の専門家から助言を得たりすることはとても重要である。ただ、思考を全て委ねてしまうほど頼り切ってしまうのは行き過ぎだ。資金調達、人事採用、戦略策定などの専門家に助言を求めるのもよいが、最終的な判断を下すのはあくまでビジネスオーナーである自分たちであることを忘れてはいけない。

間違い㉑
VCに積極的にアプローチする

フィンテックやハードウエア開発、バイオテクノロジーなど、初期投資（設備投資やライセンス費用）が大きいものは例外的に最初期から資金調達が必要な場合がある。

だが、基本的にスタートアップはPMFを達成してトラクション（事業の

注）カスタマーのインサイトとは、カスタマーへのインタビューなどによって引き出した本人も意識していない本音、深層心理のこと。

注）「アイデア自体は安いもので、それをどう実現するかがプロダクトの価値の全てだ」という言葉は、UberやTwitterのアーリー・ステージに投資をしたクリス・サッカ氏の発言。

Chapter 1　IDEA VERIFICATION

写真＝Getty Images

注）サム・アルトマン氏の発言は以下のブログから引用した。
http://blog.samaltman.com/the-post-yc-slump

図 1-2-5

"嘘の仕事は、やるべき仕事に比べて、簡単で楽しめるものだ"

-サム・アルトマン
Y Combinator, President

推進力）がある程度出てくる段階まではVCに積極的にアプローチしたり、ピッチイベントに登壇したりする必要はない。PMFを達成していないスタートアップのピッチは、説得性の欠けるものになりがち。結果として、バリュエーションは低くなり、わずかな資金のために多くの株式を外部に渡してしまうことになる。PMFを達成して、事業がスケールできる蓋然性が高くなった時に、調達を始めたほうが交渉を圧倒的にやりやすい。

そもそも有望なスタートアップはVCかいわいで噂がすぐに広まるため、VCの側から声をかけてくる。日本でも、アクティブなVCはPR TIMES、日経産業新聞、TechCrunch、THE BRIDGE、Pedia Newsなどスタートアップに強いメディアをくまなくチェックしていて面白そうなスタートアップがいたら問い合わせをしている。

VC側から自然にオファーが来るくらいまでプロダクトを必死に磨き込むことが重要だ。

そして課題とソリューション（解決策）の検証が済んで、方向性が見えたら、そこから資金調達を本格化すればいい。

「今は自分が何に注力すべきか」という視点を忘れてはいけない。

Fake Jobを捨てよ

「嘘の仕事は、やるべき仕事に比べて、簡単で楽しめるものだ」と、YCのプレジデントであるサム・アルトマン氏は指摘している。

スタートアップに限らず、多くのビジネスパーソンは「忙しい、忙しい」と言いながら自分が本来取り組むべき難題を脇に置き、「緊急だけど重要ではない」嘘の仕事（Fake Job）に時間を費やしている。

語弊を恐れずに言えば、会社員であればカスタマーに価値をもたらさないFake Job（ミーティングのためのミーティング、報告ラインが1本ではないマトリクス組織における複数の上司へのリポート作成など）をしているだけでも毎月の給料は入るが、最大効率で結果を出さないと淘汰される運命にあるスタートアップはFake Jobをしている暇はない。

写真公開サイトFlickr（フリッカー）の創業者でシリアル・アントレプレナー

のカテリーナ・フェイク氏は「正しい問題に取り組むほうが、一生懸命取り組むことよりもはるかに重要だ」と指摘している。

スタートアップのファウンダーが専念すべきはカスタマーが痛みを抱える課題の専門家になり、カスタマーに愛されるプロダクトを作ることだけだ。

PMFを達成する前は、カスタマー自身も言語化できていない深い潜在的な課題（インサイト）に気づき、それを言語化・構造化して真因を見つけ、解決するプロダクトを作ることに90%の時間を割くべきであって、それ以外の仕事は優先度を低く設定するべきである。

スタートアップは
極端に
直感に反する

PMF達成前は体裁を気にしない

スタートアップは、まず"もろく"見えるべきだ。

1939年にカリフォルニアのパロアルトで2人のエンジニアによって創業されたヒューレット・パッカードは、自宅のガレージから始まっている（ちなみにこのガレージこそがシリコンバレー発祥の地で、今では歴史的建造物に認定されて大事に保存されている）。

マイクロソフトは、ポール・アレン氏がハーバード大学の学生だったビル・ゲイツ氏を誘って1975年に創業した。最初に構えたオフィスはニューメキシコ州アルバカーキにある、なんの色気もない長屋のようなオフィスだった。当時の写真を見るとアレン氏はとても20代前半に見えなかったが、ゲイツ氏は少年そのものだ。

2004年に創業したフェイスブックは、ご存じの通り、マーク・ザッカーバーグ氏がハーバード大学在籍中に寮の自室でコツコツとプロダクトを作っていた。

2016年に私がシリコンバレーのあるデータ解析のスタートアップのオフィスを訪問した時の話だ。立派な会社ロゴが入った看板などはなく、オフィスの扉に、紙に印刷したロゴが貼ってあるだけだった。シリコンバレーではトップクラスのVCから既に10億円近く調達していたにもかかわらずだ。

中に入ってみると、狭いオフィスに、10人くらいのエンジニアがすし詰めで作業をしていた。しかし、そのスタートアップの創業者は、米インテルでチーフ・サイエンティストを務めた人物で、インド工科大学のPh.D（博士号）とデータ解析の特許を20ほど持つ、すさまじい技術力の持ち主だった。他のエンジニアたちも、似たような輝かしい経歴だった。壁紙が剥がれそうなボロボロのオフィスで、「我々の使命は、世の中のデータ・サイエンティストやビジネスコンサルティングを不要にすることだ」と言っていたのが印象的だった。

こうした例のように、PMFを達成する前のスタートアップは会社がどこにあろうと、見た目がどうであろうと関係ない。会社をスケールする段階になれば採用やブランディングの兼ね合いで多少の体裁は大事になる。しかし、最初にフォーカスすべきはそこではないのだ。

Unlearnすべきゲームのルール

何度も述べたように、スタートアップの世界では、あなたが一般企業、学校、受験などで慣れ親しんできたゲームのルールの多くは通用しない。

YC共同創業者のポール・グレアム氏が「スタートアップは極端に直感に反する」と指摘しているように、スタートアップの世界で、従来の常識や思考方法を

注）カテリーナ・フェイク氏の発言は以下より。
http://www.businessinsider.com/working-hard-is-overrated-2009-9

写真=Getty Images

注）ポール・グレアム氏の発言は同氏の個人サイトより引用。http://www.paulgraham.com/before.html

図 1-2-6

"スタートアップは極端に直感に反する"

- ポール・グレアム
  Y Combinator, 共同創業者

無自覚に踏襲することは危険であり、むしろ「Unlearnする（念頭から払う）」必要があるのだ。

忘れ去るべき常識をいくつか挙げてみよう。

①100点満点の解答用紙に正しい答えを埋めようとするゲームを忘れる

学校でも企業でも、いかにミスをしないかが美徳とされてきた。つまり、100点満点の解答用紙に模範解答を正確に書いた人が優秀とされてきたわけだ。

しかしスタートアップの世界では解答用紙や模範解答があると思うこと自体が大きな間違いである。

新しい問題の設定とそれに対するユニークな解答方法を自ら作るのがスタートアップの目的だ。

②上司にうまく報告するゲームを忘れる

一般企業では、自分の評価は上司へのレポーティングの仕方次第で変わってしまう。だから少しでも自分を良く見せようと、多くのリソースを報告書作りなどに費やす。

でもそれがスタートアップの世界では全く意味のないことは明らかだろう。

③多くの人から好かれようとするゲームを忘れる

人に好かれたい気持ちは誰にもある。イベントに積極的に参加してSNSの友達を増やす時期があったり、自分を少しでも良く見せようと話を盛ってしまったりすることもあるだろう。

でも、そうした努力はスタートアップの直接的な成功要因にはなり得ない。むしろ自分を良く見せることや「認められたい」という承認欲求は捨てよう。

あなたがこれからやろうとしていることが今までの常識や手法を覆すものである場合、それは一部の人にしか理解されないだろうし、理解できない人は「こんなプロダクトが通用するはずがない」とSNSなどに書き込むだろう。それでいいのだ。スタートアップは一部の人に熱狂的に愛されるプロダクトを作ることに専念することこそが重要なのだから。

④少しずつ改善するゲームを忘れる

PDCAを回し続けることはどんなビジネスでも基本だ。

しかし、限りある資金と時間の下で結果を出すことを求められるスタートアップの場合、細かい改善をコツコツと積み重ねるよりも一気にピボットしたほうがよいケースも多い。機能をごっそりそぎ落としたり、市場を変えてみたりといった具合だ。コツコツと努力を積み重ねることが必要になるのは、PMFへの勝ち筋が見えた後だ。プロダクトへのユーザーの定着率を改善するためにユーザーテストを行ってUXを改善したり、ブログやSNSを活用したコンテンツマーケティングなどを行い顧客接点を少しずつ増やしたりすることが必要になる。

⑤多数の競争相手の中で一番になるゲームを忘れる

100人の同期の中で出世競争で勝つとか、センター試験で全国上位に入るといった成功体験がある人の中には、強いライバルがいたり、激しい競争環境があればあるほどモチベーションが上がるという人が多い。

しかし、スタートアップは大勢と同時に戦うゲームではない。競争相手が少ない領域を攻めて、そのニッチな市場を席巻することを優先すべきだ。まず、限定市場を独占してから周辺市場に攻め込むことがスタートアップの王道。リソースがないスタートアップには大勢と戦っている余裕はない。

⑥予算消化のゲームを忘れる

スタートアップの経営とは限りある資金を消費しながら、墜落する前になんとか急浮上を試みるアクロバット飛行のようなものである。大企業のように予算がついたら全部使い切ろうとする発想は真っ先に捨てるべきだ。

当たり前のことだが、資金調達でまとまったお金が入ると気が大きくなって無駄な浪費や投資に走る起業家は少なくない。実際、数多くのスタートアップが不当な資金の使い込みで投資家から不信感

を買ってしまい、資金を引き揚げられて失敗している。

⑦最初から広い市場を狙うゲームを忘れる

広い市場で顧客獲得を目指すのは、大企業の採用する施策である。PayPal共同創業者のピーター・ティール氏も同様のことを述べているが、スタートアップで成功率を上げるにはまず小さな市場を独占するという方法が定石だ。

アマゾンも当初の3年間は書籍だけを扱った。その市場で圧倒的なシェアを獲得した後、ビデオやDVDなどの周辺市場に進出している。顧客の絶対量が重要なのではなく、限定市場において、競合に対して圧倒的なシェアを取ることが重要である。

⑧うまくいかなかったことを誰かのせいにするゲームを忘れる

仕事でミスが起きた時、大企業では犯人探しに躍起になる。リポーティングラインが決まっている大企業の場合は、責任の所在を明確にすることは社員の管理上、必要悪なのかもしれない。スタートアップでも責任の所在を明らかにする必要はある。しかし、そこにこだわり誰（Who）が失敗したのかばかりを気にしていると、失敗を恐れる企業文化ができてしまう。

本当に大事なのは誰（Who）がではなく、なぜ失敗したのか（Why）だ。

スタートアップは、"誰"ではなく"なぜ"失敗したのかを徹底的に問い続けて、組織全体で学びを深める必要がある。

Chapter 1 | IDEA VERIFICATION

図 1-3-1

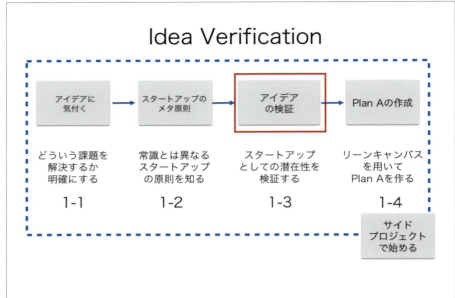

1-3 アイデアの蓋然性を検証する

スタートアップはタイミングが命

スタートアップにとって良いアイデアの基本概念とスタートアップのメタ原則を理解したら、次にしなければならないのは「アイデアの検証」である。自分がやろうとしているアイデアが、自分の人生を懸けてまで取り組むに値するのか、ここで判断を下したい。

スタートアップにとって最も大事な成功要因は何だろうか？ Y Combinator（YC）のプレジデント、サム・アルトマン氏は言う。「スタートアップの成功確率は次の5つで決まる。アイデア、プロダクト、チーム、エグゼキューション（実行、実施方法）、タイミングだ」。

他にも資金力など様々な要素があるだろうが、突き詰めればこの5つだ。そして、このうち何が大事なのかと問うと、多くの人はここでお金やアイデアと答える。しかし実は、スタートアップの成功の可否に最も大きく寄与する要因は、タイミングである。

先ほど「Why you?」（なぜあなたがやるのか）が大事だと述べたが、それと同じくらい大事なのが「Why now?」（なぜ今やるのか）である。

アルトマン氏は、起業家からピッチを受けるときに「なぜ2年前でもなく、2年後でもなく、今そのスタートアップを行っているのか？」と聞くという。

「Why now？」。この問いに明確に

注）サム・アルトマン氏の発言は、以下の講義より。
https://www.youtube.com/watch?v=CBYhVcO4Wgl

図 1-3-2

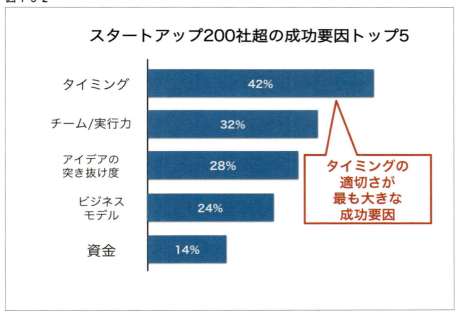

注）グラフは連続起業家のビル・グロス氏の講演より著者作成。
https://www.ted.com/talks/bill_gross_the_single_biggest_reason_why_startups_succeed#t-218886

答えられないのであれば、そのアイデアは再考したほうがいいかもしれない。

市場は常に変化する

スタートアップ向けの情報サイト「AngelList」の共同創業者であるナバル・ラビカント氏はこう言っている。「市場は常に進化している。狙う業界のエコシステムは、より少ないリソースで多くのことを達成できるようになる」。

振り返れば、2000年代初頭は、インターネット関連のスタートアップを立ち上げようとすれば、サーバー費用だけで数百万〜数千万円が必要だった。開発環境を整えたり、広告を出したりするのにも、費用がかさんだ。

ところが今では、ネットビジネスをやろうと思えば、クレジットカード1枚あれば、必要なインフラ環境がすべて整う。時代が進みテクノロジーが進化すると、プロダクトを作るときに必要な要素技術のコストはどんどん安くなり、市場の競争は激化してしまう。だから、ここぞというタイミングを見つけたら、素早く動く必要がある。

とはいえ、早すぎてもダメだ。

十数年前、米国で携帯電話を使った「dodgeball.com」という位置情報サービスがあった。最近で言えば、Foursquareが提供しているような位置情報と連動したソーシャルサービスで、当時としては画期的なアイデアだった。

しかし、スマホが普及する前だったの

注）ナバル・ラビカント氏の発言は以下より引用。
https://www.youtube.com/watch?v=2htl-O1oDcI

"なぜ2年前でもなく
2年後でもなく、
今そのスタートアップを
行っているのか？"

サム・アルトマン
Y Combinator, President

"狙う市場は常に進化しています。
業界のエコシステムは効率的になり、
より少ないリソースで多くのことを
達成できるようになります"

ナバル・ラビカント
AngelList 創業者

で性能面で満足のいくものはできず、結局スケールすることはなかった。創業から数年後にグーグルに買収され、現在はサービス自体も終了している。

覚えている人も多いと思うが、日本で2003年に3Dアバターになって仮想空間に住むことができる「Second Life」というサービスがあった。当時のデバイスはPCがメーンで、仮想空間といっても、ゴーグルを使うのではなく、液晶モニターの画面を見ているだけだった。

アイデアは画期的で一時期話題をさらい、多くのアーリーアダプターが利用したが、多くの人には早すぎるアイデアだったため、キャズムを超えることができずに市場に定着はしなかった。

このように、着眼点は良くても時期尚早（Too Early）でうまくいかないこともある。タイミングの見極めは確かに難しい。早く参入しすぎてコストが高い、もしくは性能が低いと誰も相手にしてくれないし、そうかといって市場が熟すまで待つと大手に勝てないし、そこから市場を席巻することはまず無理だ。

だからこそ、あなたのスタートアップのアイデアが市場にとって適切なタイミングかどうかの見極めが必要だ。

ちなみに、米国の学術書出版社ジョン・ウィリー＆サンズの書籍『The Business of Venture Capital』によると、1983年と1985年に創業したIT（情報技術）関連のスタートアップがIPOに至った確率は、1983年が52%、1985年が18%と3倍近い違いがあったという。

方向性は同じでも、タイミングのわずかな違いで、マーケットのUpside(潜在的な上振れ幅)はそれだけ変わるということだ。

進化が止まっている領域は?

ベストなタイミングをつかむための一つの考え方として、プロダクトの進化が止まっている領域を探してみるのもよい方法だ。

進化が止まっている原因は規制かもしれないし、既存のプレーヤーが市場を圧倒的に独占して、競争が起きにくい環境になっているからかもしれない。市場を注意深く観察すれば、エンドユーザーが不当に既存の凡庸なサービスやプロダクトの使用を強いられている領域はいくらでもある。

例えば、私たちが何気なく使っている表計算ソフトはマイクロソフトの「エクセル」がほぼ標準になっていて、ここ20年はほとんど進化をしていない。全員が満足しているわけではないのに、みんなが使っているからという理由だけで市場を独占し続けている。

スタートアップのメンバーが共同作業をするには、グーグルの「スプレッドシート」のほうがウェブブラウザーで使えて、複数の人が同時編集できるなどはるかに使い勝手がよい面がある。

しかし、大企業などでは、いまだにエクセルばかりが重宝されている。大企業が使っているため、大企業と取引をする中小企業もエクセルを活用せざるを得ず、結果として、大多数の人のPCやMacにエクセルがインストールされている。

スタートアップとして大きなイノベーションを起こしたいなら、そのような硬直化した領域を探し、風穴を開けて「市場を再定義するプロダクト」を投入していかないといけない。

その市場を再定義できるか?

そもそも既存のパラダイムに思考がとらわれていると、市場を再定義するようなアイデア自体、湧いてこないだろう。そのため、自分のアイデアを「市場を再定義できそうか」と繰り返し問うことは、始めようとしている事業の潜在能力を検証するのに大いに役に立つ。

例えば、WHILL（横浜市）は車椅子を再定義した。

注）「The Business of Venture Capital: Insights from Leading Practitioners on the Art of Raising a Fund, Deal Structuring, Value Creation, and Exit Strategies, 2nd Edition」(Mahendra Ramsinghani著、John Wiley & Sons, Inc)

車椅子は不思議なことに過去80年、ほとんど進化してこなかった。そこでファウンダーの杉江理氏は最先端のテクノロジー(スマホアプリによるリモート操作、インホイールモーター、軽量バッテリー)を活用して、一気に車椅子をアップデートしたのだ。

また、2017年にフェノックスが開催したスタートアップワールドカップに出場した米国のSnappyScreenは、日焼け止めを再定義した。

従来の日焼け止めクリームは、手を使って全身に塗るので、ムラが出るし、手も汚れるし、時間もかかった。スナッピースクリーンが開発した全身をすっぽり覆うついたてのようなデバイスを使うと、2回のパネルタッチだけで、わずか10秒で、ムラなく日焼け止めクリームを全身に塗ることができる。

既にリッツ・カールトン、アンダーズ、マリオットなどの世界的なホテルチェーンで導入されている。

英国のフィンテック系スタートアップ、TransferWiseは海外送金を再定義した。

従来、私たちが海外送金する時は銀行間送金に頼るしかなく、その際、どれだけ少額の送金でも数千円の手数料が取られる。これほど消費者の便益を損なっているサービスも珍しい。

TransferWiseは、Aさんが、他国にいるBさんにお金を送りたいと思ったら、AさんとBさんのいるそれぞれの国内で、お金を受け取る予定の人、支払う予定の人を探してきて自国内でお金を振り替える仕組みを考えた。

見た目上はAさんのお金がBさんに入ったように見えても、実際には一切海外送金はされていない。結果として、手数料が非常に安くなった。TransferWiseの利用者は100万人を超え、毎月12億ドル以上が"送金"されている。

市場を再定義するということは、時代の文脈の延長上で考えることになるので「Why now?」にもつながる。

80年近く変わらなかった車椅子をなぜ今、再定義するのかというと要素技術のコストが下がり、スマホが一般的になったからである。日焼け止めをアップデートできたのも、ハードウエアの値段が下がったからである。

市場環境の 流れを読む

「プロダクトの歴史的な進歩はどうなっているか?」

「今後プロダクトはどの方向に向かっていくか?」

「今だからこそ課題に対するソリューションが可能になった最近の技術的トレンドは何か?」

こうした問いに答えるかたちで、スタートアップは市場環境の流れを読んでいかないといけない。

Airbnbとリーマンショック

ビジネスモデルと時代の流れがマッチしてスケールしたスタートアップといえば、Airbnbが挙げられる。

Airbnbは宿泊用に家を貸すホストとそれを借りるゲストがいる、いわゆるダブル・サイデッド・マーケットで、両者がサービスを利用しないと成り立たないものだ。Airbnbは、この点を押さえて、両方のニーズを満たした。

まず、家を提供するホストについて。Airbnbが創業した2008年は米国でリーマンショックが起きた年である。リーマンショックのそもそもの原因は、金融機関が無責任に乱発したサブプライム住宅ローンだ。投資目的で住宅を購入したものの売り抜くことができず、空室率が高止まりすることに頭を抱える住宅オーナーがたくさんいた。そういう人たちが空

写真＝SnappyScreenのサイトより。
http://www.snappyscr
een.com/

図 1-3-3

SnappyScreen：
日焼け止めを再定義した

き部屋を貸し出して利回りを改善する手段をAirbnbは提供したのである。

また、当時はちょうどフェイスブックが個人認証のインフラになりかけていた。知らない人を自宅に泊めるのは大きな抵抗がある。でも、フェイスブックがあるおかげで簡単なバックグラウンドチェックができるようになった。これもAirbnbの利用拡大を後押しした。

このように、Airbnbは2008～2010年ごろの時代の流れを追い風にして、大きく成長できたといえる。

2つの追い風に乗ったUber

配車サービスのUberはどうだろうか。
運営会社のUber Technologiesは2009年にサンフランシスコで設立され、2017年でその時価総額は680億ドル（約7兆5000億円）ともいわれる。この数字はホンダの時価総額を超えている（ホンダは約6兆円）。急成長の要因は2つある。

一つは、「モバイルオンリー」の戦略を取ったこと。PCよりも、スマホやタブレットからの利用を優先する「モバイルファースト」を行った。2016年の段階で米国のスマホ普及率は7割以上。タブレットの普及率も5割を超えた。その上昇カーブとUberの急成長がリンクしたのは決して偶然ではない。

また、シェアリングエコノミーの台頭もUberを後押しした。

今、サンフランシスコに行くとよく分かるが、車社会の米国でも若い世代が免許を取らなくなってきている。彼らは2タップ（スマホに2回タッチする）でUberを呼べる便利さに加えて、むしろ車の維持費やお酒を飲んだら運転できない不便さを敬遠している。車を所有することが合理的ではなくなっているのだ。10年前に比べて、自動車ライセンスを持っている人は15%も減ったという。

資産を最小限にし、身軽な生き方を選ぶ「アセットライト世代」が増えていることもUberの追い風になっている。

5年、10年後の市場を想定する

先ほどから「Why now?」と繰り返し言っているが、現時点の市場のニーズを分析してもタイミングはきっと遅い。
これからスタートアップを立ち上げる

注）米国でも若者が自動車免許を持たなくなっている現状は以下の記事が詳しい。
https://www.usatoday.com/story/money/cars/2016/01/19/drivers-licenses-uber-lyft/78994526/

図 1-3-4

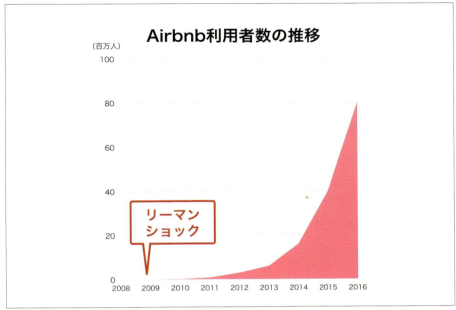

出所：Airbnb

なら、今この瞬間ではなく、5年、10年先を見据え、「今後、需要に対して、供給が圧倒的に足りなくなるのはどこか？」「次のパラダイムシフトはどうなるか？」を考える必要がある。

日本を代表する起業家の一人であるメタップスの佐藤航陽氏は、自著『未来に先回りする思考法』（ディスカヴァー・トゥエンティワン）で、「世の中の流れを読み、今どの場所にいるのが最も有利なのかを適切に察知する能力が必要です」と指摘している。

1990年代前半のインターネット黎明期にインターネットに目をつけた人たちが世界を席巻したように、2017年に黎明期にあるパラダイムに目をつけたら、20年後に世界を席巻できるかもしれない。ブロックチェーン、ドローン、VR、自動運転、ICO（新規仮想通貨公開）などはまさに、20年前のインターネットと同じ状況だろう。

YCのパートナーである、投資家のポール・ブックハイト氏もこう言っている。「未来に生き、欠けているものを作れ」。2022年や2027年の世界の姿を思い描き、そこから逆算しろということだ。

グーグルが先端を走る理由は？

グーグルの創業者で現在はグループ持ち株会社AlphabetのCEOを務めるラリー・ペイジ氏は、2002年ごろのインタビューでグーグルの立ち位置についてこう語っている。

「我々の検索エンジンは人工知能なしでは完成しない」

ユーザーがグーグルの検索窓に入力するキーワードを「教師データ」として使い、アルゴリズムを進化させていくことの重要性を、当時から語っていたのだ（グーグルがアルファ碁の開発で知られる英ディープマインドを2014年に買収するはるか前だ）。

2015年にAIの専門家であるスンダ

"未来に生き、
欠けているものを作れ"

ポール・ブックハイト
FriendFeed 共同創業者
Y Combinatorパートナー

注）ICO（新規仮想通貨公開）とは、Initial Coin Offeringの略。企業が株式の代わりに独自のトークンを発行して資金を集める仕組み。投資家はビットコインなどの仮想通貨でこのトークンを購入する。トークンは発行元企業のサービスを利用したりするのに使える。また、トークンはネット上の取引所で売買することもできる。

注）ラリー・ペイジ氏の発言は『The Big Switch: Rewiring the World, from Edison to Google』（ニコラス・カー著、W. W. Norton & Company）より。

注）ポール・ブックハイト氏は、FriendFeedの設立前にはグーグルに在籍し、Gmailを作った人物としても知られる。

写真＝菊池一郎

注）『未来に先回りする思考法』（佐藤航陽著、ディスカヴァー・トゥエンティワン）

図 1-3-5

"世の中の流れを読み、今どの場所にいるのが最も有利なのかを適切に察知する能力が必要です"

- 佐藤航陽 メタップス社長
『未来に先回りする思考法』より

ル・ピチャイ氏がグーグルのCEOに就任し、「時代はモバイルファーストではない。AIファーストになった」と発言したが、そのロードマップは少なくとも10年以上前からあったのである。

数年先のことですら想定するのが難しい時代に、5年、10年先のことを想像するのは決して簡単ではない。

グーグルがなぜ、常に時代の先を行っているのかうなずける話である。

PEST分析で「兆し」を見つける

詳細を見る前に全体像を見る

10年後の社会であっても、それを予測するための兆しは現時点できっとある。それを見つけられるかどうか、そしてその可能性に張れるかどうかがスタートアップの命運を分ける。

兆しを見つける手助けとなる手段として有効なのが、マクロ環境を多角的に把握するためのフレームワーク「PEST分析」だ。PESTとは以下の4つの領域の頭文字である。

①**Politics**（政治）
=市場の枠組み・規制に影響するもの
例：法律、政治、条例の動きは？

②**Economy**（経済）
=バリューチェーンに影響するもの
例：経済の動向は？ 所得や消費の動きは？

③**Society**（社会）
=需要構造に影響するもの
例：人口動態の変化は？ 文化・流行の推移は？

④**Technology**（技術）
=競争ステージに影響するもの
例：技術革新の進み方は？ Tech Giants（大手テクノロジー会社）の動向は？

それぞれの領域で情報を集めて、将来、どう変わっていくのか自分なりの仮説を

図 1-3-6

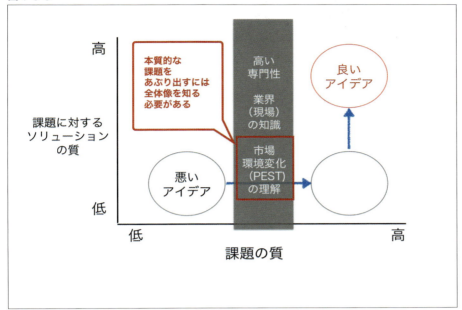

立て、最終的にその変化が自分のビジネスのアイデアにどのような影響をもたらすのか考えていくというものだ。

教科書に出てくるようなフレームワークではある。ただ、あなたが直感的にビジネスを考えるタイプの人なら、このフレームワークに当てはめて、市場全体を冷静に見渡すのは非常に有用だ。「Zoom out, then zoom in.（詳細を見る前に全体像を見よう）」。スタートアップは常にまずこの意識を持ちたい。

3日間だけでも、このリサーチに時間を割くと、どこにビジネスチャンスがあって、どこに"地雷"があるか、だいぶ見えてくるはずだ。

規制産業ほどチャンスは大きい

PEST分析の中でも、政治や法律の領域はビジネスの前提がひっくり返るような影響力を秘めているため、非常に重要だ。例えば、最近は民泊に対する規制緩和の報道が目立つが、こうした新たな規制緩和が始まる時には、法律や条例などの見直しを伴う。その動きにはあらかじめ注目しておきたい。

例えば、民泊事業関連では、2017年6月、一般住宅での旅行者宿泊を認める、住宅宿泊事業法が成立し、2018年に施行される見通しだ。また、同法の成立に関連し、2017年度の通常国会に提出された旅館業法の改正案には大きな規制緩和が盛り込まれた。

これまで、旅館業法上の許可を取得する場合、ホテル業であれば10室以上、旅館業であれば、5室以上の最低数があったが、それが撤廃される方向だ。改正法の成立は2018年度の通常国会に先送りとなったが、民泊にホストとして参入する敷居はぐっと下がる見込みだ。

規制はスタートアップにとって、時に向かい風だが、時に追い風にもなり得る。大きなチャンスが開くのは、長年規制で守られてきたある領域が規制緩和で開放されるタイミングなのだ。

なぜなら、規制に守られてきた企業は、エンドユーザーが体感するUXのことなど何も考えていない。他に選択肢がないので、ユーザーはしぶしぶ使っていたものばかりだ。

そこに規制緩和が起きて、新しいプレーヤーが参入してきたらどうなるだろう

図 1-3-7

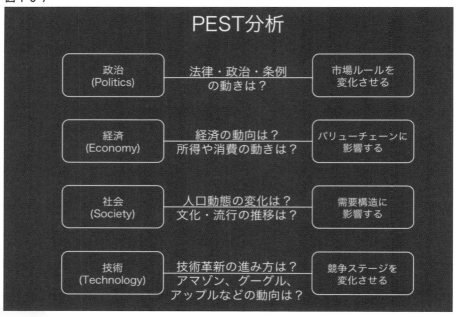

か？ 当然、カスタマーファーストの発想で良いプロダクト、ユーザーフレンドリーなUXを提供できる企業に、ユーザーは一気に流れる。

そのため、理想を言えば、規制緩和の情報を早い段階で想定しておき、それが起きる前に課題とソリューションの検証を終え、Product Market Fit（PMF）を達成できるところまで準備しておく。そうすれば規制が緩和した瞬間に、一気にスケールできる。

経済の変化にもチャンス

経済動向の変化にもスタートアップは注目すべきだ。米国では、毎年、平均所得（1人当たりGDP）は伸びているが、富裕層と貧困層の格差は拡大している。そこで、貧困層を対象にした教育サービス（例えば、教材を使ってそれぞれのペースで学習できるKhan Academy）や、貸金サービス（例えば、LendUp）などが話題になっている。

従来ならば、融資の際に、クレジットスコア（クレジットカード、ローン、家賃の利用、支払い履歴をもとに個人の信用力が数値化されたもの）を活用していた。しかし、LendUpの創業者サーシャ・オリオフ氏は、クレジットスコアに加え、SNSの利用履歴や住所など、より多くの項目を基準に取り入れ、トータルで評価が高ければ、他の事業者よりも安い金利でローンを提供できるようにした。

社会環境の動向から読み解く

次に、人口動態や人間の嗜好性が今度、どのように変化するかである。例えば、人口動態のトレンドを考えた時に、需要に対して供給が少なくなる領域はどこかと考えることは有効だろう。

日本では介護人材。2025年には約38万人が不足するといわれている。これは明らかにチャンスだ。若者向けのサービスをするより、介護者向けのサービスのほうが需要がありそうだ。

嗜好性については、例えば、最近米国では、健康志向や地球環境保全を志向する人が増えており、ベジタリアンやフレキシタリアン（より緩やかな考えのベジタリアン）の人が、新たな市場をつくり出している。「植物肉」（植物性タンパク

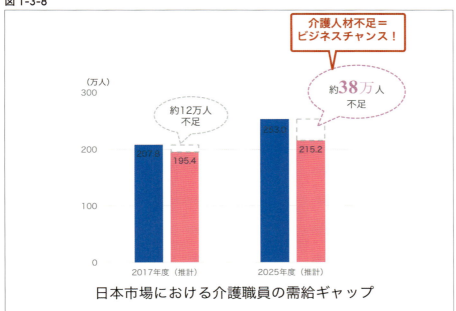

図1-3-8 日本市場における介護職員の需給ギャップ

注）厚生労働省の発表資料をもとに著者作成

質で作られたハンバーガーのパティ）を製造するスタートアップはその象徴だ。

ビヨンド・ミート（植物肉）を作る米企業のインポッシブル・フーズなどは、人々の嗜好性の変化に乗り、巨額の資金調達と成長を遂げている。

テクノロジーの変化に注目する

PEST分析の4つの領域のうち、明らかに特徴が他と異なるのがテクノロジーである。政治、経済、社会は、ブレグジット（英国のEU離脱）や米国のトランプ大統領当選を見れば分かるように、前時代のようなパラダイム（反グローバリズムやナショナリズム）に戻ることがあるので予想が難しい。

一方、テクノロジーの進化は不可逆的で、10年前に戻るということは起こらない。例えばインテルが提唱し、自ら実践しているムーアの法則（半導体の集積率は18カ月おきに2倍になるという法則）は、その典型例だ。

ムーアの法則と並んで、最近引き合いに出されるのは遺伝子解析のコストだ。人間1人当たりの遺伝子解析に要するコストは、2001年ごろには1億ドル近かったが、2015年には1300ドルほどと、以前の約7万分の1まで下がった。さらに2025年には、100ドル程度で遺伝子を解析できるようになると見られている。

それにより、一人ひとりの遺伝子情報をもとにした、よりきめ細かな予防法と治療法を提供するプレシジョン・メディシン（精密治療）が、にわかにスタートアップ事業の的になっている。

テクノロジーの革新は、インターネットやスマホの登場がそうだったように私たちの生活環境やビジネス環境を根底から変えるだけのインパクトを持つ。たとえテクノロジーを駆使するビジネスモデルではないとしても、現在のスタートアップであれば、ビジネスモデルを精緻にするために必ずテクノロジーを活用する場面が出てくる。スタートアップのファウンダーであれば、テクノロジーの大きな流れは把握しておきたい。

ガートナーのハイプ・サイクル

テクノロジーの流れをつかむ物差しの定番として活用されているのが、毎年発

注）以下のように、遺伝子解析のコストを下げる新たな装置が登場している。
https://www.illumina.com/company/news-center/press-releases/press-release-details.html?newsid=2236383

注)「Gartner リサーチ・メソドロジ ハイプ・サイクル」の出所は以下（図中の赤字部分は著者加筆）。
https://www.gartner.co.jp/research/methodologies/hype_cycle.php

図 1-3-9　米調査会社ガートナーのハイプ・サイクル

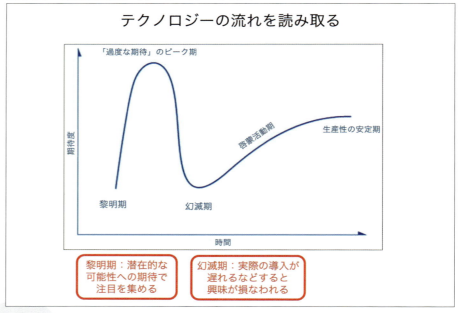

注)2017年8月にはハイプ・サイクルのモデルを使った「先進テクノロジのハイプ・サイクル：2017年」を発表している。
https://www.gartner.co.jp/press/html/pr20170823-01.html

表される米調査会社ガートナーのハイプ・サイクルだ。

今、どんな技術が成長段階にあり、どんな技術が世間の注目を集め、どんな技術が成熟化しているのかが一つの図にまとめられている。テクノロジーの進化がもたらすパラダイムシフトを予測するのに大いに役に立つ。

ハイプ・サイクルの概念図を図1-3-9に示した。

ハイプ・サイクルは技術のライフサイクルを5段階に分ける。基礎となる概念の実証が行われ、可能性への期待からメディアが注目する「黎明期」、その期待が極限まで盛り上がる「『過度な期待』のピーク期」、予測通りに導入が進まずに周囲の期待がいったん落ち込む「幻滅期」、導入事例が増えて再注目される「啓蒙活動期」、技術導入が安定する「生産性の安定期」だ。

このうち「黎明期」のところに位置する技術こそが、5年、10年後に起こるであろう技術革新のタネである。

2017年版では「量子コンピューティング」「汎用人工知能」「ヒューマン・オーグメンテーション（人間の能力拡張）」といったメディアをにぎわす技術が並ぶ。曲線のピークをやや過ぎたところには「ナノチューブ・エレクトロニクス」「ブロックチェーン」といった技術が位置付けられている。メディアの脚光を浴びるだけの段階から、いよいよ生き残りをかけた実用技術の開発合戦へと進んだ段階だ。ここでは、良いプロダクトを作れずに顧客を獲得できない企業から脱落していく。

そして「幻滅期」で落ち込んだ後に再度、緩やかな上昇カーブに乗った技術は、激しい競争にひとまず勝ち残った企業がマス市場のユーザー獲得を追い求める時期に入った技術である。

例えば、仮想現実（VR技術）がここにプロットされる。技術自体は何十年も前からあるが、ようやく普及段階に入った。VR端末やVRコンテンツを処理できるマシンの価格も今後、一気に下がるだろう（VRは両目にそれぞれ別の映像を流して立体視を実現するため、現時点ではハイスペックなパソコンやゲーム機を使わないと処理できない）。

あなたが活用しようとしているテクノロジーは、現在どの位置にいるのかを確

図 1-3-10

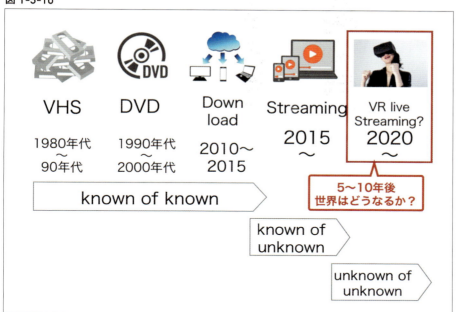

KPCBなどのリポートも役立つ

　こうしたマクロトレンドに加え、最新技術のニュースはできるだけチェックしておきたい。テクノロジーを核にしたスタートアップであっても、「Why now？」を確認するためにニュースに敏感になることは重要だ。

　例えば2017年4月、フェイスブックの製品開発・研究チーム「Building 8」のレジーナ・デュガン氏が、言葉を発さずに人の思考を言語化する技術を研究していると発表した。テスラのCEO、イーロン・マスク氏も脳とAIをつなぐインタフェースを開発するスタートアップを立ち上げた。

　もしこのような新しいインターフェースが実現すれば、コミュニケーションのあり方や仕事の仕方、もしかしたら恋愛のあり方まで変わるかもしれない。

　他に、有効な情報ソースとしてお薦めなのが、米国のVC、KPCBが毎年5月ごろに発表している「Internet Trends」という資料だ。技術動向や市場動向を分かりやすく整理していてアイデアの検証をする時に参考になる。

　また、スタートアップのフートスイートが毎年出しているリポートも、世界各国のデジタルに関する動向がまとまっている秀逸なリポートだ。

　シュリンクする斜陽産業を避け、今後、パラダイムシフトが起き、新市場が生まれつつある産業を見極めるために、技術動向には常に目を配りたい。

「未知の未知」を考える

　未来予測をする時の一つの考え方として、今何が分かっていて（known）、何が分かっていない(unknown)のかを整理する方法もある。

　例えば、動画を見るためのテクノロジーやプラットフォームの過去25年を振り返ってみる。VHSがDVDになり、DVDからダウンロード主体になった。過去に起きたことなので「known of known（既知）」である。

　そして現在ではネットストリーミングサービスが大流行しており、NetflixやHulu、アマゾンなどプレーヤーは多彩

注）KPCBの「Internet Trends」
http://www.kpcb.com/internet-trends

注）ツイッター用のウェブクライアント「Hootsuite」などを開発するスタートアップ、フートスイートは毎年デジタル関連のトレンドをまとめたリポートを発表している。以下は2017年版のリリース。
https://hootsuite.com/de/newsroom/press-releases/digital-in-2017-report

だ。今後ストリーミングが普及することはほぼ確実だが、どのプレーヤーが勝つのかはまだ分からないので「known of unknown(未知の知)」といえる。

問題は5年、10年後だ。

何がプラットフォームになっているか分からないし、そのときのキープレーヤーも分からない。そういう意味で未来予測は「unknown of unknown（未知の未知)」を考える作業である。

何も情報がないと雲をつかむような話だが、そんなときに先ほど紹介した米ガートナーのハイプ・サイクルやInternet Trendsを見れば、「もしかしたらVRストリーミングが主流になるかもしれない」という予想ができる。この未知の未知がどうなるかという潮流を読み取り、積極的に情報を集めて投資をしていく起業家が次の世界をつくるのだ。

次のパラダイムシフトはどこか

VCファームのアンドリーセン・ホロウィッツの共同パートナーであるマーク・アンドリーセン氏は、インターネット興隆期に「Software is eating the world（ソフトウエアが世界を食べ尽くそうとしている)」という名言を残し、あらゆる産業がソフトウエア産業に変わっていくさまを分かりやすく表現した。

時代はそこからどんどん進化して、今、アジアの各国では「SNS is eating the world」と呼べる状況になっている。例えばタイの人々は、情報集めにグーグル検索でなくフェイスブックグループを使って仲間に質問をする。なぜなら、シンガポールを除く東南アジアの国では、日本や米国のように、グーグルが主導したネット上に情報蓄積が進んだ環境、いわゆるWeb 2.0の世界を経由していない。

人々はPCを使ったブログの時代を飛び越して、いきなりフェイスブックやInstagramを使い出したため、グーグルで検索しても関連する有用な情報が出てこないことが多い。結果として、FaフェイスブックやInstagramなど情報が発信者にひも付くSNSが情報ソースとして成り立っている状況だ。人々はInstagramからショップをブラウズして、問い合わせと決済はLINEでするといったように、SNSアプリで何でもこなしている。

一方、中国や日本などでは「Message service is eating the world（メッセージサービスが世界を食べ尽くそうとしている)」といえるかもしれない。

あなたのスマホにLINEが入っているなら、そのサービス一覧を見てほしい。いつの間にか機能が増え、メッセージを送り合うだけではなく、今ではゲームも音楽も決済もスケジュール管理もバイト探しもできる。

月間アクティブユーザー(MAU)が7億に達する中国テンセントのWeChat（微信)にはメッセージ機能に加え、ゲーム、クーポン、出会い、決済、動画投稿などLINE以上の機能が実装され、アプリだけで大抵のことが完結する。

では近い未来はどうだろうか?

グーグルが主張しているのは「AI is eating the world」だろう。あらゆる情報インプットは裏側にいるAIに、教師データとしてフィードされ、アルゴリズムの精度は高まり、ユーザーのコンテクストと属性を理解したオファーやアウトプットを行うようになる。

例えば、あなたが見ているグーグル検索結果と、私が見ているグーグル検索結果は全く違うことはお気づきだろうか?グーグルアカウントごとに検索履歴などが蓄積されており、それに応じて検索結果はチューニングされているのだ。

同様に、フェイスブックのニュースフィードに表示されるコンテンツも、これまでのユーザーの行動（「いいね！」を押したり、視聴したりした記事)をもとにして、機械学習により、ユーザーとのエンゲージメント（結びつき)が高まり

そうなコンテンツや、興味のありそうな広告をフィードしている。

こういった、AIによって快適さを高めたUXが今後の主流になるだろう。

もしかすると、AIではなく、今後数年でVRが一気に普及して、「出会い系VR」「VRコマース」「VR教育」などのサービスが登場し、「VR is eating the world」になるかもしれない。

先ほどロイヤルティーループの変化の話をした通り、スマホやAIの普及によってロイヤルティーループの輪はより小さく、かつ高速に回るようになった。

その結果、ユーザーの期待値も上がり、プロダクトやサービスが自分のかゆいところに手が届き、先回りしてくれるおもてなし体験を期待するようになった。この流れはますます加速するだろう。

きっと2025年あたりでは、AIとIoTが当たり前のインフラになり、私たちの行動や選択を逐一ログに残すようになる。そんな世界では私たちは連続的に商品やサービスのお薦めを受け、よりきめ細かくニーズに合った商品やサービスを購入するようになる。商流はさらに高速化する可能性が高いだろう。

Tech Giantsの動きに注目する

PEST分析の一環ともいえるが、自分のアイデアを検証するときにグーグル、アマゾン、フェイスブック、アップルなどのTech Giantsの動きに注目することも重要だ。彼らのようなプラットフォーマーが何を仕掛けてくるかによって、あらゆる前提条件が変わってくることになるからだ。

近年では5年から10年に1回くらい、とんでもない黒船がシリコンバレーからやって来て、市場のルールを変えてしまうことが続いている。

1995年の黒船はウェブブラウザーだった。2007年にはiPhoneがやって来た。では次の黒船は何かといえば、

Amazon EchoやGoogle Homeに使われているような音声認識ユーザーインターフェースになるだろう。

「一度使うとスマホには戻れなくなる」と言われ、米国では既に1000万人以上が使っていると言われる。キャズム（広く普及するための障害となる溝）は超えた。専用アプリが続々登場するなどエコシステムが出来上がっている。日本の家庭でも、数年後には当たり前の光景になり、音声認識インターフェースのない家電は排除されるかもしれない。

流通、小売りに関連するスタートアップなら、アマゾンの動向は絶対にチェックしておかないといけない。

無人スーパー、Amazon Goのように、レジがなくキャッシュレスで買い物ができる時代はもうすぐそこまで来ている。

移動手段を変えるテスラ

モビリティー関連なら電気自動車のテスラは外せない。37万台のプレオーダーを受けて注目される2017年の車種「Tesla Model 3」などは、もしかしたら10年前の初代iphoneと同じような存在なのかもしれない。価格は3万5000ドルからで、誰でも手が届く価格になった（以前のモデルSやモデルXは価格が7万ドルを超えていた）。

テスラのCEOであるイーロン・マスク氏は、「我々のゴールは高級車だけでなく、誰もが買える車を造ることである」と語っている。

プロダクトの発売だけでなく、Tech Giantsが定期的に発表するロードマップも押さえたい。もちろんその発表内容は多少誇張されている部分もあるだろうが、彼らの頭の中をのぞける機会はめったにない。例えばフェイスブックは毎年カンファレンスを開いて自社のロードマップを説明している。

企業買収のニュースも注目したい。

例えば2016年、マイクロソフトが

注）米ＢＯＸのCEO、アーロン・レビー氏の発言は以下を参照した。
https://www.youtube.com/watch?v=tFVDjrvQJdw

図 1-3-11

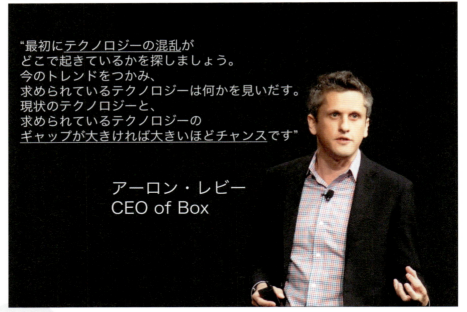

"最初にテクノロジーの混乱がどこで起きているかを探しましょう。今のトレンドをつかみ、求められているテクノロジーは何かを見いだす。現状のテクノロジーと、求められているテクノロジーのギャップが大きければ大きいほどチャンスです"

アーロン・レビー
CEO of Box

LinkedInを買収した。先ほどインスタカートとホールフーズのパートナーシップの話をしたが、2017年になってアマゾンがそのホールフーズを買収している。

その意図は何か？　何を目指しているのか？　その結果、何が変わるのか？

単に事実を押さえるだけではなく、そこで真因を考えてみる習慣をつけるだけで、一つのニュースから得られる情報量は変わる。

テクノロジーの混乱場所を探せ

クラウド型のストレージ（データ保管）サービスを提供しているBoxの若きCEO、アーロン・レビー氏が、面白いことを言っている。

「最初にテクノロジーの混乱がどこで起きているかを探しましょう。今のトレンドをつかみ、求められているテクノロジーは何かを見いだす。現状のテクノロジーと、求められているテクノロジーのギャップが大きければ大きいほど、チャンスです」

ここでいう混乱とは何かというと、ユーザーが何を欲しいのか分からなくなる状態のことだ。そんな市場で、ユーザーの求めるものをしっかり分析して価値提案できた企業が勝つというのだ。

ちなみにアーロン氏が挑んだクラウドストレージサービスはまさに混乱期だった。そこでアーロン氏はクラウドに詳しくない一般のユーザーは総じてよりシンプルで、より安価なものを選ぶだろうと考えた。結果、Boxは徹底的にシンプルなUIを採用してユーザー数を伸長。2015年にニューヨーク証券取引所（NYSE）に上場した。

マクロ分析がアイデアの質に

以上見てきたように、アイデアを検証するとき、PEST分析などによる市場環境変化の理解は極めて重要だ。「本質的問題をあぶり出すには、まず対象の全体像を知る必要がある」。大前研一氏もそう言っている。起業家はマクロの視点で自分の進もうとしている道をとらえてから、ミクロな視点を考えたほうがよい。

業界のランドスケープ（風景、全体像）やロードマップを頭に叩き込むことは、あなたのスタートアップが進む道し

図 1-3-12

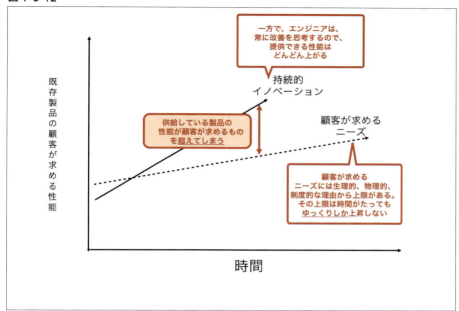

るべになるだろうし、どういった道を避けるべきかが見えてくるのだ。結果として、課題仮説やソリューション仮説の質を高めることができる。

破壊的イノベーションと持続的イノベーション

イノベーションのジレンマ

体力のないスタートアップが大企業との真っ向勝負をすることは懸命な選択ではない。できるだけ競争を避け、大企業が重い腰を上げる時点では市場を独占しているようなスピード感で動くことがPMF達成の可能性を高める肝になる。

アイデアを検証する時にも「大企業ができそうもないことをやっているか？」という問いが大事になる。大企業の抱えるいわゆる"イノベーションのジレンマ"を突くということだ。

少し詳しく解説しよう。

大企業は持続的イノベーションを得意とする。すなわち、既存カスタマーに見放されないために、既存カスタマーが示す価値基準に沿って従来製品の改良を進める。このときの開発フォーカスは「顕在化したニーズ」に対して、「顕在化したビジネスモデル」でより効率的なサービス・プロダクトを提供することだ。

このような市場においては、参入企業はリソースをいかに配分するか、そして市場のリーダーをいかにベンチマークするかという改善合戦を強いられる。当然、体力のある大企業が有利だ。大企業の特徴（強み）は、既存市場の既存顧客により良いものを提供するために最適化されたオペレーションや組織構造だ。

一方、既存のカスタマーはより多くの機能があり、より性能が高く、より安く、より良いプロダクトやサービスを要求してくる。とはいえ、顧客の求める性能ニーズは徐々にしか上昇しない。生理的、物理的、制度的な理由から、ニーズのレベルが急速に高まることはないのだ。

つまり、企業側の持続的イノベーショ

Chapter 1　IDEA VERIFICATION

写真：ティファール（電気ケトル）

図 1-3-13

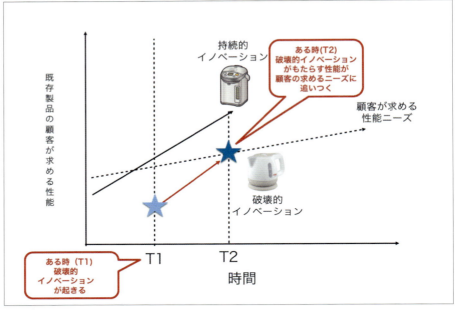

ンが続くと、プロダクトが提供する性能がどこかのタイミングで顧客の求める性能ニーズを超えてしまうことになる。

ポット市場を変えたティファール

　スタートアップではないが、一つ分かりやすい例を挙げよう。

　ある大手家電メーカーの最新式湯沸かしポットは30秒でお湯が沸いて、プラグを抜いても90度を2時間キープできる。しかも、表示は英語と日本語の切り替えができ、湯沸かしスタート時間の予約機能まで付いている。

　ただし、価格は2万数千円。高性能な湯沸かしポットは誰もが欲しいが、過剰な機能を高値で買いたいと思う人はいないだろう。

　そこに出てきたのがティファールの電気ケトルだ。いかに早くお湯を沸かすかだけにフォーカスして、無駄な機能は一切ない。しかも重さは従来のポットの4分の1程度ととても軽い。これが最近なら3000円台で買える。

　ティファールが発売した当初の電気ケトルは、顧客が求める性能ニーズに達していなかったかもしれないが、あるタイミングでユーザーの体感が、ユーザーの期待値に追いつく。レビュー欄などに「買ってよかった」「一家に一台」みたいなことが書かれるようになったら、ニーズを満たした証しだ。

　この段階に来ると、大手家電メーカーの湯沸かしポットに勝ち目はない。なぜなら、ユーザーからすればどちらのプロダクトも期待する効能を満たせるわけであり、どちらでもいいなら圧倒的に安いティファールの電気ケトルを選ぶ。

　価格.comの電気ポットのランキングでも、ティファールが1位と3位に入っている（2017年10月16日時点）。

　このティファールが破壊的イノベーションそのものであり、大手家電メーカーが既存製品の改善にこだわり続けて、ユーザーの求める以上の過剰機能の製品を出した結果、市場シェアを奪われる現象のことを「イノベーションのジレンマ」という。

破壊的イノベーションを起こす

　破壊的イノベーションとは、従来製品

図 1-3-14

"大きな会社と同じことをやったのでは、我々はかなわない。しかし、技術の隙間はいくらでもある。我々は大会社ではできないことをやり、技術の力でもって祖国復興に役立てよう"

井深 大
東京通信工業（現ソニー）
設立式の挨拶より
（1946年）

写真＝ソニー

注）井深氏の発言は「Sony History」第1章より。
https://www.sony.co.jp/SonyInfo/CorporateInfo/History/SonyHistory/1-01.html

の価値を破壊し、新しい価値を生み出すものであり、それは破壊的技術や新しいビジネスモデルによってもたらされる。そして結果として新しい市場をつくり出す。

スタートアップの提供するプロダクトやサービスもやはり破壊的イノベーションの要素がなければならない。

2007年1月9日、サンフランシスコのコンベンションセンターでスティーブ・ジョブズ氏は、初代iPhoneを発表した。小さな黒い端末を持ちながら、「今日、アップルは電話を再発明する」と高らかに宣言した。破壊的イノベーションが起きた瞬間である。

ソニー共同創業者の井深大氏も1946年の東京通信工業（現ソニー）の設立式で、こう社員を鼓舞している。

「大きな会社と同じことをやったのでは、我々はかなわない。しかし、技術の隙間はいくらでもある。我々は大会社ではできないことをやり、技術の力でもって祖国復興に役立てよう」

当時の家電は真空管が当たり前だったが、東通工は真空管の活用による持続的イノベーションには乗らず、誰も使っていなかったトランジスタで勝負をかけた（当時のトランジスタは温度特性が悪く、ラジオの放送周波数帯で増幅器に用いるには安定していなかった）。

この決断が、後の破壊的イノベーション、すなわち5個のトランジスタを使い、電池式でどこにでも持ち運びができる携帯ラジオにつながったのだ。

持続的イノベーションの淘汰

従来のパラダイムにとらわれたプロダクトが、破壊的イノベーションに淘汰されるときのパターンは大体同じだ。

典型的な「ディスラプション・サイクル（破壊サイクル）」は、およそ次のような4つのフェーズを経る。

1：過剰な自信「我々は大丈夫だ。いつでもたたき潰してやる！」
2：急降下「なんてことだ。シェアを大きく奪われている！」
3：手遅れであることに気づく「どんな手を打っても追いつけない」
4：撤退「市場から撤退しよう」

例えば、電話とコンピューターが融合

した端末の元祖といわれる「ブラックベリー」。10年前を思い返してみれば、少し感度の高いビジネスパーソンがブラックベリーの極小キーボードで文字を打ち込む光景が普通に見られた。それが当時のスタンダードだったのだ。

そんな時代の中で登場したのが初代のiPhoneだった。

このとき、ブラックベリーだけでなく、シャープやNECといった日本のガラケーメーカーも、iPhoneは「はやらない」と高をくくっていた。

「決済もできなければ、キーボードはお粗末で、カメラはたったの2メガピクセルだし、バッテリーはすぐ減る。しかも、セットアップはPC経由でしかできないし、色も黒1色だ。こんなものが売れるはずがない」

マイクロソフトの元CEOであるスティーブ・バルマー氏はそのように一蹴し、iPhoneがそこそこの市場シェアを獲得する可能性は「ゼロだ。あり得ない」と述べていた。

既存サービスをいつ超えられるか

しかし、初代から数年後、ユーザーのフィードバックをベースに使い勝手を良くする様々な機能が追加された（コピペ、マルチタスキング、フォルダ管理、ボイスメモ、プッシュ通知など）。これで、iPhoneは一気にユーザーの求める効能のレベルに達してしまった。加えて、iTunes、Apple Storeなどのプラットフォームを持っているAppleのシーム

注）スティーブ・バルマー氏の発言は以下などを参照した。http://usatoday30.usatoday.com/money/companies/management/2007-04-29-ballmer-ceo-forum-usat_N.htm

注）Airbnbのエピソードは『Airbnb Story 大胆なアイデアを生み、困難を乗り越え、超人気サービスをつくる方法』（リー・ギャラガー著、日経BP社）を参照した

"今日、アップルは
電話を再発明する"
（2007年1月9日の発表会）

スティーブ・ジョブズ
アップル 創業者

レスなUXは他社を圧倒した。

さぞかし、ブラックベリーも従来型の携帯電話メーカーも驚いただろう。その後は、アンドロイドの登場で、スマホ市場は2強による寡占状態になる。そのパラダイムシフトに乗り遅れたブラックベリーやノキアなどは衰退に向かった。

他の業界も見ておこう。

サービス業の代表格であるホテルは、ホテルというビジネスモデルが生まれてから、ずっと持続的イノベーション（よりクオリティーの高いサービスを提供する企業努力）を重ねてきた業界だ。

しかし、Airbnbという破壊的イノベーションが出てきた。Airbnbは、普通の人（ホスト）が、知らない人（ゲスト）に自宅を開放し、ホストがそこにいても、いなくても世界に一つしかない特別な旅行体験（CEOであるチェスキー氏の言葉を借りるなら「オーセンティックな体験」）を提供することだ。

最初の頃は、マリオット・インターナショナルの会長（当時）だったビル・マリオット氏は「コンセプトはいい」「だが、クオリティーは怪しいな。玉石混交だろう」と言っていた。しかし、その効能が、ホテルの効能に徐々に追いついてきた。

例えば、2014年にAirbnbは出張管理サービス会社のコンカーとの提携を発表し、公式にビジネス旅行の宿泊プロバイダーとして認められた（2015年には出張対応プログラムを立ち上げた）。

観光目的の長期滞在宿泊客だけでなく、ビジネス目的や社員旅行など幅広い用途でAirbnbは活用されるようになった。

つまり多くのユーザーから見て、一流ホテルに泊まる体験と、Airbnbで宿泊する体験の差はなくなってしまったことになる。

ちなみに現在、Airbnbの時価総額は2017年現在で300億ドルほどともいわれ（いまだ未上場だ）、ヒルトングループやハイアットグループより大きい。

彼らは、従来型のホテルグループのよ

図 1-3-15

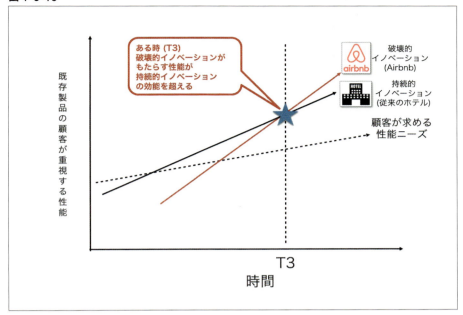

うな建物や土地などの固定資産は持っていない。その時価総額の大きさを正当化しているのは、高いUXと高い技術力なのだ。

数百人の機械学習エンジニアを有し、例えばユーザーが、サンフランシスコで特定の日付を入力すると、数万件近くの部屋から、そのユーザーの好みに合う5、6件の情報が表示されるというアルゴリズムを日々最適化している。

大企業が改革できないわけ

大半のビジネス競争はリソースがものをいう。しかし、リソースが豊富にある大企業の多くは破壊的なイノベーションを起こすことができない。

それは彼らが「優等生」だからだ。

優等生というのは、既存の100点満点の解答用紙で90点を取ることを指す。そして90点を取るにはミスを減らすことが最も重要で、そのために大企業は組織を最適化していこうとする。

オペレーションは効率化され利益率は上がるが、その結果もたらされる負の側面は、組織の分断と組織の硬直化だ。縦割りになった瞬間、自分たちの過去の実績を否定することができなくなる。

「去年出した湯沸かしポットの機能でもう十分だ」とうすうす理解していても、担当エンジニアたちは、さらなる機能追加を行い、ハイスペックな湯沸かしポットを作らないといけない運命なのだ。

また、上場企業の場合はステークホルダーが確実な財務的リターンを求める株主である点も大きい。

株主が求めるのは、10年後の利益よりも来年の利益である。多少先見の明がある経営者が、新しいパラダイムにコアビジネスの軸足を移すという判断を株主に仰いだところで、短期的な利益を毀損するリスクがあるので、多くの場合、株主はそれを許さないだろう。

これを嫌がり、最近では、新たな事業シーズが確立するまで上場を遅らせるスタートアップや、上場を廃止して抜本的な事業転換に踏み切る企業も出てきた。

そもそも、縦割り組織と、何もないゼロから一を生み出すイノベーション機能は相反する関係にある。

例えばイノベーション部門（新規事業部門）に所属しているのに顧客と直接話

せないとか、予算の承認を経理から取るために「今後5年間の正確なファイナンシャル・プロジェクション（財務計画）を用意しろ」と言われたりと、イノベーション創出にとっての障害でしかない事態が頻繁に起こる。

これこそ、多くの企業が破壊的なイノベーションを起こせない原因である。

協業的イノベーション

スタートアップが成功する手段は破壊的イノベーションだけではない。

既存の企業と組んで市場を変える、コラボレーティブイノベーション（協業的イノベーション）というアプローチもある。インスタカートがまさにそうで、彼らは従来型のビジネスモデルを展開する小売りとコラボレーションすることで、画期的なUXを提供している。

中国版のUberと言われる配車サービスのDidi Chuxing(滴滴出行)というスタートアップがある。ここもコラボレーティブイノベーションを選んだ企業だ。

DidiはUberのような自家用車のドライバーも登録しているが、実は、登録者の多くがタクシードライバーである。中国のタクシー業界も他の地域と同様に、ほとんどイノベーションがないため使い勝手が悪かった。Didiは配車アプリと決済サービスを提供することで、エンドユーザーのUXを高めた。

Uberのように、既存のタクシー会社からシェアを奪うかたちでビジネスを成長させるのではなく、既存のタクシー会社とコラボレーションして配車を行い、産業構造が変化する中で失業した元炭鉱労働者などをドライバーとして取り込んで成長した。

コラボレーションを通じて、Didiはサプライサイド（ドライバー）を拡大し、結果として利便性が増し、ユーザーも増えた。つまりスケールメリットを享受したのだ。Didiと既存のタクシー会社は補完関係にあると言えるだろう。

これが、コラボレーティブイノベーションである。

大企業が狙えない領域は？

スタートアップの強みは、イノベーション（破壊的、もしくはコラボレーティブ）を実現する機能を「組織の中心」に置けることだ。この組織デザインこそが、スタートアップが大企業に勝つための数少ない強みの一つになる。

例えばAirbnbの共同創業者、ジョー・ゲビア氏は、創業当時、一日中、カスタマーサポートで電話を取っていた。クレームから何から、ユーザーの声をダイレクトに聞くことでビジネスプロセスの改善に役立てていたのだ。

同じく、Airbnb共同創業者のブライアン・チェスキー氏は自ら、カスタマー（Airbnbのホスト）がいる大都市に毎週出張して、カスタマーの潜在的なニーズを探求し続けた。

その結果、ホストの部屋の写真を掲載すると、部屋の予約率が劇的に向上することを発見した。彼は、プロカメラマンではなかったが（デザインスクールは卒業していた）、自身がカメラマンになって、フォトジェニックな部屋の写真を撮り続けた。

DeNA創業者の南場智子氏も、ビッダーズ（初期のDeNAが提供したオークションサイト）を立ち上げた頃はユーザーから来るメールに全て目を通し、大きな問題や厳しい叱咤、激しいクレームには、カスタマーサポートに代わって自分でメールを書いた。経営陣がカスタマーと向き合った経験が企業文化となり、その後のDeNAの成長の礎となった。

このように、機能、役職、役割によって組織を分断しないことが、大企業に対するスタートアップの最大の競争優位性になるのである。

図 1-3-16

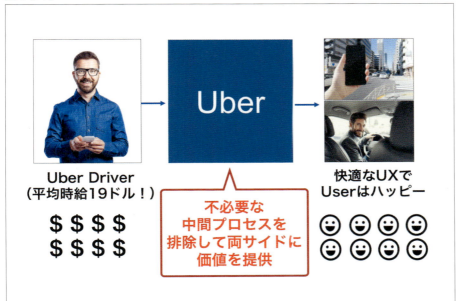

写真=iStock（男性の写真2点）。写真は全てイメージ。

スタートアップの10のフレームワーク

スタートアップのビジネスのアイデアにはいくつかの型がある。自分のアイデアがその型に当てはまるかどうかも、アイデアの検証手段の一つだ。ここでは代表的なものを10個紹介したい。

フレームワーク❶
中間プロセスの排除

中間マージンを得ているプレーヤーを飛ばして、ビジネスを再構築するアイデアのこと。

例えば、Uberが普及する以前を思い出してみよう。

タクシードライバーで稼ごうと思ったらライセンス登録に高額なお金を払う必要があり、時給も安かったし、劣悪な労働環境だった。実際、米国では、毎年、何千人ものタクシードライバーが強盗被害に遭っている。

一方、ユーザー側にとっては、タクシーがなかなかつかまらなかったり、ドライバーの多くが移民で英語をうまく話せないなど、Unpleasantな（快適でない）UXを強いられていた。

では、Uberが中間プロセスを排除したらどうなったか？

まず、Uberドライバーの時給は高くなった。先日、サンフランシスコでUberを使った時、陽気なメキシコ出身の中年ドライバーに話を聞いたら、なんと月に8000ドルも稼いでいるという。タクシーなら不眠不休で働いても、とても無理な金額だ。

また、Uberはユーザー評価で、5点満点中4.6点以下になってしまうと、ドライバーとして仕事ができなくなるルールを採用している。つまり、顧客のフィードバックが自分の食いぶちにクリティカルに影響する。

結果として、車もきれいになり、ドライバーもフレンドリーになり、ユーザーの満足度は高くなった。

フレームワーク❷
バンドルを解いて最適化する

あらゆる機能がバンドル（一つに束ね

注）Craigslist、Google Adwords、Gunosyの画面はいずれも各サービスのサイトより

図 1-3-17

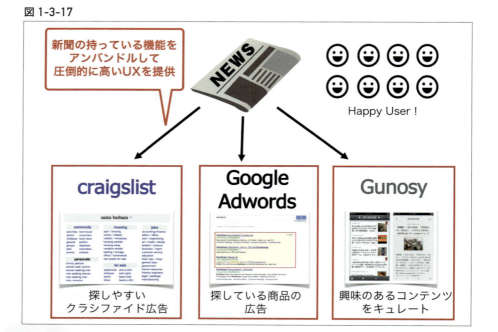

注）ソーシャルレンディングとは、個人または企業の借り手と貸し手をインターネット経由で仲介するサービス。

ること）されすぎてUXが悪く、ユーザーに価値が届きにくくなっているものを、一度バラバラにして、価値提案を明確にして提供するアイデアのことを「アンバンドル」という。

例えば、従来の新聞のビジネスモデルは、記事、広告、クラシファイド広告（求人情報などテーマごとに整理された広告）、新聞スタンド、配達員、印刷会社など、メディアの機能と流通の機能がバンドルされた状態だ。しかし、それではユーザーは興味が低いコンテンツも目に入る。また、固定の流通コストを負担しなければならない。

それをアンバンドルして最適化したものが、クラシファイド広告なら「Craigslist」、商品広告なら「Google Adwords」、記事コンテンツなら「Gunosy」「SmartNews」といったサービスとなる。

一方、フィンテック系スタートアップは、銀行などの金融機関がこれまで統合して提供してきたサービスをアンバンドルして、圧倒的に高いUXや付加価値を提供。一気に市場を奪ってきている。

先ほど紹介した「TranferWise」は海外送金の領域で、「WealthNavi」などのロボアドバイザーは資産運用の領域で、米国や中国で大きな市場になっている。また、「ソーシャルレンディング」は融資の領域で着実にシェアを伸ばしてきている。

これまで銀行が担ってきた機能の一つずつを取り出して、圧倒的にUXを高めることで、特に若い世代の支持を得て、ビジネスを急拡大している。

ただし、アンバンドルしてサービスやプロダクトを提供しようとするなら、10％や20％の改善では足りない。その程度のUX改善なら、わざわざアンバンドルする価値がないからだ。アンバンドルした結果、10倍くらいのUX改善ができそうなものこそ、スタートアップが取り組むべきテーマになる。

フレームワーク❸
バラバラな情報の集約

あらゆる場所にフラグメント化（断片化）している情報や機能を、一つの場所に集約することによって価値を提供するアイデアのこと。

図1-3-18

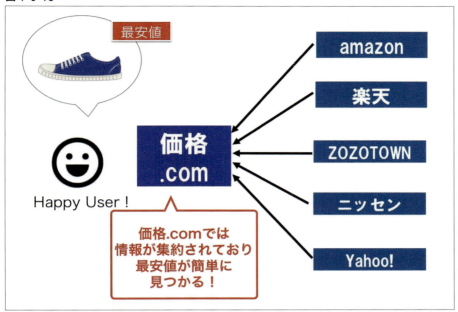

分かりやすい例としては「価格.com」がある。従来、私たちは靴をネットで安く買いたいと思ったら、いろいろなECサイトに個別にアクセスして価格を比較する必要があった。非常に時間がかかったし、情報を網羅できているか、不安が残った。

そこで検索キーワードを入れると、目当ての商品を自動的にリストアップし、ひと目で価格やスペックの比較ができるようにしたのが、価格.comだ。このほか、飲食店情報と評価を集約化した「食べログ」、ローカルビジネスの情報を集約した「Yelp（イェルプ）」なども、このフレームワークに当てはまる。

フレームワーク❹
休眠資産の活用

使われていないリソースを活用し、売り上げを発生させるアイデアのこと。

Airbnbは、未活用の部屋をキャッシュマシンに変えることができる。

リソースといっても、モノやカネの話だけには留まらない。時間も立派なリソースであり、空き時間に仕事を受注できるクラウドソーシングや、休みの日だけドライバーとして働けるUberなども、休眠資産の活用を可能にするアイデアである。

最近は、サプライサイドとデマンドサイドの属性データ（過去の行動履歴、購買パターン）なども活用し、より精度の高いマッチングをどう実現するかというところに各社は知恵を使っている。

フレームワーク❺
戦略的自由度

既存の枠からあえて外れることで、今までにない価値提案が可能になるアイデアのこと。いわゆるブルーオーシャン。

例えばメッセージアプリは、各社それぞれの特徴（スタンプ利用、実名利用といった違い）はあれども、一度送ったメッセージは半永久的に残るという前提で、サービスの設計がなされていた。

そこに、メッセージを開いたらすぐに消去される機能を持つ「Snapchat」というメッセージアプリが出てきた。

既存のメッセージアプリでのやり取りに飽きていた米国ティーンエージャー

図 1-3-19

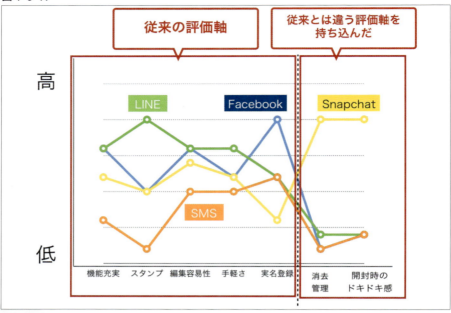

に「メッセージを開けたときの新鮮な驚き」を与え、しかもメッセージの送り間違いなどに困っていた人に「時間がたつと消えるのでもっと自由にコミュニケーションできる」という価値提案をした。

Snapchatは若い層に圧倒的な支持を得てシェアを伸ばし、2017年に上場を果たした。

これまでの戦略や価値提案の枠組みを無視し、自由な発想で価値提案を行う思考の型と言える。誰もまだ気づいていない、顧客すら気づいておらず、言語化できていない独自の価値提案を見つける。それを具現化したプロダクトとUXを磨き込みながら顧客を魅了することで、市場に浸透させていくアイデアである。

フレームワーク❻
新しいコンビネーション

これはビジネスアイデアの鉄板でもあるが、全く違う領域で活用されていたサービスを組み合わせて価値を提供するアイデアのこと。

高い抽象化能力、要素間の関連性を見つけ、その新結合から勝ち筋を見つける洞察力や創造力が必要になる。例えば「エアークローゼット」という女性向けのアパレルレンタルサービスがある。

月額6800円を払うとスタイリストがお薦めの服を選んでくれて、自宅に届く。ユーザーはそれを着用したら洗濯せずに無料で返却できる（気に入ったら買い取ることもできる）。スタイリストサービス、フリーシッピング（送料無料）、フリークリーニング、フリークローゼットという4つのサービスを組み合わせたといえる。

エアークローゼットを創業した天沼聡氏は、もともとアビームコンサルティング出身でビジネスや業務を抽象化する思考を持っていた。その後、楽天に移って買い切り型のECに関わる中で、多くの顧客接点を持つサブスクリプション型（会員型）のサービスこそ、より価値提案をできるというアイデアを思いついた。

フレームワーク❼
タイムマシン

別の市場で既に検証済みのモデルやプロダクトを、他の市場に持ち込むアイデ

図 1-3-20

写真＝エアークローゼット

図 1-3-21

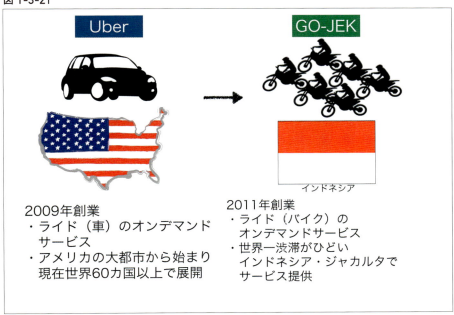

アのこと。

　私は2015年から東南アジアの投資担当をしていて現地のスタートアップと頻繁にコミュニケーションをとっている。インドネシアのある起業家が「We don't invent wheels（私たちが車輪を発明することはない）」と言っていたことが印象的だ。つまり、既に他の国で検証されたビジネスモデル（車輪）は海外から持ってくればいいと考えているのである。

　誰かのまねだからといって、大成功しないわけではない。

　インドネシアのライドシェアサービス

写真＝レアジョブ

図 1-3-22

需要と供給のギャップを2カ国間で埋めた
＝アービトラージ

英語の学習者
・好きな時間に好きなだけ学習できる
・安価に授業を受けることができる

英会話の先生
・教える機会が増える
・需要が多いため、自分が希望する価格で、英会話を教えることができる

の「GO-JEK」は、オンデマンド型のバイクライドサービスだ。ジャカルタ市内は、GO-JEKの緑色のヘルメットをかぶったバイクライダーであふれている。Uberのビジネスモデルをそのまま輸入したものだが、ユニコーンクラブ入りしている。

彼らがローカライズするに当たって、調整したことは2点ある。

一つは、インドネシアは渋滞がひどいので、車ではなくバイクの配車をしたこと（あまり安全ではないが、バイクは渋滞をすり抜けることができる）。もう一つは、現地はクレジットカードの浸透率が数％と低いので、支払い方法をプリペイドとトップアップ（後からチャージする方法）に変更したこと。

タイムマシンモデルで勝つポイントは、展開する地域のインフラ特性、現地ユーザーの期待するUXに合わせることだと、GO-JEKの事例が教えてくれる。

フレームワーク❽
アービトラージ

需要に対して供給が不足している市場に、供給過多になっている市場からリソースを持ってくるアイデアのこと。

例えばフィリピンは英語が第二外国語のため、流ちょうに話せる人がたくさんいるが、フィリピンの地元では、英会話教師の仕事を見つけるのは供給過多で容易ではない。

一方、日本では英会話に対する需要が高いが、在日のネーティブスピーカーの講師の数は限られているために、レッスン料は割高だった。

そこで、レアジョブはフィリピンにいる英会話教師と日本にいる生徒をマッチングさせる仕組みを提供することで、需要と供給のギャップを埋めてビジネスチャンスに結び付けた。

フレームワーク❾
ローエンド型破壊

既存製品の性能が過剰に高まり、多くの顧客が求める水準を超えてしまっている状況で、過剰な部分をそぎ落とし安価な製品を提供するアイデアのこと。

先ほど解説したティファールによる破壊的イノベーションがこれに当たる。

図 1-3-23

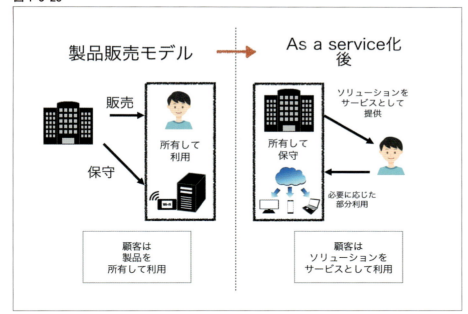

他に面白い例を挙げると、たった500円の料金で健康診断が受けられるケアプロというサービスがある。

人間ドックを受けるとなると、通常数万円かかるし、最低でも半日を要する。会社が全額または一部を負担してくれるならまだしも、自営業の人だとその負担は大きい。そこでケアプロはプロセスを簡易化することで一気にコストを下げた。検査項目は健康の指標となる重要な9項目（血糖値、肝機能、血管年齢など）で、かかる時間はわずか数分だ。

多くの人は、安心を買うために健康診断を受ける。だとすれば、大事なところだけを重点的にチェックするケアプロのようなサービスと、細かな診断結果が得られる従来の健康診断では、ユーザーが体感できる効能差は実はあまりない。

持続的なイノベーションの枠組みで思考していると、過剰機能とそれに見合う価格を正当化しがちである。ローエンド型破壊は、必要最小限の機能だけを残し、市場に安価な価格で提供することによって、これまでリーチできなかったセグメントを一気に開拓する発想だ。

フレームワーク❿
As a service化する

プロダクトを売り切るという発想から脱して、As a service化（サービス化）、サブスクリプション化（会員化）するアイデアのこと。

日本でもそうだが、特にシリコンバレーではBtoC、BtoBを問わず、あらゆるものがサービス化されている。

米国ではバックオフィス（間接部門）のサービスの8割が、社内業務から切り離され、外部の業者などが提供するバックオフィス機能のサービスに置き換わっている。

プロダクトのサービス化により、事業者側は顧客との接点が増え、事業者側とユーザー側両方にメリットが生じる。

売り切り型のモデルだと、商品を売る瞬間に、ユーザーの満足度や気分の盛り上がりのピークを持ってきてしまう。売った後にフォローやメンテナンスサービスを提供することもできるが、その後の顧客接点は断片的になりがちだ。

サービス化すると、売った後も長期間にわたって使い続けてもらうことがキー

注）ピーター・ティール氏の発言は以下の講演からの引用。
https://www.youtube.com/watch?v=yODORwGmHqo

注）YCのデモデーについては以下のリンクを参照。
https://www.ycombinator.com/demoday/

になる。顧客と積極的に接点を持ち、フィードバックを受けることで、サービスやUXを改善し続けることができる（サービス化した会員事業にとって最も重要な指標は解約率を減らすことになる）。

最近では、人工知能を高度化する技術の一つ、ディープラーニング（深層学習）がサービス化されるケースも増えている。

米国のClarifai社がオンラインサービスで提供するディープラーニング機能を使えば、画像認識のモジュールを活用したいと思った企業が、わざわざ機械学習のエンジニアや学習データを保存するサーバーなどを自前で準備する必要が一切ない。

チャットボット開発ツールをサービス化するhachidori（東京・品川）という日本のスタートアップもある。

2016年は「チャットボット元年」と言ってもいい年で、自社のカスタマーサポートをチャットボット化する企業が増えた。ただ、実際の作業は想像以上に手間がかかり、開発費用も数百万円はかかる。その点、このhachidoriのサービスを使えば、月額980円からチャットボットを使うことができる。

今後は、カスタマーサポートや Web UI（ユーザーインターフェース）、モバイルアプリに加えて、モノに備え付けられたセンサー（IoTデバイス）によって、さらに多くの顧客接点（タッチポイント）を持つことが可能になっていく。顕在化したニーズだけでなく、人の行動データなどを活用して潜在的なニーズを掘り起こせることが、競争優位性の源泉になっていくだろう。

型はあくまで型

これら10のフレームワークは「守破離」の守であり、基本的なベースにすぎない。実際にはスタートアップのアイデアの多くが、これら10のフレームワークを複数組み合わせたものになる。

大事なのは、こうしたベースを身につけた上で、起業家それぞれが持つストーリー（経験、専門知識、顧客インサイト、課題仮説）と照らし合わせて、誰もまだ発見・注目していないシークレットに光を当て、独自性を追求していくことだ。

PayPal共同創業者のピーター・ティール氏も言っている。「世の中には顕在化されていない秘密がたくさんある。未来の世界をつくっていくのは秘密を顕在化した起業家である」と。

「デモデー」はアイデアの宝庫

ちなみに、効率よくアイデアのヒントを集めるには、YCが開催するデモデーをお勧めしたい。デモデーはその年の最先端のスタートアップが集う最高峰の舞台だ。世界中からトップクラスの投資家が約400人集結。インスタカート、Dropbox、Airbnb、Stripe、Zenefitsなども、このデモデーを登竜門に世の中に出た。

スタートアップかいわいでの注目度は高く、2016年の春夏に行われたデモ内容はTechCrunchの日本語版でも詳しく報じられた。一つひとつのモデルが細かく説明されているので大変参考になるし、このデモデーでピッチされる内容は、3年、5年先の市場トレンドがまるで水晶玉のように映し出される。

ターゲットの市場に狙いを定める

アイデアの良しあしと、その潜在性を検証する際、ターゲットとなる市場についてしっかり見極める必要がある。このときよく使われるのが「TAM」という概念だ。「Total Addressable Market」の略で、日本語では「対応可

能市場」と訳される。自社商品が受け入れられる市場という意味だ。

TAMは次の式で計算できる。

「対応可能市場（TAM）」＝「エンドユーザー数」×「その人がそのプロダクトやサービスに年間に支払う金額」

スタートアップは誰もやっていないニッチな市場を見つけることが重要だが、そうは言っても対応する市場が小さくてはビジネスをスケールした際のアップサイド（上限）が限られる。一つの目安として、TAMは100億円以上が望ましい。

焦って大市場にTAMを広げない

注意点が一つある。

プロダクトの発売当初、市場シェアは低いだろう。ところが、その市場で少しうまくいくと、横展開できると思ってTAMを広げがちだ。大きな市場に参入すれば、わずかなシェアでも大きな売り上げになると信じ込んでしまうのである。これは大きな勘違いだ。最初に狙う市場を広げすぎてはだめだ。

例えば、「Homejoy」というハウスクリーナーのオンデマンドサービスがあった。2010年に立ち上がり、2013年には約4000万ドルを調達したが、2015年にシャットダウンしてしまった。経営幹部の一人は後のインタビューで「コアのビジネスが出来上がっていないのに、新しい市場に広げようとした。今から振り返ると全くのナンセンス」と述べている。

"小さくてもいいので
市場を独占せよ。
競争は負け犬がすることだ"
ピーター・ティール
PayPal共同創業者

4000万ドルを拠出した投資家からのプレッシャーもあり、彼らはひたすら、Topline（売上高）を伸ばすことに躍起になり、PMFやユニットエコノミクスの健全化を達成せずに、市場を広げてしまった（6カ月で30都市に拡大）。

「大きな市場の1％を取っていくというのは起業家が犯してしまう典型的なミスである」と投資家のガイ・カワサキ氏は指摘する。

既に顕在化している大きな市場ではわずか1％のシェアを取ることすら非常に難しいし、リソースも必要とする。大きな市場では既存の大手のプレーヤーたちと真正面からぶつかっていくことになるわけだから当然だ。

上記のHomejoyの経営陣は、市場をさらに広げて、売り上げを伸ばし、また資金調達をすれば、なんとかやり切れるだろうと思っていたのだろう。しかし、大きな市場に足を踏み入れるということは、代替案を提供する競合と顧客獲得の競争をすることになることに気がついていなかった。Homejoyはグルーポン系のサイトで、大幅なディスカウント販売をしたが、こちらで獲得した新規顧客はほとんど定着しなかった。

スタートアップが大きな市場に飛び込むのは、わざわざ体力を削りにいくようなものである。むしろ、注目されていない限定的な市場で圧倒的なシェアを取るほうが、はるかにハードルが低い。

まずは局地戦で勝て

「小さくてもいいので市場を独占せよ。競争は負け犬がすることだ」

ピーター・ティール氏の名言である。

例えばインバウンド旅行者の市場であれば、いきなり「打倒！ 大手旅行代理店」とばかりに総合旅行代理店を目指すのではなく、インバウンド旅行者向けのSIMカード提供サービスや、コインに特化した両替機、旅行者がカフェに自分の

注）ガイ・カワサキ氏は、アップルの創業期にフェローとして参画し、Macintoshなどの成功に貢献した。起業家、投資家としても活躍し、VCのガレージ・テクノロジー・ベンチャーズを創業した。

注）ピーター・ティール氏の発言は以下の講演を参照。https://www.youtube.com/watch?v=z6K8PZxyQfU

Chapter 1 | IDEA VERIFICATION

図 1-3-24

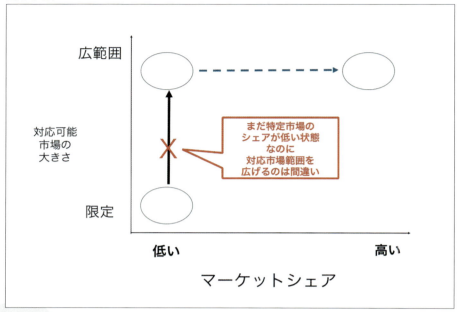

荷物を預けることができるサービスなどを展開するのがいいだろう（ちなみに日本では、上記のサービスをWAmazing、Pocket Change、ecbo cloakがそれぞれ提供している）。

それが達成できれば、その領域のビジネスはあなたの会社にとってのCash Cow（金のなる木）になる。さらにブランド効果と認知度アップも期待できるし、資金調達のハードルも下がるだろう。オペレーション経験も積んで効果的な顧客獲得手法も見つければ、事業の採算性であるユニット・エコノミクスもかなり健全化されているはずだ。

そこまで行ったら、次は周辺市場に参入して、TAMを少し広げていくのが最も堅実で、成功確率の高いスケールの仕方である。

大きなイベントに注目したAirbnb

例えばアマゾンが創業されたのは1994年だったが、創業者のジェフ・ベゾス氏の頭の中には、オンライン小売市場を支配するビジョン（Everything storeになるというもの）があった。そ

こで彼はあえて書籍の領域から入った。

書籍ならカタログ化しやすいし、腐らないので商品を頻繁に破棄する必要はない。形状がほぼ同じなので発送業務の効率化が図りやすいという理由もあった。この限定市場で勝つために、100万タイトルという圧倒的な品ぞろえと低価格で市場に打って出たのである（図1-3-25）。

そして彼らは実際に書籍の市場で高いシェアを取り、1990年代の後半から徐々にCDやDVD、ゲームといった周辺市場にTAMを広げた。もしアマゾンがいきなり食品や靴のような広範囲の市場を狙っていたらどうなっていただろうか？

Homejoyのように、一時的に売り上げは伸びたであろうが、収益性を健全化するのにはどうしても時間がかかるので、黒字転換する前に燃え尽きてしまっただろう。また、大手小売りが値下げ攻勢をかけて、一斉に潰しにかかられていたかもしれない。

Airbnbも最初は小さな市場から入っている。彼らはいきなり全米の都市で、宿泊サービスを展開したわけではなく、大規模なコンベンションやイベントをターゲットにした。

注）Airbnbのエピソードは『Airbnb Story』（リー・ギャラガー著、日経BP社）をもとにした。
チェスキー氏の発言は以下の講演より引用。
https://www.youtube.com/watch?v=03kSzmJr5c0

図 1-3-25　アマゾンの戦略 1

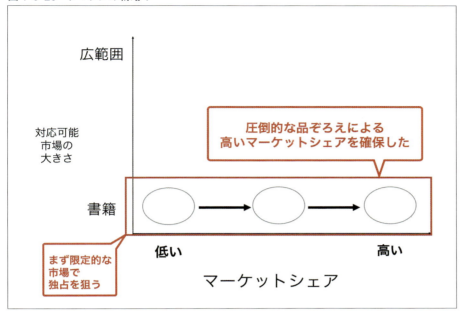

図 1-3-26　アマゾンの戦略 2

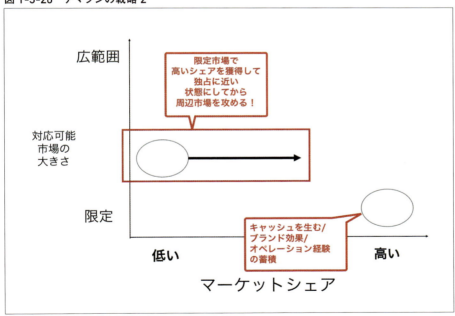

　書籍『Airbnb Story』に次のような話が紹介されている。
　2008年、バラク・オバマ氏が大統領候補に指名されると多くのメディアが取り上げ、党大会が大きな注目を集めた。
　コロラド州デンバーで予定されていたオバマ氏の指名演説の会場は、8万人を収容できる大会場に変更された。しかし、デンバーのホテルは2万7000室しかなく、宿泊場所が大幅に不足するという記事が地元新聞に載り始めた。そこで、一部のブロガーにAirbnbを紹介してもらった

注）ザッカーバーグ氏の発言は以下の講演より。
https://www.youtube.com/watch?v=oz7muQxug_M

ところ、それが注目され大手メディアにも取り上げられた。結局、このイベント期間に、800人のホストがAirbnbに部屋を登録し、80人が部屋を予約した。これは彼らにとって特筆すべき記録だった。Airbnbのチェスキー氏は当時を振り返って、講演で「あの狂騒は僕らのビジネスを検証するのに完璧だった」と述べたという。

まだPMFが達成できていない状態だったので、大きめの市場に出て、サービスの検証をすることはしなかった。特定地域とイベント開催期間に限定した実証実験で、仮説と検証を繰り返してサービスの質を上げていったのだ。

Airbnbが大都市に展開したのは、小さな市場での検証を終え、なおかつ資金調達が完了してからである。

フェイスブックも小市場から攻略

そして、フェイスブックも同じアプローチをとっている。

彼らはハーバード大学でうまくいったからといって、いきなり世界に向けて展開したわけではない。当時は既に「Myspace」や「Friendster」といった競合サービスが存在していたので、そこいきなり勝負することを避けた。

2004年の創業時はアイビーリーグに絞り、しかも1校ずつ展開していった（既に学生向けのSNSが存在している学校から狙い、自分たちの強みや弱みをあぶり出しながら進んでいった）。しかも、各校において全学生の75％がユーザー登録するまで次の学校に行かないという非常に高い目標を掲げていた。

でも、その高いハードルがあったからこそ、初期段階でスプリント（反復開発）を高速で回すことができ、2006年に一般公開された段階で相当磨き込まれたサービスに進化していたのである（日本語版は2008年に公開された）。

当時を振り返って、マーク・ザッカー

バーグ氏はこう言っている。

「大学を増やしながら徐々に最適化した。機能を追加し、それを確かめて、うまくいったら、次の大学に攻め込むというプロセスを踏んだ」

今でこそフェイスブックには1万くらいの機能があるそうだが、当初は8つの機能しかなかった。大事なのは、機能の数ではなく、ユーザーがそのサービスを熱狂的に使うかどうか。そのポイントを、ザッカーバーグ氏は熟知していた。

顕在化している大きな市場を狙うという行為は、直感的だ。大企業でシェア争いを経験した人なら、大きな市場をどうやって取りにいくかと考えるのは普通だろう。しかし、初期のスタートアップにおいて、この考え方は致命的になる。

スタートアップは、他の誰も気づいていない潜在的な市場を狙い、圧倒的なシェアを取り、競争を排除することが、最も重要な戦略だからだ。

誰も目をつけていない市場か?

ここまでの話を整理するために、市場の成長性と現在の市場規模の2軸によるマトリクスを用意した（図1-3-27）。

最も混み合っているのが「成長性の高い大きな市場（上段中央）」で、PMFもユニット・エコノミクスも達成していないスタートアップが、この領域に飛び込むことは自殺行為だ。

スタートアップのアイデアは「市場規模が小さく成長性の高い領域（図1-3-27の中段中央）」を狙うべきで、実際に多くのスタートアップがそこに参入している。

ただ、一部の先進的なスタートアップは「市場が存在しないが成長性を見込める領域（下段中央）」で検証を開始しているし、「市場はまだ存在せず、しかも多くの人がその成長可能性に気づいていない領域（下段右）」で頑張っているスタートアップもいる。

図 1-3-27

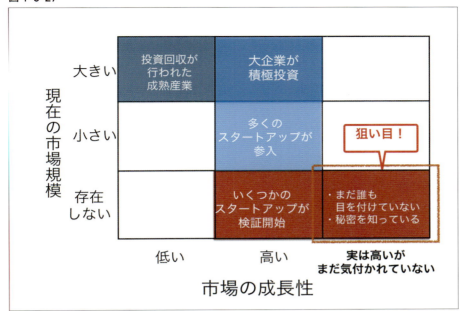

　今でこそ、シェアリングエコノミーやオンデマンドサービスなどという言葉が一般化してきたが、AirbnbやUberが事業を始めた当初、誰もそんな言葉は使っていなかった。だから、大手企業は気にもかけなかったし、多くの人が「クレージー」なアイデアと考えた。

　あなたのスタートアップのアイデアは、いかがだろうか？　まだ誰も言語化できていない未知の領域に足を踏み込もうとしているか？　そこに果敢に挑戦する者だけが、新たな市場をつくることができるのだ。

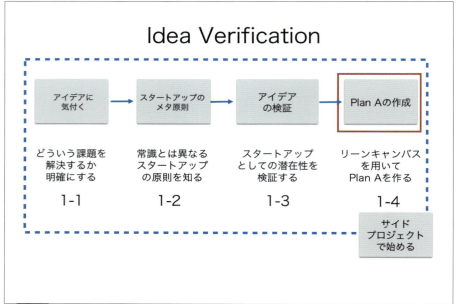

図 1-4-1

1-4 Plan A（最善の仮説）を作成する

リーンキャンバスの書き方

アイデアをファウンダー自身、もしくはチームでブレストする時のヒントになる話を中心にしてきたが、このパートでは実際にそのアイデアを形にしていく方法を説明する。

ここで多くのスタートアップのファウンダー（特に経営企画経験者）は体裁を重視した事業計画書作りに入りがちだが、既に述べたように、事業計画書作りは基本的に時間がかかりすぎる。

この段階でのアイデアはたたき台にすぎないのだから、今後、確実に変わっていくアイデアをきれいにまとめることほど無駄なものはない。

ここで必要になるのはPlan A。すなわち、初期の段階で最善と思えるビジネス仮説である（Plan Aはその後B、C、Dとバージョンが上がっていく）。

リーンキャンバスのメリット

では、どうやってPlan Aを形にしていけばいいのか？

私が最も効果的だと思う手法が、アッシュ・マウリャ氏（Ash Maurya）が著書の『Running Lean』で提唱するリーンキャンバスである。スタートアップのビジネスモデルをビジュアル化するためのツールで、ビジネスシーンで多用されるツールのビジネスモデル・キャン

注）アッシュ・マウリャ氏は、ユーザーサイクルの創業者。データサイエンティストでなくても、データ分析に基づく意思決定ができることを支援する。自社のプロダクト開発でリーン・スタートアップの手法を積極的に取り入れることで知られる。主な著書に『Running Lean（ランニング・リーン）実践リーンスタートアップ』（オライリー・ジャパン、販売はオーム社）。

図 1-4-2

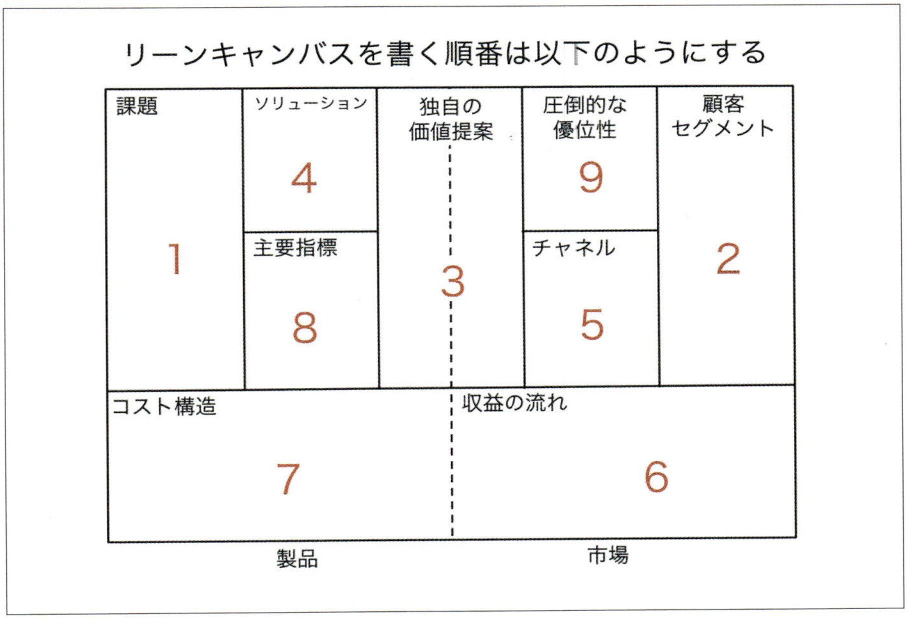

リーンキャンバスを書く順番は以下のようにする

課題	ソリューション	独自の 価値提案	圧倒的な 優位性	顧客 セグメント
1	**4** 主要指標 **8**	**3**	**9** チャネル **5**	**2**
コスト構造 **7**		収益の流れ **6**		

製品　　　　　　　　　市場

注）リーンキャンバスは『Running Lean 実践リーンスタートアップ』（アッシュ・マウリャ著、オライリー・ジャパン）のものをもとに作成した。

バスから派生したものだ。

ビジネスモデル・キャンバスは基本的にリソースがある大手企業が新規事業を検討するために最適なフレームワークであり、リソースの少ないスタートアップにはあまり重要でない項目がある。

例えば、ビジネスモデル・キャンバスの項目「キーパートナーズ（Key Partners）」はスタートアップがそこまで重視する必要はない（パートナー経由で販売するより、スタートアップは直接顧客と話す必要がある。パートナー経由だとプロダクトにパートナー企業の色がついてしまい、スケールする時の足かせになりかねない）。

その点、リーンキャンバスはスタートアップにとって特に重要な項目であるカスタマー、課題、プロダクトにフォーカスできるように設計されている。

そして何より、誰でもすぐに理解して短時間で書くことができる。非常にシンプルなので5分で理解でき、10分もあれば書けるはずだ。

事業計画書の作成に2カ月を費やすなら、10分で書けるリーンキャンバスを何百回も書き込むほうがはるかに効果が

ある。

リーンキャンバスは、上図のような順番で各セグメントを埋めていく。

メンバーがチームで動いているスタートアップへのお勧めは、ホワイトボードなどにリーンキャンバスを書き出す方法だ。各項目の内容は付箋などに書いて貼っていく。結果が目に見える形で残るし、メンバー間で目標を共有しやすい。

重要なのは「課題」と「顧客」

第1章の冒頭でスタートアップは課題ドリブンであるべきと述べたが、リーンキャンバスを使ってアイデアを整理すれば、おのずと「顧客」と「課題」が論点の中心となる。

リーンキャンバスの各項目に書き込む内容を簡単に見ていこう。

①課題（課題仮説）

想定する顧客に対し、解決すべき課題（課題仮説）はいくつかあるだろうが、重要なもの3つ程度を選ぶ。まだ顧客と実際に話す前なので、まだ課題は仮説にしかすぎないことに留意しておきたい。

図 1-4-3

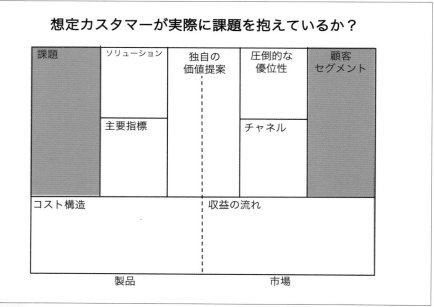

②顧客セグメント

顧客（カスタマー）は誰かを特定する。その時のコツはアーリーアダプターを狙えているかどうかだ。

アーリーアダプターは情報感度が高く、普段から課題に対する代替ソリューションを積極的に探している人だ。最初にプロダクトをローンチ（市場に投入）した時に、ダメ出しも含め、フィードバックをもらうのはアーリーアダプターと呼ばれる層になる。こうしたカスタマーは、プロダクトを気に入れば、周囲の人に広めてくれるエバンジェリスト・カスタマーにもなってくれる。

例えば、介護のソリューションを検討する場合、「顧客セグメント」のアーリーアダプターは介護に最も関心がある、親が要介護世代に差し掛かる50代の女性などになるだろう。

後ほど詳しく説明するが、顧客セグメントは「50代女性」といったざっくりしたものでなく、より具体的で臨場感があるペルソナ像を考えることがポイントだ。「日中はパートとして働いているので、自宅に残した母のことをいつも心配し、時折自宅に連絡を入れている」とい

った形で想定すると、具体的なプランになりやすい。

③独自の価値提案

課題に対して自社のプロダクトやサービスで、どういった独自の価値を提供するかを書く。

お気づきだろうが、「課題」と「顧客セグメント」は、課題検証を進める中で書き換えられ磨き込まれていく。大事なのは、目の前に顕在化している課題を整理する中で潜在課題を発見し、言語化していくというスタンスで臨むことだ。

誰かが見つけて顕在化している課題には、既に妥当な代替策があることが多い。誰も見つけておらず顕在化していないが、顧客との対話を進める中で、ここに隠れたニーズがありそうだという潜在的な課題の候補を見つけるのがポイントになる。

最初にアイデアのPlan Aを作り、B、C、Dとバージョンを上げていく中で、顧客仮説、課題仮説、価値提案仮説を進化させていく。

最初の2つの「課題」と「顧客セグメント」、すなわち「誰のどんな課題を解決するのか？」という要素はスタートア

ップの土台になるので、初期の段階で徹底的に検討を重ねたい。これが、スタートアップが想定する課題が顧客の課題と一致するCustomer Problem Fit（CPF）を実現する肝になる。

全ての答えが見えなくてもいい

以上の3項目が埋められたら、それを実現するための具体的な施策の仮説を立てていく。

④ソリューション

課題の具体的な解決策のうち上位3つを書く。ただし、Plan Aではユーザーに話を聞いて課題仮説が検証できているわけではないので、ソリューションの確からしさや詳細にこだわる必要はない。

⑤チャネル

顧客にリーチする経路を考える。とはいってもスタートアップにチャネル（顧客と接点を持つ経路）の選択肢は多くない。この段階では自分がターゲットにしているカスタマーとどうやって接点を増やすと直接話すことができるかを考えるといい（SNSなどでコミュニティーをつくったり、イベントを開催したりすることが有効だ）。

⑥収益の流れ

収益モデルを書いてみる。実際にビジネスとして成り立った時に、どのような課金形態になるのかを考えてみる。また、どれくらいの単価で、どれくらいの顧客ボリュームに提供するのか、LTV（顧客1人当たりの利益）はどのくらいになりそうか、その結果、粗利益はどれくらいかの想定を書く。

⑦コスト構造

顧客獲得コスト、流通コスト、ホスティングコスト、人件費など、プロダクトを市場に出すまでにかかるコストをリスト化する。初期費用として膨大な設備投資が必要となるフィンテックやバイオテクノロジーなどのビジネスモデルでは、重要な要素になる。

⑧主要指標

スタートアップがProduct Market Fit（PMF）に到達するまでに、計測するべき定量的指標は何かを想定する。Plan Aの時点では正確な指標を明確にするのは難しい。

汎用的に使える指標としてお薦めしたいのはデーブ・マクルーア氏が提唱するAARRR指標(海賊指標)だ。その中でも、PMF前の段階で特に注目すべき指標は、Activation（顧客の活性化）とRetention（顧客の定着）になる。

⑨圧倒的な優位性

競合に対して圧倒的な優位性を構築できるポイントがあるかを書く。アイデアの検証フェーズでこの欄を埋めることは難しいので、埋められないなら気にしなくていい。書き込む内容としては、内部情報、専門家の支持、ドリームチーム、ネットワーク効果、コミュニティー、既存カスタマーなどがある。

PMFを達成してビジネスをスケールする段階で初めて、優位性の構築がフォーカスの一つになる（つまり、ただ闇雲にスケールするわけでなく、スケールする中で、圧倒的な優位性をどう構築していくかが重要な論点になる）。

これらの6つの項目は最初に検討する項目3つ（課題仮説、顧客セグメント、独自の価値提案）が少し変わるだけでガラッと変わる可能性があるし、プロダクトをリリースした後も継続的に変わっていく。

このため、アイデアを練っている初期の段階では、曖昧なところは想定ベースで簡潔に書けばいい。この段階で重要なのはあくまでも「課題」と「顧客ターゲット」を深掘りすることである。

注）デーブ・マクルーア氏は有力VCである500 Startupsの創業者。500 Startupsは創業間もないスタートアップの成長支援にも定評がある。（現在、マクルーア氏は同VCの経営から退いている）

注）AARRR指標は、Acquisition（顧客獲得）、Activation（顧客の活性化）、Retention（顧客の定着）、Referral（顧客の紹介）、Revenue（収入向上）の5つから構成される。詳しくは第4章で解説する

注）ホスティングコストとはウェブサイトなどを構築するサーバーなどの運用にかかる費用。

図 1-4-4

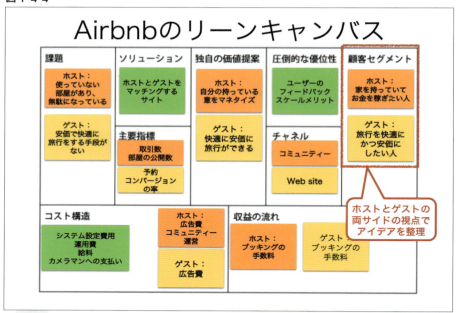

2サイド市場はプレーヤーを分ける

商品を売る人と買う人がいて成り立つオークションアプリのメルカリや、部屋を貸す人と借りる人がいて成り立つAirbnb、運転をする人と利用する人がいて成り立つUberのように、サプライ（供給）サイドとデマンド（需要）サイドのカスタマーがいるビジネス市場のことをツーサイデッド・マーケット（two-sided market）と言う。

メルカリに代表されるCtoCのマーケットプレース型サービス、AirbnbやUberのようなシェアリングサービス、ユーチューブのようなUser Generated Contentなどがツーサイデッド・マーケットにカテゴライズされる。

ツーサイデッド・マーケットは需要と供給という両サイドのカスタマーが増えるほど両者にとってサービスの価値が高まっていく（これをネットワーク効果と言う）。Uberの利用者が増えればドライバーも増え、ドライバーが増えて便利になるとさらに利用者が増えるような、ニワトリと卵の関係がある。

よって、ツーサイデッド・マーケットのビジネスモデルでは両サイドに高いバリューを提供する必要がある。一方のことばかり注視するのは禁物だ。

そこで、リーンキャンバスを埋めていく時も、両サイドのそれぞれの立場に分けて考えることが肝心だ。

参考までに、Airbnbのリーンキャンバスを作成したのが上の図だ。

このように、ホスト（サービス提供者）とゲスト（サービス利用者）それぞれの課題、提供価値、チャネルなどが見えてくる。

リーンキャンバスを作る時は「サービス提供者」と「サービス利用者」と「共通」の3色で付箋を使い分けると論点を整理しやすい。

そして最終的には、「サービス提供者」「サービス利用者」「プラットフォーム提供者（スタートアップ自身）」が三方よし、つまりトリプルウィン（Win-Win-Win）の関係になるかを検証する必要がある。

大事な点なので繰り返すが、スタートアップのシード期には体裁の整った事業計画書はいらない。

このリーンキャンバスのように簡単に

書けて簡単に共有できるツールをうまく使い、とにかく効率よくPlan Aを作成することを心掛けたい。

マウリャ氏は、ある講演でこう指摘している。

「スタートアップにとって最も貴重な資源は時間である。リソースがなくなる前に最も多く学習したものが勝つ」と。

Plan Aの作成は学習を加速させるのに必須となる仮説構築のためにメンバー全員で行うべきものである。

「Tinder」のリーンキャンバス

リーンキャンバスの作成は実際に手を動かしてみればすぐにコツをつかむことができる。

以下に、実在するTinderというマッチング（出会い系）アプリの機能説明をまとめたので、その情報をもとにリーンキャンバスを書いてみてほしい。

次ページには私なりにまとめたリーンキャンバスを示している。これが正解というわけではないが、リーンキャンバスの書き方の参考にもなるかと思う。

Tinderの基本操作
①スマホ用のアプリをダウンロードしてフェイスブックアカウントでログインする。
②出会いたい人の条件を設定する。
③自分の現在地周辺にいる人が次々と出てくる。気に入ったら右にスワイプ、興味がないなら左にスワイプする。
④お互い気に入った人がいれば、マッチ

"スタートアップにとって
最も貴重な資源は
時間である。
リソースが無くなる前に、
最も多く学習したものが勝つ"

アッシュ・マウリャ
『Running Lean』著者

ングが成立する。
⑤マッチした人とはチャットができる。
⑥実際に会えるかどうかはそこからの腕次第だ。

Tinderのプレミアムサービス特典（月額1200円）
●無制限に出会う人の候補をスワイプできる。
●自分の現在地を変更できる。
●広告表示をなくせる。

世の中で話題になったり、急成長したりするサービスがあったとしても、なぜそうなっているのかは一見分かりにくいものだ。しかし、そのサービスのアイデアをリーンキャンバスにまとめてみると内容が整理されてそのビジネスモデルの核心（誰の、どんな課題を、どのように解決するビジネスモデルか）や差別化のポイントなどが見えてくる。

リーンキャンバスは共通言語

リーンキャンバスはPlan Aを形にするために最適のフレームワークと述べたが、お薦めする理由は簡単に書けるからだけではない。簡単かつ網羅的にビジネスモデルを把握できるからである。

「ビジネスモデルが何かを10人に尋ねたら、常に10通りの答えが返ってくる」とスティーブ・ブランク氏が著書『ザ・スタートアップ・オーナーズ・マニュアル』で指摘するように、ビジネスモデルそのものの定義は人によって見立てが変わる。

例えば、営業出身者だったら「顧客のためのモデルだ」と言うだろうし、エンジニアだったら「ソリューション重視のモデルだ」と言うかもしれない。創業メンバー同士が互いの認識や前提条件のズレを持ったままでは議論が平行線をたどる恐れがあり、さらに組織としても効率的に動けない。

注）『ザ・スタートアップ・オーナーズ・マニュアル』の邦訳は『スタートアップ・マニュアル ベンチャー創業から大企業の新事業立ち上げまで』（翔泳社）。

注）アッシュ・マウリャ氏の発言は以下より引用。
https://www.youtube.com/watch?v=iAuSEThxJ0s

図1-4-5

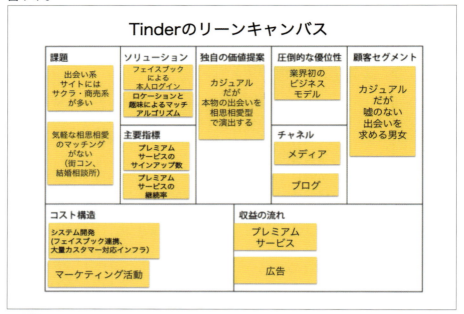

その点、リーンキャンバスでは、「誰のどのような課題を解決するか」が主要な論点となるので、それぞれの見方を持つメンバー同士の目線を合わせやすい。

リーンキャンバスをチームの共通言語にすれば、効率的なコミュニケーションが取れる。自分たちが今どのような仮説を立てて、どこに向かっているのかを明確にできる。

継続的にPlan Aを見直す

また、リーンキャンバスはその時点での最善の仮説であるがゆえに、継続的に見直さないといけない（Plan A、B、Cとバージョンアップしていく）。

その作業はファウンダー1人で行うのではなく、創業メンバー全員を巻き込んで行うべきである。

というのも、一般企業だと社員にある情報を理解してほしいと思ったら、それこそ事業計画書のようなかっちりしたドキュメントを作り、社内を説得する材料として活用する。しかし、事業計画書ではその表現方法や体裁などの細部が重要になり、本質的な論点（誰の、どんな課題を、どのように解決するビジネスか）について十分な議論を交わすのが難しくなりやすい。全員で共通の理解や納得感を醸成する手段にはふさわしくない。

全員でブレストをしながらアイデアを出し、それぞれが気づいていなかったポイントを補完し合い、検証を続けながらリーンキャンバスに磨きをかけていこう。

リーンキャンバスの効果として大事なのは、当事者としてアイデアの磨き込みに貢献することによるメンバーの納得感と、アイデアの"自分ごと化"ができることである。高い共通理解はコミュニケーションの齟齬を減らし、アイデアを磨くスピードを上げることにもつながる。

リーン・スタートアップ型モデル

このように仮説やプロセスを積極的にビジュアル化し、高頻度で繰り返し検証していくアプローチがスタートアップの初期段階で時間を無駄にしないための重要なポイントになる。

この考え方は、多くのスタートアップ関係者にとってバイブル的存在になっているエリック・リースの著書『リーン・

注）『リーン・スタートアップ』（エリック・リース著、日経BP社）。エリック・リース氏は起業家で、現在はスタートアップなどへのアドバイスにも力を入れる。

図 1-4-6

"ビジネスモデルが何かを10人に尋ねたら、常に10通りの答えが返ってくる"

― スティーブ・ブランク
『スタートアップ・オーナーズ・マニュアル』著者

写真＝Getty Images

スタートアップ』と同じ文脈上にある。

エリック・リース氏が提案したリーン・スタートアップとは、新たなアイデアやコンセプトをまず形にして（MVPを作って）、構築（Build）、計測（Measure）、学習（Learn）のサイクルを繰り返す手法のことだ。

従来の開発手法であるウオーターフォール型モデルは、プロダクトやサービスの要件(Requirement)を最初に磨き込んでしっかりとした仕様書を作り、仕様書通りにリリースすることを提唱している。しかし、多くの学びはプロダクトを市場に投入した後に得られるものなので、学習タイミングが遅くなるだけではなく、多くの無駄（使わない機能）が発生する恐れがある。

ウオーターフォール型で最初にプロダクトの要件定義をする際もユーザーのヒアリングを当然行うが、その段階ではユーザー自身が何が欲しいか、自分が抱える課題は何かを理解していないことが多い。このため、ユーザーの潜在課題（表面的な現象の奥にある真因）をあぶり出すことができないことが多い。

例えば、半年をかけて開発したプロダクトを手に取ったユーザーから「使ってみて初めて分かったけど、実はこんなものが欲しいわけじゃない。これでは根本にある課題は解決できない」というフィードバックがあったら、半年をかけた開発の工数は全て無駄になってしまう。

一方のリーン・スタートアップ型モデルは最初からプロダクトの完成形を作らず、検証目的の最小限のプロダクトを随時リリースしていく。そのため早いタイミングでカスタマーからのフィードバックが得られ、常に顧客目線で軌道修正をしてプロダクトのスプリント（継続開発）を進められるのである。

言い方を換えれば、従来の手法であるウオーターフォール型は仮説精度を上げる作業を机上で時間をかけて行うのに対して、リーン・スタートアップは仮説をすぐに市場で検証し、高速で改善を続けるという違いがある。プロダクトの寿命が短くなっているからこそ有効な手法といえる。

そして、先ほどのリーンキャンバスは、手軽さと分かりやすさゆえに、リーン・スタートアップ型モデルで仮説を磨き込む時の一つのフレームワークとして最適

注）ウオーターフォール型モデルとは、システム開発の進め方を示す最も古くからあるモデルの一つ。要件定義（システムの仕様を決めること）、開発、品質検証などと順を追って開発を進めていく。

95

図 1-4-7

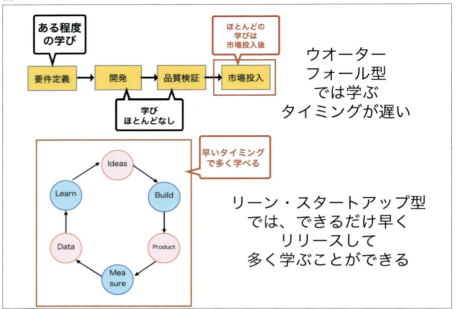

である。

タイムアウト前にモデルを見つける

リーンキャンバスの一つひとつの項目について最適な解を見つけていくことにある。これがスタートアップのすべきことであり、それはまさに時間との勝負になる。

『Running Lean』でアッシュ・マウリャ氏が紹介している最適解を見つける手順を要点だけ紹介しておこう。

これだけで大まかな流れは理解してもらえるだろう。

① リーンキャンバスで複数バージョンのPlan Aを作る。

② それぞれのPlanで最も不確実性の高い項目は何かを理解する（課題がそもそも存在するか、カスタマーがそこにいるか、ソリューションは妥当か）

③ 4段階でそのPlanを検証する。
　a) 課題を理解する。
　b) 解決策を定義する。
　c) 定性的な検証をする。
　d) 定量的な検証をする。

この検証プロセスを経て、最終的に全ての項目で納得のいくリーンキャンバスが出来上がったら、それがあなたのビジネスモデルの原型になる。

ビジネスモデルの最適解を見つける上で特に重要なのが定性的な検証と定量的な検証をファウンダー自身が行うことである。

私はあまりお勧めしないが、スタートアップによっては、プロダクト開発を外部に委託するという場合もあるかもしれない。そうした場合も、Plan Aの定量的検証と定性的な検証を行い、創業メンバーの学びとして言語化し、蓄積していくことは内部で行うことを死守しなければならない。

定性的、定量的な検証の結果、これまでの方向性（顧客セグメントや解決策の内容）では、PMFが出来る蓋然性が低いと判断した場合には、スタートアップはピボットを行うことになる。

スタートアップはリソース（時間、お金、経営陣の忍耐力など）が尽きて時間

図 1-4-8

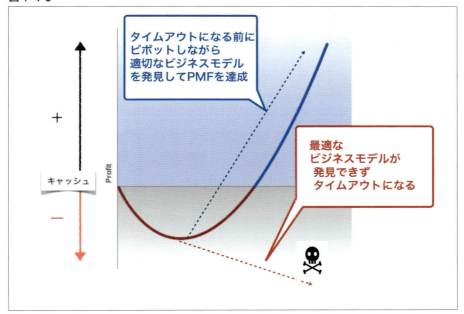

ピボットの重要性と留意点

　リース氏は「ピボットとはビジョンを変えずに戦略を変えることである」と語っている。実際のところ、マウリャ氏によると、スタートアップの66%が当初のプランを大幅に変更しているという。

　ここで改めてスタートアップの成長軌道であるJカーブを考えてみると、最適なビジネスモデルを発見して上昇カーブを描く前に資金が尽きてタイムアウトを迎えるのがスタートアップにとっての「死」である。

　死んでしまう前にビジネスモデルの検証を繰り返し、場合によってはピボットをしてPMFを達成できれば上昇気流に乗れるのだ。

切れになる前にピボットを繰り返し、勝ち筋へとつながるビジネスモデルとプロダクトを見つけなければならない。

メンバーは納得しているか?

　とはいえ、ピボットはスタートアップにとっては決してラクなことではない。ピボットを必要以上に恐れてはいけないが、舐めてかかっても痛い目に遭う。

　特に、名著『リーン・スタートアップ』を深く読み込んでいない起業家は、深い検証もせず、十分な学びがないまま、ちょっと壁にぶつかると安易なピボットをしてしまいがちだ。

　しかし、ピボットは自分たちのこれまでの蓄積を否定する行為なので、当然、不満を持つ人もいる。

　私もかつてこれで苦い経験をしている。シリコンバレーでスタートアップを運営していた時、2回目のピボットをした際に不満を持ったエンジニアがチームを去ってしまったのだ。

　当時の私はリーン・スタートアップやリーンキャンバスを知らなかったので、アイデアをメンバー全員で共有して、あらゆることを検証ベースで高速に行うという手法も知らなかった。

　もしあの時、せめてリーンキャンバスなどを使ってアイデアを共有できていた

注) リース氏の発言は、以下の講演より引用。
https://www.youtube.com/watch?v=dC_IG-EZQUY

注) マウリャ氏の発言は以下の講演から引用。
https://www.youtube.com/watch?v=Nhl5nzUNQCA

図 1-4-9

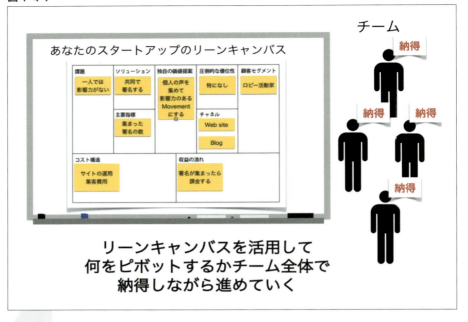

リーンキャンバスを活用して
何をピボットするかチーム全体で
納得しながら進めていく

ら状況は変わっていたかもしれない。ビジネスモデルの見える化をして、PMFに向かうためのメトリクス（指標）を設計していたら、ピボットの理由がより明快になってエンジニアもチームを離れなかったかもしれない。

初期のスタートアップは通常3〜10人の小さなチームで構成される。人数が少ないからミスコミュニケーションは起きないという過信はやめたほうがよい。

小さなチームであっても、それぞれの経験やポジションによって、前提条件や思考方法が異なるからだ。

スタートアップは初期の段階であるほど、リーンキャンバスのような思考を見える化するツールを使って、「ああでもない、こうでもない」と毎日議論をして、みんなが納得する形でビジネスモデルを作っていくことが重要だ。

ピボットはスタートアップ全体の方向転換に当たる非常にインパクトのある行動である。なおさら、創業メンバーの対話による納得感の醸成が欠かせない。

チームメンバーの納得が得られないままピボットをすれば、組織崩壊のきっかけにもなりかねない。

ピボットは開発中止ではなく軌道修正と理解され、スタートアップはそれを"お気軽"に実行することがある。

しかし、ピボットはスタートアップにとってnearly death experience（＝瀕死の経験）である。時間もお金もないスタートアップが自分たちの積み上げたものを捨てることになるので、一歩間違えればそのまま死んでしまうのと紙一重のところに身を置くからだ。

だからこそピボットをするときはメンバー全員の力で乗り切る必要がある。そのためにもリーンキャンバスなどを通じて議論を繰り返し、各自がピボットの判断に納得感とオーナーシップが持てるかどうかが大事になる。

ビジョンはピボットできない

ただし、ピボットできる対象はあくまでもプロダクトや戦略（ビジネスモデル）までである。スタートアップ全体の方向性を指し示すビジョンは後からピボットできないことをファウンダーは当初から強く意識しておくべきである。

例えば、クックパッドの掲げるビジョ

図 1-4-10

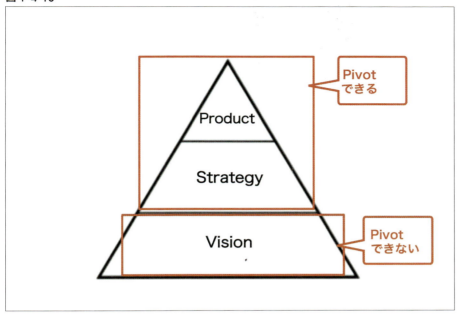

ンは「毎日の料理を楽しみにする」。そしてこのビジョン以外のことはやらないと創業者の佐野陽光氏は言い続けた。これだけ分かりやすいビジョンなら、組織がスケールした後も社員たちに迷いは出にくい。

スタートアップのビジョンを決めるのはやはり創業メンバーである。創業メンバーが早い時期に、その一生を懸けてもよいと思えるビジョンを見つけることができるか。このことはスタートアップが成功に近づく重要なポイントになる。

創業メンバー同士がそれぞれの思いをぶつけ合い、しっかり時間をかけてビジョンをつくり、明文化しておくことをお勧めしたい。

Hard Way to PMF

スタートアップがプロダクトやサービスでPMFを達成するまでの道のりは、正直、かなり険しい。

カスタマーが抱える課題の仮説を立て、直接カスタマーと話して課題について学び、カスタマーの本音を知るためのプロダクト（MVP）をリリースし続ける。

こうしたことを、スタートアップは手元資金が尽きる前に繰り返し行わなければならない。特につらいのは、必死に考えたアイデアや苦労して形にしたプロダクトを捨て去ることになった瞬間だ。プロダクトを捨てる時も、100%確信があるわけでなく、開発を続けてもよいのではという疑念と戦うことになる。

尊敬する投資家のベン・ホロウィッツ氏は、著書『HARD THINGS』を通して、スタートアップは"Hard Things"の連続であり、"hard way"を歩んだものだけが成功すると喝破している。

逆に言えば、自分が作りたいものを作り、自分の思い込みを正当化する計測だけを行うような「easy way」を選ぶと、箸にも棒にもかからないプロダクトしか作れない"スタートアップもどき"になる運命が待っているということだ。

Chapter 1　COLUMN

サイドプロジェクトで
アイデアを練る

　第1章では、スタートアップのアイデアを検証するフェーズについて解説した。アイデアの基本的な型、リーンキャンバスの書き方、狙うべき市場の見極め方などについて見てきた。

　これらの知識は、実際にオフィスを飛び出して（Get out of Buildingして）顧客と直接話す前の準備段階で理解しておいたほうがよい。

　仲間とリーンキャンバスを作成したり、顧客の話を聞いてリサーチをしたりすることは週末起業のようなサイドプロジェクト（気軽な副業）で十分対応できる。こうしてアイデアを検討した結果「起業しないこと」が最善策になるケースも多い。アイデアを磨く段階では、会社は登記せずサイドプロジェクトで行動を始めたほうがいい。

　Y Combinatorの共同創業者、ポール・グレアム氏が「スタートアップのアイデアを得る最良の方法は、スタートアップのアイデアを考えようとしないことだ」という面白い指摘をしている。

　スタートアップのもととなる、まだ発見されていないアイデアのヒントは、日常生活や、普段行っている業務の中にあることが多い。当たり前と思っていることを俯瞰してみて、「そもそも、このやり方は一番正しいのだろうか？」「他のやり方はないのだろうか？」という素朴な疑問を持つことがアイデアに近づくきっかけになる。そうした日々の気づきや心の奥底で感じた本音（インサイト）を逃さずに突き詰めると、スタートアップの優れたアイデアにつながりやすい。

　アイデアのもとを"ビジネス化ありき"のかしこまった形で議論するのではなく、最初はざっくばらんに話して、"発散"

注）ポール・グレアム氏のコメントは、同氏のサイトから引用。http://www.paulgraham.com/startupideas.html

と"収束"を繰り返していくとよいだろう。そのプロセスを繰り返すうちに、ふと、まだ誰も気がついていないが、生活やビジネスプロセスに大きな影響を与えるアイデアに出合えるかもしれない。

本業の傍らでアイデアが生まれる

　実際に、多くのスタートアップのアイデアはファウンダーが定職に就いている時に生まれている。

　アマゾンのジェフ・ベゾスCEOは金融機関に勤めながらECにチャンスがあると気づいた。ベゾス氏のように多くのファウンダーが定職があって余裕がある中でのサイドプロジェクトとして、アイデアを考え始めている。

　また、定職に就きながら進めるサイドプロジェクトは1個とは限らない。

　実は、私も現在サイドプロジェクトを複数走らせているが、事業化に動き出すのはわずか一握りだ。複数のプロジェクトを走らせる理由は、今、解決しようとしている課題が自分自身とフィットしているかどうかを見極めるためだ（このことについては、次の第2章で詳しく説明する）。

　中には、「どうせやるなら逃げ場をなくして自分を追い込んだほうがいい」と考える人もいるだろう。

　資格試験の勉強などをするならそれでいいかもしれないが、スタートアップを始めるならそれはむしろ逆効果だ。

　会社を辞めてしまうと、気合が入ると同時に、早く成果を上げなくてはと焦る気持ちが出てくる。良いアイデアは、追い詰められるから生み出せるものではないのだ。追い詰められて焦ると、どうし

ても「結果」を追い求めてしまう。課題をしっかり検証するより、成果が目に見えるプロダクトを作ることにフォーカスしてしまうのだ。結果として、誰も欲しくないプロダクトが出来上がって失敗するのである。

サイドプロジェクトと本業の違い

自分の本業として行うプロジェクトと、本業を持ちながら行うサイドプロジェクトではどのような違いがあるのか、リストにしてみた（下図）。

サイドプロジェクトのほうがスタートアップのアイデア・ベリフィケーションを行うのにより有利な条件が揃っていることが分かるだろう。

特に重要なのが、サイドプロジェクトならばout of the box、つまり常識や制約条件といった"箱"にとらわれずにアイデアを考えられることだ。本業の場合は、どうしてもアイデアを早く形にしようとして、近視眼的になったり、凝り固まった考え方になったりしてしまうことがある。こうして自分の発想に制約を課してしまった時点で、本来スタートアップが持つ強みである突飛さやクレイジーさが抜け落ちてしまうことがある。

また、結果を早く出そうとすると、顧客が抱える課題を解決できる妥当な代替案が市場に存在しても、それを過小評価してしまいがちになる。

実際、市場で顕在化している多くの課題は代替案で解決できており、自分たちのスタートアップが生み出そうとするプロダクトはカスタマーから必要とされていないことはよくある。

自分たちがある課題解決のアイデアを

図 1-5-1

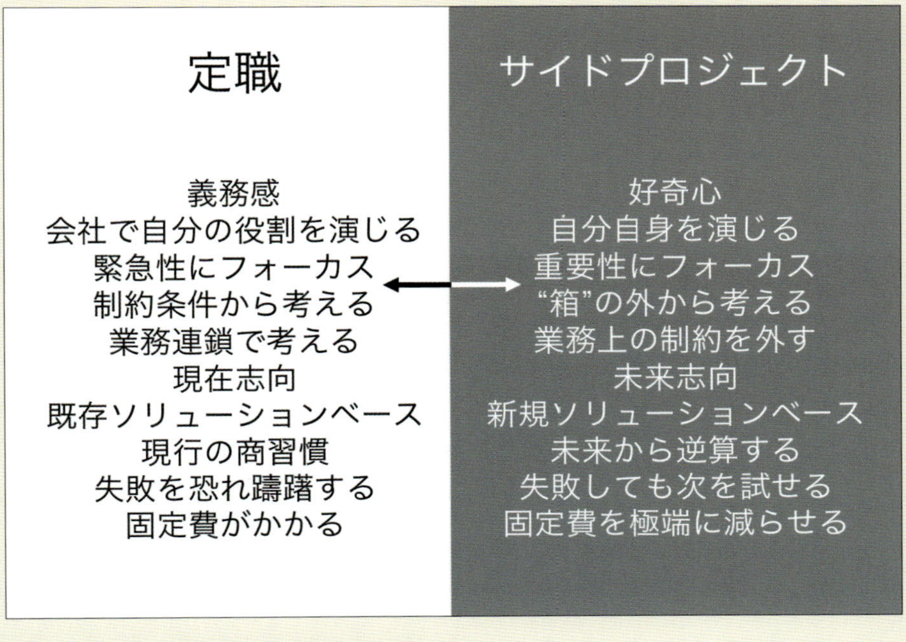

定職	サイドプロジェクト
義務感	好奇心
会社で自分の役割を演じる	自分自身を演じる
緊急性にフォーカス	重要性にフォーカス
制約条件から考える	"箱"の外から考える
業務連鎖で考える	業務上の制約を外す
現在志向	未来志向
既存ソリューションベース	新規ソリューションベース
現行の商習慣	未来から逆算する
失敗を恐れ躊躇する	失敗しても次を試せる
固定費がかかる	固定費を極端に減らせる

思いついたら、「そもそもこの課題は本当に存在するのか？ 今存在する代替案で解決できれば十分ではないのか？」という余裕のある視点を持つことが重要だ。

「まず、初めにすべきはアイデアを練ること。スタートアップを始めるのはその次です」とYCのサム・アルトマン氏も言っている。

起業家になるためには、会社を登記する必要があるわけではない。アイデアの原石を求めてサイドプロジェクトを日ごろから走らせて仮説検証を続けている人も、立派な起業家である。

人材の適正を見極める

また、アイデア・ベリフィケーションの段階で会社を立ち上げないほうがよいと考えるもう一つの大きな理由は、人材のミスマッチが起きることだ。

ブレーンストーミングであっても、ビジネスモデルのPlan Aを作る時であっても、実際に一緒に仕事をしてみると互いの相性が合わなかったり、考え方にズレがあったりして、メンバー間でビジネスの方向性に不一致が生じるケースはざらにある。

初期メンバーそれぞれの相性や考え方を見極める前に会社を立ち上げて、開業資金を出し合ったメンバーで株を折半していたら、もう取り返しはつかない。実際、私自身も多くのスタートアップが、初期の資本政策ミスで失敗してしまったケースを多く見てきた。

そういう意味では共同創業者は結婚するカップルに似ている。カップルは結婚する前の交際期間に本当に相性が良いかを見極める。

スタートアップの場合は、互いにビジョンを共有できるか、スキルや経験を補完し合えるかなどを見極めることが求められる。結婚と同様、起業も行為の達成を目的にして焦ってしまうと、いい結果にはつながらない。

スタートアップでよくある創業メンバーの構成は元同僚などだろう。

ある程度の特性をお互いにつかんでいるメンバーが、ブレストやちょっとしたプロジェクトの運営を始める中で、より深いレベルでお互いの相性やスキルの補

注）サム・アルトマン氏の発言は以下から引用した。
https://www.youtube.com/watch?v=CBYhVcO4WgI

図 1-5-2

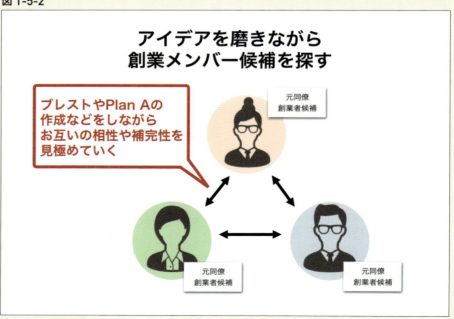

完性を理解し、メンバーが定着していく。こんなチームの育て方がベストだ。

方向性が見えてから会社をつくる

さらに、会社を早くにつくると、何かと不都合なこともある。

事務作業も発生するし、コストもかかる。出資者の関係で株の適切な配分ができないリスクも出てくる。

会社を立ち上げた以上は存続させることが前提になるので、会社の維持自体が目的化してしまう恐れもある。

ビジネスの方向性が見えるまでは会社登記せずに、プライベートなプロジェクトで進めることが肝心である。

フェイスブックの創業者、マーク・ザッカーバーグ氏は、ハーバード大学在籍時に、学生年鑑をウェブ上で閲覧できたら面白そうだという発想で友人たちとフェイスブックのサービスを始めた。そもそも「会社にするつもりなどなかった」と本人も言っている。

インスタカートの創業者であるメータ氏は、アマゾンで働きながら、アプリのベータ版（出荷前版）を作り込んでいった。彼が担当していた物流システム開発はウェブベースの仕事なのに、彼だけはなぜかiPhone用のアプリを作っていたのである。

Yahoo!は、スタンフォード大学の学生だったジェリー・ヤン氏とデビッド・ファイロ氏が授業の合間に作ったポータルサイトが原形になっている。

アップルの初号機「Apple I」の受注が入った時、共同創業者の1人、スティーブ・ウォズニアック氏はまだヒューレット・パッカードで働いていた。

もう一つ、サイドプロジェクトを企業で導入している事例で忘れてはいけないのが、よく知られたグーグルの「80/20ルール」。社員に業務時間の20％を本業と関係のないサービス開発に充てるよう奨励する仕組みだ。グーグルはサイドプロジェクトによる新規事業創造のポテンシャルを理解しているからこそ、80/20ルールを運用している。20％のサイドプロジェクトからはGmailやGoogleマップ、Googleハングアウトなどが生まれた。現在Googleの収益の多くを占める広告配信のアドセンスもここから生まれている。

初期段階では上下関係はない

アイデア・ベリフィケーションのフェーズは、ブレストを重ねてアイデアを掘り下げ、実証すべきコンセプトをメンバー同士で話し合って決めるステージだ。この段階ではスタートアップのメンバーに上下関係は基本的になく、フラットな議論をすることが重要になる。

サイドプロジェクトを手伝ってくれる人を見つけたい、もしくは誰かのサイドプロジェクトを手伝いたいというなら、スタートアップウィークエンド、ハッカソン、アイデアソンなどのイベントに参加してみるといいだろう。週末を使ってアイデアの構築からプロトタイプの作成までを体験できるイベントは、将来の共同創業者候補を探すよい機会にもなる。

注）マーク・ザッカーバーグ氏の発言は以下の記事などを参照した。
http://www.businessinsider.com/mark-zuckerberg-advice-on-starting-a-company-2016-8

注）スタートアップウィークエンドは週末に開催され、アイデアを形にするまでを体験できるイベント。
http://nposw.org/

注）ハッカソンは、エンジニアやデザイナーなどが集まって1日〜数日をかけてアプリのプロトタイプなどを開発するイベント。アイデアソンは、あるテーマを決めて参加者がアイデアを出し合うイベント。

Chapter 2
CUSTOMER P

章の目的
- フレームワークやツールを活用して課題の仮説を構築する（2-1）
- 仮説を検証するために先進的なカスタマーと実際に対話する（2-2）
- 対話を通じて仮説を磨き込み、フォーカスすべき課題を明確にする（2-3）

　第1章ではリーンキャンバスを用いて課題仮説を練り上げた。しかし、これはまだ、あくまでも作り手が考えた仮説に過ぎない。
　この仮説で考えた課題について、想定カスタマーはどれくらいの痛みを感じ、解決したいと願っているのか。カスタマーと実際に対話をしてそれを検証する必要がある。これこそが本章の目的であるCustomer Problem Fit（カスタマーと課題の一致）を実現することだ。

　この課題仮説の検証は、高い技術力を持つエンジニアがいるスタートアップほど、スキップされる傾向がある。技術力が優れていることは、競争優位を実現しやすいので、大いに結構だ。しかし、そこには大きな罠がある。技術力が高いメンバーは、得てして、テクノロジーに詳しくない一般ユーザーの生の声を軽視する傾向にあるからだ。
　スタートアップのプロダクトは、あくまでカスタマーが抱える課題を解決するための解決策（ソ

ROBLEM FIT
【課題の質を上げる】

リューション）として存在する。ところが、多くのスタートアップは自社が用意できるソリューションで解決できる"課題"をでっち上げてしまう。

このでっち上げ課題ほどタチの悪いものはない。自分たちでも薄々、課題の磨き込みが甘いと気づいているにもかかわらず、その甘さに蓋をして、ソリューションの磨き込みに突っ走ってしまうのだ。これほど危ういことはない。

そして、時間をかけて磨き込んだソリューションがカスタマーに相手にされず、前提となる課題が的外れだったと気づく。こうして貴重なリソースを浪費してスタートアップは死期を早めていく。そんな手痛い失敗を避けるために、本章では課題仮説を磨き上げる方法を紹介していく。

「その課題は本当に存在しているのか」
「本気でその課題を解決したいと思うか」

想定ユーザーにこうした質問をどれだけ投げかけられるかが、スタートアップの運命を決める。

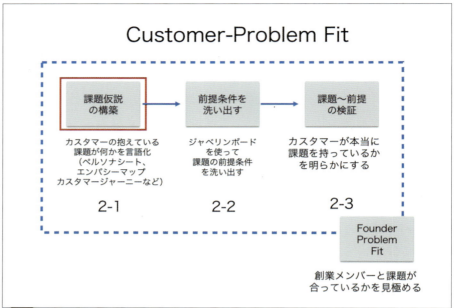

図 2-1-1

2-1 課題仮説を構築する

課題の質を上げる

課題検証をおろそかにしない

前の章で紹介した、リーンキャンバスによって作成したビジネスモデルのPlan Aはあくまでオフィスのあるビルから飛び出してユーザーと話す前の「仮説」である。

カスタマーが実際にその課題を抱えているのかどうか、生の声を聞きながら検証し、なおかつ単なるアイデアを質の高い課題へと磨き込む必要がある。

カスタマーの持つ真の痛みを探り、それを解決できるアイデアを課題に据えることは、スタートアップがProduct Market Fit(PMF、人が欲しがるものを作れる状態)達成の大前提だ。それだけに、解決すべき課題が本当にユーザーに求められているかの検証をスキップしてしまうのは軽率である。

確かに、課題検証は面倒臭く、多少の時間を要するが、PMF達成というプロジェクト全体で見た時には、ここに時間を費やすことに大きな意味がある。

はっきりとデータにも表れている。

米Startup Genomeが3200社のインターネット系スタートアップを対象に行ったアンケートによると、PMFを達成したスタートアップの8割はCustomer Problem Fit（CPF）のステージで「課題の発見と検証」にフォーカスしている。

一方で、失敗したスタートアップのな

注）アンケート結果の数字は、米Startup Genomeのリポート「Startup Genome Report Extra on Premature Scaling」より。

Chapter 2 | CUSTOMER PROBLEM FIT

図 2-1-2

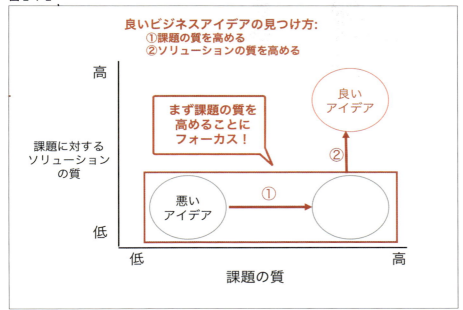

んと74%が、初期段階で「プロダクト（解決策）の検証」に時間を割いている。

つまり、課題の検証を十分にせずにいきなりプロダクト開発を行っているのだ。これは、プレマチュア・スケーリング（時期尚早な拡大）と呼ばれるスタートアップが死んでしまう一番の理由だ。

前の章で、スタートアップは、「一見悪く見えて、本当に良いアイデア」を見つける必要があると述べた。取り上げたアイデアが実際に良いアイデアかどうかは、これから見ていく課題検証フェーズで、判明していく。

「一見悪く見えて、本当に良いアイデア」は、めったに発見できるものではない。実際に多くのアイデアは一見悪く見え、実際に悪いアイデアだ。課題検証の究極の目標は、顧客すらも気づいていない奥に潜む潜在的な課題に光を当て、本当に良いアイデアを見つけ出すことにある。

課題は本当に存在するか？

スタートアップの初期段階で最も重要な質問は「想定したカスタマーの課題は本当に存在するのか？」ということだ。

ソリューションを考えたり、作り込んだりしていく作業は基本的に楽しい（特にエンジニアやデザイナーとっては）。また、ソリューションを形にしていくと前に進んでいる感じがするので充足感もあるし、「何か形にしなければ」という焦燥感を取り除くことができる。

このため、スタートアップの内部では、無条件に「モノづくり」が奨励されるような風潮があり、実装や設計が得意なエンジニアやデザイナーは、とりあえず形から入ってしまう場合が多い。

モノづくりができるスキルは貴重で、価値があるものだ。だからこそ、そのリソースを無駄遣いしてはいけない。無駄遣いしないためには、「自分たちが作りたいから、そのプロダクトを作る」という呪縛から抜けることだ。この呪縛にはまってしまうスタートアップがあまりにも多い。

仕事に楽しさや充足感を求めることは大切だ。ただ、それ以上に社会に存在する課題を解決していくことへの充実感、その過程で顧客から喜びのフィードバックをもらうことへの充足感に注目するこ

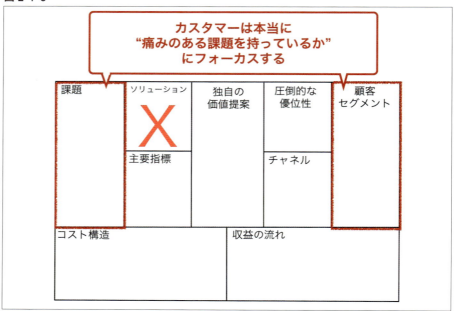

図 2-1-3

注）グーグルの検索順位を決める仕組み「ページランク」がバックリンクの数を重視するのは、多くの参照があるページほど重要な情報が載っているという考え方に基づいたもの。

とこそがスタートアップの健全な姿だ。

　スタートアップは、いまだに解決されていない世の中の課題を解決するための最も効率的な一つの「ビークル（乗り物）」である。「個人の楽しみ」以上の存在であることを自覚すべきだ。

　ここで少し考えてみてほしい。

　なぜ多くの人はグーグルの検索エンジンを使うのだろうか？

　グーグルが人工知能を活用した優れたアルゴリズムを持っているからだろうか？　巨大なデータセンターを世界中に持っているからだろうか？

　そうではない。グーグルが「自分の抱える課題を解決してくれる（自分の関心ごとと関連性の高い情報と出合える）」から使うのだ。

　通常、カスタマーは自分の抱えている真の課題を認識できないので言語化できていないし、課題を言語化するのはカスタマーの仕事ではない。

　作り手はカスタマーに徹底的に寄り添って、カスタマーが痛みを感じる課題を本当に持っているかを確かめないといけない。

　むしろ、カスタマーですら言語化できていない潜在的課題を見つけて、それを言語化して課題の構造を整理し、そこに最適な解決策を提供できたスタートアップこそが勝つのだ。

　グーグルは、バックリンク（内容的に関連のあるサイトからリンクを張られている状態）の数をベースに「ウェブページの重要度」を測るページランクというアルゴリズムを作った。ページランクができるまではインターネットユーザーにとって「自分の関心ごとと関連性の高い情報」とは何かの定義は曖昧だった。

　グーグルはページランクという手法を編み出すことで、カスタマー自身さえ気付いていなかった、自分の関心に合った情報を素早く探したいという課題を顕在化させたのだ。「ググる」という言葉が定着したように、今やグーグルは、インターネット情報検索の同義語として使われている。

　しかし、先ほどのStartup Genomeのアンケート結果のように、多くのスタートアップは課題の検証をスキップしてしまう。

　これほど重要な作業をスキップしてしまう原因の一つには思考のバイアス、つ

図 2-1-4

人間にはそれぞれ
バイアスがあり、
現実を湾曲して眺めている

"自分が見たいように
現実を見ている状態"
＝
確証バイアス

写真＝アフロ

まり思い込みがある。

　Y Combinatorの共同創業者、ポール・グレアム氏の言葉を借りると、それは「自己中心と怠惰」によってもたらされる。「自分が認識している課題は、他の人も同様に認識している課題だろう」と思い込んでしまうと、後々足をすくわれかねない。

人は自分が見たいものを見る

　図2-1-4に掲げた絵は、有名なだまし絵の一つ「妻と義母」だ。

　人により、この1枚の絵が後ろを向いている若い女性に見えたり、横を向く老婆に見えたりするはずだ。

　人間の脳にはこれまでの経験などから個々にバイアスがあり、人間は自分が見たいように現実を見る。

　これを確証バイアスと呼ぶ。無意識のうちに「自分の考えが正しいことを証明する情報」ばかりに注意を向けてしまう脳の自然な特性である。

　誰にもあることだが、起業家は確証バイアスが強い人が多い。自己主張が強かったり、それなりに実績を積んで我流の成功パターンを持っている人が多いので要注意だ。

　『リーン顧客開発』の著者、シンディ・アルバレス氏は「自分が想定する課題仮説やソリューション仮説は反証されることを前提に臨むべきだ」と述べている。

　これは重要な指摘だ。

　思い込みの罠にはまらないためには自分自身が物事や課題をどう認識しているかについて客観的にとらえ、それを可視化・言語化する「メタ認知」の視点が必要である。そしてアイデアには常に反証（ダメ出し）される可能性があることを意識し、常に頭を柔軟にして課題を考えるべきだ。

　自分の考え方を可視化・言語化するツールとしては、リーンキャンバスに加えて、ペルソナ分析、カスタマージャーニー、エンパシーマップ、ジャベリンボード、KJ法などの手法がある。これらについては後ほど紹介する。

　こうした手法を活用することで、一緒にサイドプロジェクトを進めるメンバー（将来の共同創業者候補）やステークホルダーと考えを共有し、各自が確証バイアスに振り回される事態を防ぐことがで

注）確証バイアスとは、心理学の用語で、自分の正しいと思うことを証明する情報ばかりを集めようとし、反証となる情報は見逃そうとすること。

注）『リーン顧客開発―売れないリスクを極小化する技術』（シンディ・アルバレス著、オライリー・ジャパン）。

注）「ソリューション仮説」とは、カスタマーの抱える課題を解決する手法を検証するために立てる仮説のこと。

注）「構築-計測-学習」のループは、『リーン・スタートアップ』（日経BP社）を参考に作成した。

図 2-1-5

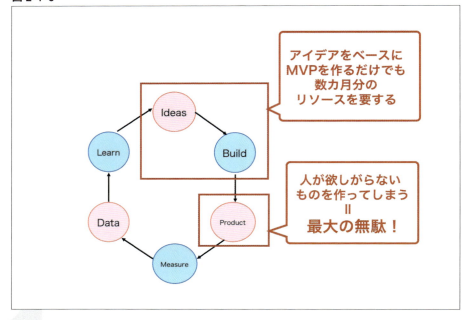

『リーン・スタートアップ』の課題

本書で紹介する考え方の基底にあるのは、1-4で紹介したリーン・スタートアップの手法だ。

リーン・スタートアップの名前は、トヨタ自動車の「トヨタ生産方式」（リーン生産方式）に由来している。

作業の現場を見て疑問点を見つけ出し、作業方法を繰り返し改善するトヨタ式と同様に、カスタマーに対する検証により学びを積み重ねて顧客が満足するプロダクトを達成することがリーン・スタートアップの狙いである。

そのために、リーン・スタートアップでは、次のループを高速で繰り返す。アイデアやコンセプトをMVP（実用最小限の製品）として形にし、それをもとにカスタマーの反応を計測してデータを収集。データから学習し、必要があればアイデアやコンセプトをピボット（軌道修正）して再びMVPを市場に送り出す。

このループを図示したのが図2-1-5の六角形である。

リーン・スタートアップでは、このループを通じて「価値仮説」を検証しながら学びを蓄積することの重要性が記されている。価値仮説とは、顧客がプロダクトを使う時に、本当に価値を提供できるかを判断する仮説のことをいう。

初期のスタートアップが学びを重視することは確かに重要だ。ただ、課題が有効かを十分検証することなくして、いきなりプロダクトの価値検証を行うことはお勧めできない。

一足飛びにプロダクトの検証を始めることは、無駄が多いからだ。私は、まずスタートアップが想定した課題にユーザーが痛みを感じているかを検証する「課題仮説」を磨き込むこと（Customer Problem Fit、CPF）に力を入れるべきと考える。

私はこれまで多くのスタートアップを見てきたが、CPFをしっかりやったスタートアップのほうが、結果的にうまくいっている比率が高い。

『リーン・スタートアップ』を注意深く読み込めば、価値仮説の検証というア

注）原著が2011年に発行された『リーン・スタートアップ』ではMVPを作成して課題に対する解決策を検証するProblem Solution Fitの段階以降が詳しく書かれている。2012、13年ごろから、現在は東京大学産学協創推進本部の馬田隆明氏などがCPFの重要性を提唱し始めた。

図 2-1-6

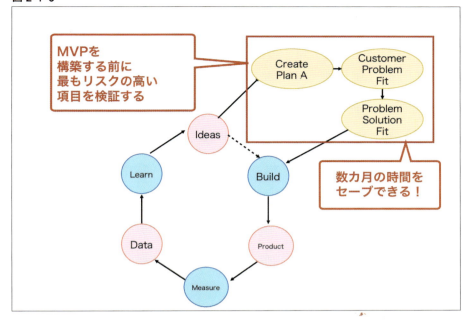

クションの中に課題仮説の検証も含まれていると解釈することもできる。しかし、リーン・スタートアップを読んだスタートアップには、まずMVPを作って「価値検証」から始めてしまうケースが少なくない。

もちろん、第1章でも述べた通り、リーン・スタートアップは有効な手法だ。ただいきなり、MVPを作ってしまうことは奨励できない。

MVPを作るのには少なくとも数カ月の期間を要する。スタートアップにとっての数カ月は貴重だ。前の章でも説明した通り、「2年前でもなく2年後でもなくなぜ今やるのか？」というタイミングが、スタートアップにとっては非常に重要になる。その時、課題の検証なしにMVPを市場に出して後戻りが生じたら、数カ月が無駄になる。スタートアップの世界では大きな痛手だ。

そこで、本書ではMVPを作る前に次のようなステージを経ることを提唱している。アイデアを磨いて整理する「PlanAの作成（第1章）」、本章のCPF、そしてProblem Solution Fit（PSF、第3章）だ。一見手順が増えて面倒そうだが、こ

れらのプロセスを経ることで、"全く誰も欲しがらないMVP"を作って数カ月の時間を無駄にする事態を防げる。

ペルソナを想定する

具体的な人物像を思い描く

では、想定した課題をカスタマーが重要と感じているかを検証するCPFを具体的に進めていく手法に話を移そう。

課題を検証する時の最初のステップは、マーケティングの定石であるペルソナの想定だ。

ペルソナとは、想定したカスタマーのイメージを具体化するために「25歳、女性、インバウンドの旅行者」といった人物像のことをいう。こうした具体像を設定し、どんな課題を抱えているのかを詳しく見ていく。

前章で作ったリーンキャンバスでは、課題を抱えるカスタマーセグメントにつ

注）図2-1-7で紹介しているプロフィールは、本書の説明のために架空に作成したもので、写真のモデルとは一切関係がない。その他の図版についても同様である。

図 2-1-7　想定カスタマーのペルソナ

名前	キャサリン・ハムレット
年齢	25歳
出身	オーストラリア・シドニー
趣味	バックパック旅行、写真、映画
職業	地元のシドニーで看護師をしている。大学卒業後、3年間同じ病院で働いている
生活	世界中を旅行することが生きがいになっており、年に2回の2週間のバックパック旅行を楽しみに日々を送っている
旅行のこだわり	旅行に行くときは、現地で情報を集めるようにしている。できるだけ、現地でお得な情報や現地でしか得られない体験を重視する傾向がある
IT、スマホのリテラシー	フェイスブックはたまに投稿する。メッセンジャーはWhatsApp。趣味の写真は、Instagramにあげている。世界中で撮った写真を公開し続けており、5000人のフォロワーがいるのがちょっとした自慢

いて記述した。そこをさらに深掘りするためにペルソナを用意し、その心情や行動に焦点を当てていく。

ペルソナを想定する時はリアルな人物像を思い描くことが重要だ。本質を突いた課題を設定するには、"誰の何（どのような課題）をどのように（どのようなソリューションで）"という問いを投げかける必要がある。

多くの場合、"誰の"という問いが抜けがちだが、"誰の"というユーザー像を具体的に落とし込めなければ、臨場感のある課題仮説は作れない。カスタマーセグメントという大雑把な捉え方では、ユーザーの行動特性や期待すること、不満、不便に思っていることなどを詳細に描写することができなくなる。

具体的には、以下のような要素を埋めてペルソナを定めていきたい。
- 年齢、名前、職業、性別、趣味、生活スタイル、現在の居住地、出身地など。
- 普段はどのようなメディアから情報を集めているのか、最近気になっている話題は何か。
- 日々の出来事にどういう印象を持ち、どういう性格の人か。

- 行動の特徴は？ ITやスマホのリテラシーは？
- （BtoBのビジネスを考えるなら）どういった業務や仕事をしているか。

その上で、第1章の「PlanAの作成」でリーンキャンバス上に設定した課題をペルソナがどう感じているか、課題を解決することで何を実現したいと考えているかという2点を想定する。

- 何を課題（不満、不便、不安）に感じているのか。
- 何を達成したいのか。
- インサイトを探る。（本音ではどう思っているか。例えば、心の奥底でコンプレックスを感じたり、承認欲求を求めたりしていないか）

なお、ペルソナは一度定めたら終わりではない。リーンキャンバスのループと同じように、実際のカスタマーからフィードバックが得られるたびに修正し、より臨場感があるものにしていくのである。

本書の内容を具体的にするため、参考になるペルソナ像を定めておく（図2-1-

図 2-1-8　スーパーカブ発売当時の広告

写真＝ホンダ

7）。

このペルソナ像は、日本へのインバウンド旅行者が無料でWi-Fi（無線LAN）を使えるようにするAnywhere Onlineというサービスを立ち上げる想定で定めたものだ。ペルソナはスマホで広告視聴などをすることで無線LANの利用可能容量を補充できる。

このAnywhere Onlineのビジネスモデルを本書では繰り返し取り上げるが、私の空想の産物であって実際に検証したものではないことを留意いただきたい。

ペルソナを使うべき3つの目的

ペルソナを想定することには3つの目的がある。

1つ目は、プロダクトの設計プロセスを人間中心、課題中心にするためだ（ソリューション中心、プロダクト中心の考え方と対極を成す）。

定性的な分析を苦手とする人もいるかもしれないが、そうかといって数値化や定量化による分析だけでは本質的な要素がごっそりそぎ落とされるものである。

人は経済合理性に基づいて行動するが、その一方で、時に経済合理性と矛盾した感情に基づく行動をする。そういった一筋縄ではいかない行動の矛盾や不合理性を可視化することにより、ストーリーはよりリアルな臨場感を持つようになり、ファウンダー同士が議論を深掘りするのに役立つ。

「課題にまつわるストーリー」を明確に思い描くことができるかどうかで、仮説の精度は全く変わるし、本人や身近な人が課題の当事者であると、リアルな心理描写を一段と深いところまで想定することができるはずだ。

2つ目の目的は、特定の人に刺さるサービスを考えていくアプローチを取ることで、スタートアップが陥りがちな「あらゆる人に気に入られなくてはいけない」という無駄な考えを拭い去るためだ。第1章でも述べたが、初期のスタートアップは限定市場にて、いかに独占を築いていけるかが、勝負の決め手となる。

あらゆる人にそこそこ気に入られるプロダクトよりも、ある特定の人に圧倒的に支持されるプロダクトを構築する必要がある。そのカスタマー像を定めるのに、ペルソナは役に立つ。

図 2-1-9　想定カスタマーのエンパシーマップ

Think
お金を節約しながら、いい旅行体験するのは最高だな。来月は、初めての日本への旅行。いい旅行体験にするために色々と情報を集めよう

Hear
先月日本に旅行をした友達が、とてもエンジョイしているみたいだった。旅先でのティップスを色々と聞いてみよう

See
日本はハイテクな国だからきっと、楽しい旅行をサポートしてくれるツールやサービスがいっぱいあるはず。色々と見てみよう

Say
私は、とっても旅行慣れしていて、その土地で、一番いいサービスやいい情報を見つける事ができるわ

Pain
旅行は楽しみだけど、あまり予算がないので旅行中の出費を削らないといけない

Gain
常に、SNS（フェイスブック, Instagram）を使って旅行中の記録を取りたい

　最も重要なのが3つ目の目的だ。チーム内でイメージを共有するためだ。

　創業メンバーが3人いたら、経験や認識の違いによって確証バイアスがかかり、各自がイメージするカスタマー像はバラバラになる。その状態でいくら検討を進めても、いざプロダクトを作る段階になった時にユーザーに対するイメージや前提条件が異なるので、コミュニケーションが難しくなり、結果としてプロダクトを作り直す手戻りが増えるので時間を無駄にしてしまう。

　ペルソナの構築によってユーザーの具体像を可視化することは、チーム内のコミュニケーション・コスト削減になる。

　ペルソナをうまく想定した例としては、ホンダのバイク「スーパーカブ」シリーズがある。1958年に初代が登場し、2017年中には全世界で累計1億台を売り上げる見込みである。このバイクのペルソナはそば店の配達員だった。

　簡単にギアチェンジできるのも、またがりやすいデザインになっているのも、おかもちを持つそば店の配達員に最適化した結果だ。その実用性が、その他の業界の配達員にも口コミで広がった。新聞配達などの業務もターゲットにすることで、様々な業界を席巻し、爆発的ヒットにつながっているのである。

　このようにペルソナを定めることは、課題仮説の検討スピードを上げることができるのだ。ペルソナを設定しなければ、ターゲットが広すぎて検証がなかなか進まず、アクションに落とし込めなくなる。

　最初は多くの仮定が入るので、気持ち悪さが残るがまずは「最も確からしいペルソナ」を想定することが重要だ。

条件を絞るのがコツ

　とはいえ、架空の人物を想像だけで作り上げるための変数は膨大にある。

　そこで、私が有効だと思うテクニックは、「場所」「時間」「イベント」といった文脈を絞り込むことだ。それにより明確に、ペルソナが不便、不満に感じている状況を浮き彫りにできる。

　例えば、宿泊予約のAirbnbは最初にサービスをリリースしたとき、いきなり各都市で広く展開せず特定のイベントを狙い撃ちした。第1章で紹介したように、米コロラド州で大統領選挙の指名演説が

Chapter 2 CUSTOMER PROBLEM FIT

開催される時を狙った。

多くの来場者でホテルの部屋が不足することが分かっていた。Airbnbの創業者たちは、通常のペルソナ像に加えて、大統領選のイベントというタイミングに合わせた文脈で宿の確保に困っているペルソナの特性を考え、プロモーションを展開した。

カスタマーの課題仮説を明確にしたければ、サービスの需要に対して供給が少なくなっている状況を想定することがポイントだ。こういう状況では、カスタマーは従来の手段だけでなく代替案を積極的に探すようになり、スタートアップ側も、課題検証がしやすくなる。

カスタマーに甘えるな！

これからスタートアップを始めようとすれば、スマホを活用したサービスを検討することが多いと思うが、あなたが介護施設利用者向けのプロダクトを作るつもりなら、想定するペルソナは70代以上の高齢者である。

スマホよりも、ガラケーや介護施設の職員を介した口頭でのコミュニケーションが、顧客との接点として有効になるだろう。このようにペルソナが変われば、接点の設け方もがらりと変わってくる。

『600万人の女性に支持される「クックパッド」というビジネス』で、クックパッド創業者の佐野陽光氏は語っている。

「サービスの送り手というのは知らず知らずのうちにお客様に甘えてしまう。送り手側が、このくらいできて当たり前だよね、ということを思ってしまう」

プロダクトやサービスの作り手が男性だけの場合、主婦層をターゲットにしたビジネスをするなら「まあ、主婦だから時間はあるだろう」と言った思い込みをしやすい。

しかし、現実としては主婦が夕飯の支度をする夕方は、子供の送り迎えや買い物、洗濯物の取り込みといったタスクが重なる。そのバタバタの中で夕飯のレシピを調べようとサイトを開いた時に、ページ表示がもっさりしていたらサッサと離脱して他のサイトに行ってしまう。

その文脈の重要度を理解して、クックパッドは自社サイトの表示速度に徹底的にこだわっている。エンジニアがサイトの表示速度を1秒速くすれば、対象ペルソナとなる主婦の笑顔がそれだけ増えることになる。

クックパッドが2017年6月末時点で約5860万人のユーザーに使われている秘訣は、カスタマー視点から徹底的にプロダクトを作り込むことにある。

注）『600万人の女性に支持される「クックパッド」というビジネス』（上阪徹著、角川SSコミュニケーションズ）

エンパシーマップで深掘りする

ペルソナ像をさらに深掘りする時に使えるのがエンパシーマップ（共感マップ）である（図2-1-9）。例はAnywhere Onlineの想定ペルソナ、キャサリンのマップだ。対象となるペルソナの心理状態を深掘りする時に活用できるフレームワークである。

ペルソナの快適・不快を分類するような単純な枠組みではなく、ペルソナの心の機微を細かく書き出していくものだ。メンバーが対象となるペルソナに対してより強い共感を持つことができる。

エンパシーマップにまとめる項目は6つある。

注）エンパシー（empathy）とは、共感や感情移入のこと。

● 何を考え、感じているか？（Think）
  どういったことを心配しているか？
  何を望んでいるか？
● 何を聞いているか？（Hear）
  周囲の友人、上司やインフルエンサーは何と言っているか？
● 何を見ているか？（See）
  生活環境や交友関係は？
  市場をどう見ているか？
● 何を言い、行動しているか？（Say）
  周囲に対する振る舞い方は？
● どんな痛みを感じているか？（Pain）

図 2-1-10　カスタマージャーニーで行動を想定する

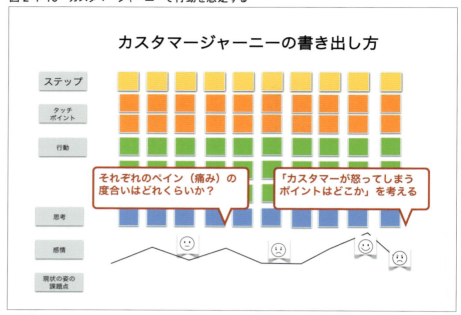

恐れ、障害、フラストレーション
●何を得たいのか？（Gain）
欲しいもの（wants）、必要なもの（ニーズ）、成功指標は何か？

こういった点を細かく想定し、ペルソナの置かれた状況を具体化していく。

カスタマーの体験に寄り添う

カスタマージャーニーを作る

ペルソナ、もしくはエンパシーマップによってカスタマーの置かれた状況や心理状態をある程度言語化できても、ペルソナのみだと柔軟すぎることがある。

ペルソナを想定する際、ファウンダーは課題仮説で想定したカスタマー像を補強するための役回りをそのペルソナ像に"演じさせる"ことがしばしばある。つまり、作り手側の都合を優先してしまうというわけだ。

それを回避し、よりリアルなカスタマー像を浮かび上がらせるには、ペルソナやエンパシーマップに加えて、カスタマージャーニーを考えてみることだ。

カスタマージャーニーとは、現在カスタマーがどのような心理状態でどのようなステップを踏み、ある行為を完遂しようとしているのかをカスタマーの動きに沿って明らかにしていくものである。

想定したペルソナの行動を具体的なステップ・バイ・ステップのジャーニー（ストーリー）に落とし込み、カスタマー仮説をより立体的にしていく。

スタートアップ創業者の重要な資質の一つはストーリーテラーになること、つまりカスタマー目線でストーリーをありありと語れることだ。

ストーリーを作る時は、行動をただ単にトレースするだけではなく、その行動の裏にある顧客の感情の波にフォーカスすべきである。

どのポイントで、不都合（不便、不満、不快、不全）を感じて感情が落ち込んでいるのか。その不都合を強いられる状況の臨場感を高めると、課題仮説がより磨き込まれる。

Chapter 2 　CUSTOMER PROBLEM FIT

図 2-1-11　カスタマージャーニーで見えてきた課題を抽出

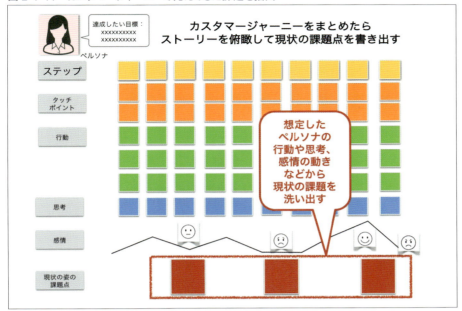

カスタマージャーニーを作る主なメリットは次のようなものがある。
● ペルソナを動的に描写すると見逃した事実に気づき、思いもよらないアイデアが生まれる。
● チームでの共通理解が深まる。プロトタイプ作成時のUX/UIの作り込みで、ユーザーの心象や行動を知ることはデザイナーやエンジニアの共通言語として活用できる。
● ある状況の中の、特定の行動について議論できるため、論点がより具体的になる。
● 複数のメンバーがそれぞれジャーニーマップを書くことで、お互いが見逃していた視点に気づくことができる。

カスタマージャーニーを作る手順

カスタマージャーニーは、以下の8つのステップで作り込んでいく。

ステップ⓪ペルソナを確認する

今まで書いてきたリーンキャンバス、ペルソナ、エンパシーマップなどで、カスタマー像の設定を改めて確認する。

ステップ①このペルソナの目標を考える

カスタマーが達成したいことと、その理由を明らかにする。

ステップ②ステップを書き出す

特定の行動を取る時、カスタマーがしそうな大まかな行動をステップに分けて書き出す。

ステップ③詳細な行動を書き出す

大まかな行動のステップをさらに細かく分解する。

ステップ④行動の裏にある思考を書き出す

あらゆる行動には理由がある。なぜその行動を取ったのか、カスタマーの意識の動きを想像してみる。

ステップ⑤タッチポイント（接点）を書き出す

人、店、ウェブサイト、アプリ、業務システムなど、ステップごとにカスタマーと接点を持つ要素をリスト化する。
この時、スマホやSNSによるユーザーとの接点が主要な検討項目になったことを留意すべきである。カスタマージャーニーのステップはスマホを通じたやり取

注）UXはユーザー・エクスペリエンスの略。プロダクトを使う前から使い終わるまでを通じたユーザーの体験全体を意味する。
　UIはユーザー・インターフェースの略。プロダクトやアプリの操作方法のことである。

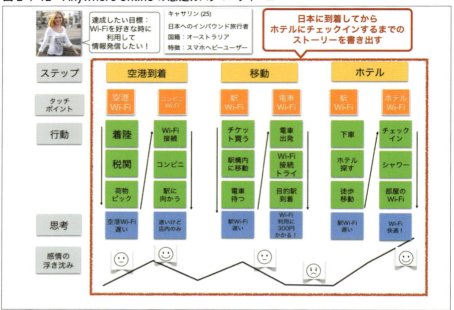

図 2-1-12　Anywhere Online の想定カスタマージャーニー

りを中心に展開するようになった。

ステップ⑥感情を書き出す

　場面が変われば人の感情は浮き沈みがあるので、その感情の波を可視化する。

　特に「場面ごとの痛みの度合いがどれくらいか？」ということと、「カスタマーの不都合が怒りの感情にまで到達するのはどこになるか？」を検討することが肝心だ。

　カスタマーが抱えている不都合がなぜ起きているのか、できるだけ深く洗い出すことが重要である。

ステップ⑦現状の課題点を書き出す

　他の全ての項目を記入したのち、全体を俯瞰してカスタマーが直面している課題は何かを抽出する。

カスタマージャーニーの参考例

　参考として、AnywhereOnlineユーザーのペルソナと想定したキャサリンのカスタマージャーニーをまとめた。

　初めて日本に来たInstagram好きのバックパッカーであるキャサリンが、成田空港に到着してからホテルにチェックインするまでの道中で、街中のWi-Fiスポットに接続を試みるという文脈にしてある。

　この場合、彼女が達成したい目標は「Wi-Fiを好きな時に利用して情報発信をすること」になるだろう。

　まず行動の大きなステップを「空港到着」「移動」「ホテル」の3段階に分けてみた。

　キャサリンになりきってカスタマージャーニーを書いてみると、ホテルに着くまで満足な環境でWi-Fiが使えないのはかなり痛みを感じる状況であることが浮かび上がる。

　よって、キャサリンが抱えている課題仮説は「空港やコンビニ、電車、駅でのWi-Fiの使い勝手が悪くフラストレーションがたまること」と言えそうだ（図2-1-13の赤い四角内）。

　カスタマージャーニーの作成時は、メンバー全員がキャサリンになりきって、彼女の目線でストーリーを想像してみることだ。「コンビニにあるWi-Fiスポットは接続ページが日本語で読めない」「空港は回線スピードが遅い」「電車内

Chapter 2 | CUSTOMER PROBLEM FIT

図 2-1-13 Anywhere Online で解決すべき課題が見えた

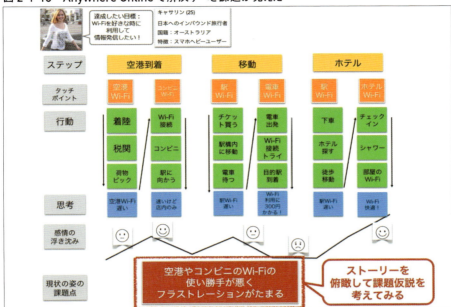

のWi-Fiは事前登録が必要で使えない」。「旅先で撮った写真をリアルタイムでInstagramに投稿していきたいのに、全然投稿ができない」など、彼女の不満をリアルに想像して、カスタマージャーニーを作成するとよいだろう。

マッピングするときのポイント

最後に、チームでカスタマージャーニーなどを作り込んでいくときのポイントをここで整理しておこう。
- 全員が書き込む要素を見たり、指さしたり、追加したり、動かしたりすることができるよう付箋やカードを使う。
- ペルソナの行動や思考に関するアイデアをまず単語ベースで付箋に書き出していく（アイデアの発散）。
- 付箋をホワイトボードや壁に貼り出し、他のメンバーに対して説明を行い、周囲のフィードバックをもらう。
- 最初から完全なものを作ろうとせず、定期的に更新する（ペルソナ同様、カスタマージャーニーも時間とともに磨き込んでいく）。
- カスタマーが痛みを感じるポイントを見つけるためのツールであり、万能ではないことを認識する。
- カスタマーを頭で理解すると同時に、カスタマーの意識を「感じる」ように心掛ける。カスタマーの意識・感情をより明確に整理できたら、エンパシーマップも同時に更新しておく。

優れたカスタマージャーニーが作成できれば、カスタマーを多角的（行動、思考、感情）に観察できるようになる。

面倒かもしれないが、カスタマーが複数のステークホルダーで構成されるなら、それぞれのステークホルダーのジャーニーマップを考えてみる。

例えば、Airbnbのようにサービス提供者（ホスト）と利用者（ゲスト）が存在するツー・サイデッド・マーケットの場合は、両者（ホストとゲスト）のストーリーを書き出すことが必須である。なぜなら、一方のカスタマー（ユーザー）のジャーニーマップだけでは、ストーリーが成立しないからだ。

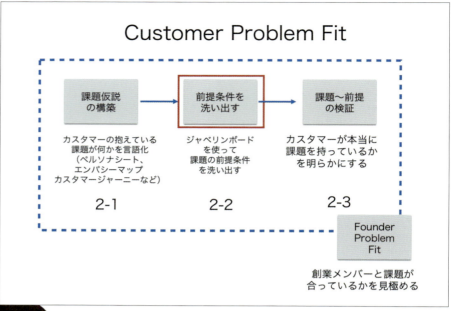

図 2-2-1

2-2 前提条件を洗い出す

注）ジャベリンボードは米ジャベリンが公開していた枠組み。課題仮説、ソリューション仮説などを深掘りするための枠組みだ。現在の同社サイトではウェブ版ジャベリンボード（ベータ版）のログイン画面になっている。

ジャベリンボードの使い方

ジャベリンボードとは？

ペルソナ像から始まり、カスタマージャーニーまでの一連の作業によって、課題仮説は、より臨場感あふれるものになったはずだ。

見えてきた課題仮説をさらに深掘りする手段として、私は「ジャベリンボード」をお薦めしたい。

ジャベリンボードは「カスタマー」、「課題」、「ソリューション（解決法）」、「（課題の）前提条件」をセットにした仮説について、実際のカスタマーへのインタビューなどを通じて課題とソリューションの妥当性を検証していくための便利な可視化ツールだ。

カスタマージャーニーを書き出すと、複数の課題仮説が出てくる。ジャベリンボードを使うと、実際はどの課題の痛みが強いのか、代替案は役に立たないのか、前提条件が適切なのかといった要素を絞り込むことができる。

このパートではジャベリンボードの前半分にあたる、カスタマーと実際に対話をするまでの流れを取り上げたい。

4つの要素についてブレストする

ジャベリンボード活用はメンバー同士でのブレインストーミングから始まる。

Chapter 2 | CUSTOMER PROBLEM FIT

図 2-2-2

ジャベリンボード

ここのブレストから始める	実験	1	2	3	4
カスタマーは誰か？	カスタマー				
	問題				
課題は何か？	ソリューション				
	最も不確かな前提条件				
そのためのソリューションは？	検証方法検証基準				
検証するべき前提は？	結果				
	学び				

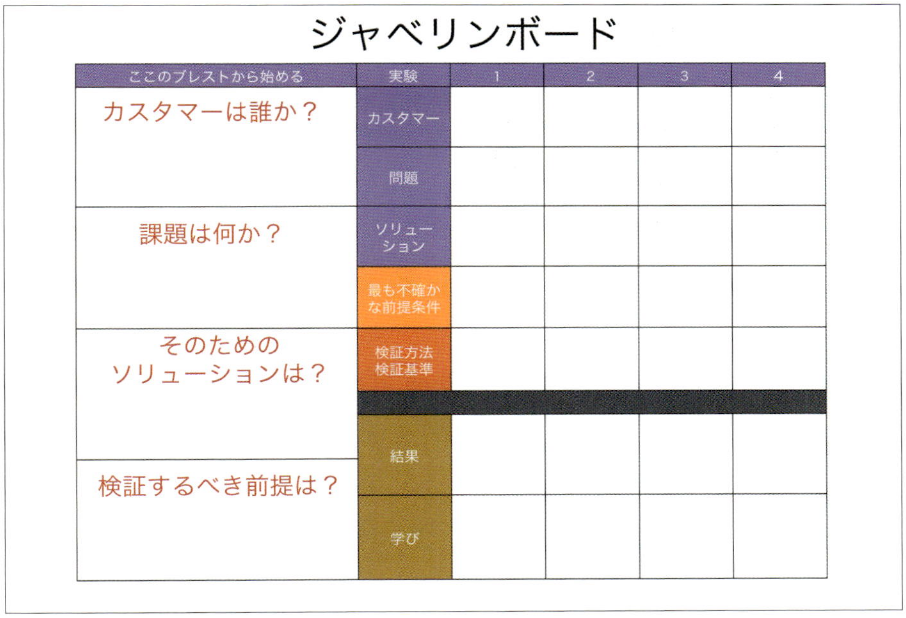

ブレストする内容は「カスタマー」「課題」「ソリューション」「（課題の）前提条件」の4つだ。

ステップ①カスタマーは誰か?

まずはカスタマーの仮説を立てる。

既にペルソナ像を作っているので、それをベースにカスタマーについて改めてブレストする。そこで出てきた要素をジャベリンボードに貼っていく。

Anywhere Onlineの想定ペルソナなら、無料Wi-Fiのカスタマーといってもキャサリンのようなインバウンド旅行者なのか、ビジネス出張者なのか、短期滞在者なのか色々考えられる。その候補の中で「最も確からしいカスタマー」を選び、ボード右側の「実験1」（図2-2-2では「1」）の「カスタマー」欄に移動させる（2-3で有力なカスタマー候補へのインタビューを行うが、インタビュー相手を絞り込む時、この想定を活用する）。

ステップ②課題は何か?

ステップ①で選んだカスタマーが抱えている課題は何かをブレストする。カスタマージャーニーを既に作っているなら、

そこから導き出される課題仮説をボード右側の「実験1」列にある「問題」欄にプロットする。

ステップ③ソリューションは何か?

カスタマーと課題を絞ったら、その課題を解決できる「最も有効と思われるソリューション」をブレストして、ボードの右側に移す。

この時点では、ソリューションにどれほどの妥当性があるかはそれほど重要ではない。ソリューションの内容については、第3章で磨き込めばよい。

Anywhere Onlineの例では、無料でWi-Fiを使える代わり、カスタマーには広告視聴をしてもらうビジネスモデル（ソリューション）を考えた。

ステップ④前提条件は何か?

カスタマーと課題とソリューション。この3つの仮説が立てられたら、すぐに検証に移ればいいというわけでない。ジャベリンボードはカスタマーが抱える課題仮説が成り立つ前提条件を検討するために活用するツールだ。

例えば「公共機関のWi-Fiが外国人旅

図 2-2-3

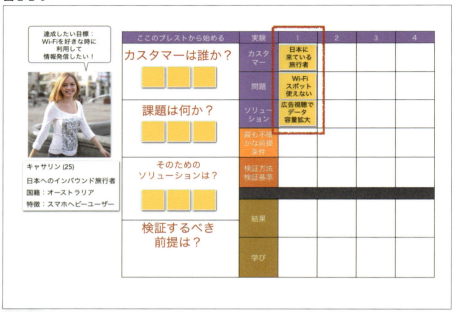

行者にとって使い物にならない」という課題仮説があった時、実際に空港や電車内などの公共Wi-Fiがどれくらい使えるのかを具体的に調べてみる。

どの空港のWi-Fiがどの程度の速度なのか、どの路線の電車でWi-Fiが使えないのか、コンビニWi-Fiで各国語対応（特に英語）対応していないところはどこか、などをリサーチしてみる。

また、想定する旅行者が携帯型のWi-Fiルーターを持っていたり、事前登録のスマホ用SIMカードを購入したりすることが多いなら、カスタマーが困っているというサービスの前提が崩れてしまう（つまり、カスタマーの有効な代替案がある状態だ）。

よって「旅行者はモバイルWi-Fiルーターを持っていない」ということが検証すべき前提条件として見えてくる。

課題仮説が成り立つためには、どんな前提条件が必要か、いろいろと考えられるはずだ（下に列挙してみた）。

● スマホを持って旅行に来ている（Anywhere Onlineのアプリを利用できる）。

● 日本の高速な無料Wi-Fiスポットを知らない。
● 動画などの重い作品を視聴する。
● SIMカードを来日前に調達していない。
● 日本で使えるモバイルWi-Fiルーターを本国から持ち込んでいない。
● 空港のWi-Fiが遅い。
● 駅のWi-Fiが遅い。
● 電車内のWi-Fi利用料金が高い。
● 移動中、頻繁にインターネットを使う。

こうした前提条件を付箋に書き出したら、前提が崩れた時のインパクトの大小と、検証が必要か不要か（つまり前提条件は自明の事実かどうか）という2軸で付箋をマッピングしていく。

その結果、「インパクトが大きくて、なおかつ検証が必要な」前提条件が抽出できるので、それをジャベリンボードの右側で「実験1」の列の4番目「最も不確かな前提条件」のところに貼る。

こうして付箋を張り出すことで、メンバー全員が検証の進捗を理解できる。

ステップ⑤検証方法・検証基準を決める

最後は、ステップ④で見つけ出した「前

図 2-2-4

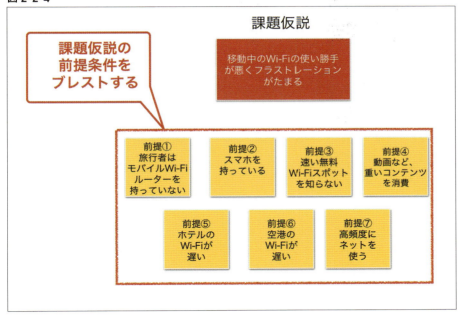

図 2-2-5

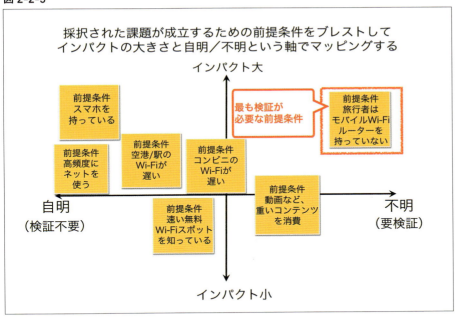

提条件」の検証方法と基準を決める。

　例えば、想定カスタマーが「モバイルWi-Fiルーターを持っていない」ことを調べるには、空港でバックパッカーの若い女性を探して直接尋ねる方法などが考えられるだろう。

　その際、「ルーターを持っていないと答える旅行者の割合が6割以上だったら前提が成り立つ」と判断する、というように自分たちで基準を決めておく。妥当性を検証するには最低5人以上のインタビューをするなどの基準もよいだろう。前提条件を見極める実験を何度も繰り返し、検証の精度を高めていく。

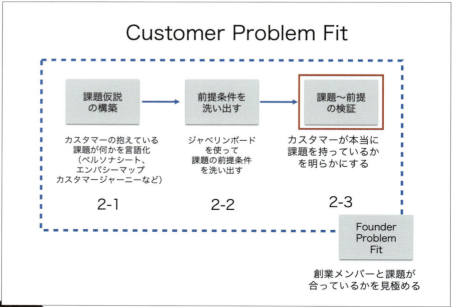

2-3 課題〜前提の検証

Get out of the building!

エバンジェリストを探す

検証するべき前提条件が洗い出され、言語化されてきたら、いよいよ、カスタマーと直接対話することになる。ジャベリンボードの「実験」にて抽出した仮説が正しいのかどうかを、想定カスタマーたちに直接確認する。

課題仮説の磨き込みなしに、カスタマー候補と話をすることは、無駄が多くなるので、注意が必要だ。課題仮説もない状態では、まともな質問もできない。Get out the building!——"建物を飛び出す"のは、磨き込み後である。

カスタマーインタビューの相手はどう選定すればいいか。そこにもコツがある。その辺りの道を歩いている人をつかまえたり、SNSでランダムに話しかけたりしても、あまりインサイトは得られない。

話を聞いてみるには、スタートアップが仕掛けるような新しいプロダクトやサービスの初期ユーザーとなり得る「エバンジェリスト」や「アーリーアダプター」を選ぶことをお勧めする。

流行に敏感で、自ら進んで情報収集を行い、判断する人。他の消費層への影響力が大きく、オピニオンリーダーとも呼ばれる人だ。

起業家教育に力を入れるスティーブ・ブランク氏は、エバンジェリストカスタ

注）「エバンジェリスト」とは、最先端の技術や製品のことを周囲に広めてくれる人。もともとはキリスト教の伝道者という意味。

Chapter 2 CUSTOMER PROBLEM FIT

図 2-3-2　顧客セグメントが他の項目を左右する

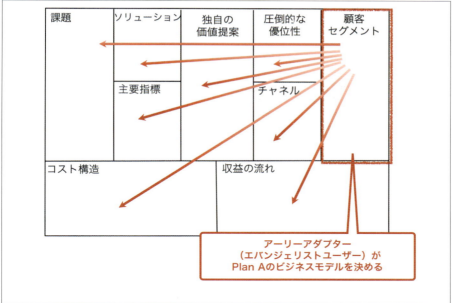

マーの特徴について以下の5つの特徴を挙げている。

- ソリューションの予算を確保している
- 製品の寄せ集めでなんとかソリューションを持っている
- 積極的にソリューションを探求している
- 課題を認知している
- 課題の探求をしている

不都合な状態に対して敏感で、積極的にソリューションを探しているような人が該当する。こういう人は、普通の人に比べて、不都合な状態を言葉にしたり、その不都合な状態を解決するための代替案に対する批判的な意見などを持ち合わせており、非常に参考になる。

別に技術オタクである必要はなく、誰でもある特定の分野のエバンジェリストカスタマーになり得るのだ。

もし、あなたが登山家のSNSを作っている場合なら、登山歴40年の65歳の登山愛好家の意見は非常に参考になるだろう（つまり、スマホすら持っていないアナログな人であってもエバンジェリストカスタマーにはなり得る）。

"伝道師"カスタマーの探し方

エバンジェリストカスタマーやアーリーアダプターに該当するユーザーはさほど多くない。

一般ユーザーにインタビューをして情報を集めるのもいいが、現状のやり方や代替案に満足している場合が多く、インサイトを得る機会が少なくなる。

エバンジェリストカスタマーを探す方法はいくつも考えられる。

- 知り合いから紹介してもらう
- ツイッターの「高度な検索」機能を使い関連する単語を検索する
- フェイスブックグループなどのフォーラムを活用する
- スポットコンサルティングを利用して探してみる
- 関連するカンファレンスや展示会に参加する（専門家のコミュニティーに入っていくことはとても有効だ）
- 現場を訪れる（あなたが、登山SNSを作っているなら、ユーザーがいる山に

行くことだ）
- （辞めていないなら）社内で探す（社内に情報感度の高く、課題を顕在化して常に新しいソリューションを探している人がいるはずだ）
- 関係する業界の人が知り合いにいたら、ランチをご馳走する

注）ビザスクは、ある情報を知りたい人とその情報の専門家をマッチングするサービス。
http://service.visasq.com/

このうち特にお勧めなのが、スポットコンサルティングだ。日本でいうとビザスクのような各分野の専門家からスポット的にコンサルティングを受けられるサービスは、スタートアップが課題の質を上げたい時に強い味方になる。

例えば保育園向けのプロダクトを検討しているものの、ファウンダーに保育園の現場経験がないとしよう。保育現場を取り巻く状況やその課題、現状の代替案の不全を知らなければ、痛みの原因になっている潜在的な課題を発見することができないだろう。

でも、ビザスク経由で保育業界の人10人とそれぞれ1時間インタビューできたら、ステークホルダーのペルソナ像（幼児、家族、保育士）もカスタマージャーニーも描きやすくなるだろうし、現場でしか分からない課題も見えてくる。

プロブレム インタビューの心得

インタビューの5つのポイント

エバンジェリストカスタマーとコンタクトすることができたら、実際のインタビューに移る。

フォーカスグループなど複数人でインタビューを設定する場合があるが、より深い本音を引き出したりするために、周りに気を使わない一対一のインタビューを設定する。

ここではカスタマーインタビューをする上での心得についてまとめてみた。
ポイントは5つある。

①インタビュー相手のことをよく知る
②インタビュー相手の弟子になる
③インタビュー相手の非言語コミュニケーションに注目する
④インタビューオーナーになる
⑤インタビュー相手の話を分析する

ポイント①
インタビュー相手のことをよく知る

質問を通して相手のことをしっかり理解し、125ページで示したエバンジェリストカスタマーとしての5つの要件を満たしているか確認しよう。

ちなみに以下の質問をしてみて具体的な回答があれば、エバンジェリストカスタマーである可能性が高い。

- 「現状の課題を解決するためにどのような代替案を利用していますか？」（How）
- 「その代替案の不満なポイントはどこですか？」（What）
- 「この課題を解決できるなら、いくらの予算を確保できますか？」（How much）

インタビュー相手が深く課題について考えている人だった場合、つまり、エバンジェリストカスタマーだった場合は、複数回、課題に関してインタビューすることや、この先にソリューション仮説ができた時のインタビューのお願い、Minimum Viable Product（MVP、実用最小限の製品）を使ってくれないかなどのお願いをしてみよう。場合によっては、報酬を渡して、アドバイザーになってもらってもいい。

課題仮説は、こうしたエバンジェリストカスタマーとの対話によって磨き込ま

Chapter 2　CUSTOMER PROBLEM FIT

れていくものである。

ポイント②
インタビュー相手の弟子になる

相手のことが少し理解できて有益なインサイトを持っていると思ったら、その人の弟子になるくらいの気持ちでインタビューに臨みたい。

自分の持っている思い込みや想定は、いったん脇に置いておき、素朴な疑問や、"そもそも論"の質問をしてみる（そもそも、なぜこの業務が必要なのか？ そもそも、なぜ業務が非効率のままずっと放置されているのか？ など）。

その中で、「特に理由がないが、慣習でそうなっているので仕方がない」とか、「業界を牛耳っているサプライヤーがいて仕方がない」など、その業界特有の状況や課題などが見えてくる（こういった情報は、何年も、その業界にいなければ分からないことも多い）。

そうした情報を得るには、具体的には「教えを請う」→「根掘り葉掘り聞く」→「確認する」→「話の中から質問を見つける」というコンテクスト（文脈）に沿って質問をしていくといい。

★コンテクスト質問のフローA
[教えを請う]

言語化されていないところも含めて師匠から学ぼうとする姿勢が重要だ。

留意すべきは、カスタマー（インタビュー相手）は「日々の活動」「タスク」「オペレーション」の専門家ではあるが、それを言語化（課題の顕在化）することには慣れていない。その作業を行うのはインタビュアーの仕事であることを念頭に置く必要がある。

★コンテクスト質問のフローB
[根掘り葉掘り聞く]

情報を引き出すためには「Focus on listening – not pitching（ピッチせずに、聞くことに専念する）」、そして「Shut-up and listen to customer（黙ってカスタマーの声を聞く）」という考え方が基本姿勢になる。

イエスカノーでは答えられない「オープン・クエスチョン」を投げかけて、インタビュアーはしばらく黙ると、相手のインサイトを深掘りしやすい。

さらに話を引き出すために「なるほど、それは非常に興味深いですね。もっと詳しく教えてもらえますか？」と、相手がさらに話したい気分になる答えを返すと効果的だ。

インタビュー相手も、普段、自分の行動やタスクについて、深掘りしているわけではないので、話している中で色々気づくことがある。「今、こうやって話していて気づいたんですけれど、実は――」という話を、どれだけ引き出せるかがポイントだ。

★コンテクスト質問のフローC
[確認する]

相手の発言を自分なりに解釈して独り合点してしまうこともよくある話だ。それを防ぐためには傾聴をしつつも、要所要所で内容を確認する必要がある。

方法としては相手の言ったことをそのまま繰り返して発言をさらに引き出す「リピート」、要点をかいつまんで確認する「要約」、相手の言葉を自分の言葉に置き換えて確認する「パラフレーズ」などがある。

確認作業をすることでカスタマーは自分の話をしっかり聞いてくれていると認識するので、よりオープンにインタビューが進むという副次効果もある。

★コンテクスト質問のフローD
[話の中から質問を見つける]

インタビュアーの役目は事前に用意した質問を投げることよりも、カスタマーの話をじっくり聞き、新たな質問を見つけていくことにある。じっくり話を聞い

注）ピッチとは、スタートアップが想定カスタマーやベンチャー・キャピタリストを前にして自分たちのアイデアがどんなに優れているかをプレゼンすること。

注）オープン・クエスチョンに対し、イエスカノーでさっと解答できる質問をクローズド・クエスチョンという。

ていれば、おのずと新しい疑問が湧いて
くる。その中から次の質問をして、また
じっくり聞くという繰り返しが成果が出
やすいスタイルだ。

　カスタマーインサイトを効率的に集め
ることができる質問のスキルは、限られ
た時間を最大限生かすために重要である。

　コンテクストに沿ったこうした質問で
カスタマーが抱える真の課題を引き出す
ために最も重要となるのが「フローB」
の「根掘り葉掘り聞く」ことである。
　改めて「フローB」の段階で、相手に
投げかけるといい質問のポイントと、具
体的な質問リストをまとめておく。

【フローBで質問するポイント】
●「未来」ではなく、「今」に注目する
　現在の行動こそが、明日を想定する最
も良いヒントである。「今後はどうする
予定ですか」「どうしたいですか」より
も「今どうしていますか」と尋ねるほう
がいい。「この製品が出たらいくらまで
お金を払ってもいいですか」よりも「現
在この課題の解決にいくら払っています
か」と聞く。人は将来の判断や想定を大
概間違うものだからだ。

●「抽象的」でなく「具体的」な質問をする
　具体的な質問のほうが、臨場感のある
インサイトを引き出せる。例えば、「ど
のくらいの頻度で？」ではなく、「それ
は過去1カ月に実際に何回起きました
か？」と具体的に聞くといい。

●「結果」ではなく「プロセス」を質問する
　結果がどうなったかを聞くのではなく、
その過程を段階を追ってストーリーで語
ってもらうことで、課題の背景やコンテ
クストをつかむことができる。言葉で説
明してもらうよりも、現在の結果につな
がったプロセスをチャート図などで示し
てもらうと分かりやすい。

●「解決策」ではなく、「課題」を尋ねる
　自分が作っているプロダクトの機能に
ついて話すことは避け、カスタマーの持
つ課題にフォーカスする。「この課題の
痛みを10段階で評価するとどれくらい
ですか？」など、課題の大きさをある程
度定量的に評価できるように質問する。

【フローBでの具体的な質問リスト】
・現在＜タスクやオペレーション＞をど
のように行っていますか。どんな時、ど
んな目的、どんな場所で、誰と一緒のと
きに使いますか。
・＜タスクやオペレーション＞のワーク
フローを教えていただけますか。もし可
能ならば再現してもらえますか。もしく
はプロセスをホワイトボードに書いても
らえますか。
・その＜タスクやオペレーション＞はど
れくらいの期間続けていますか。そもそ
も、始めたきっかけや理由は何ですか。
・その＜タスクやオペレーション＞を
する時に何か課題や、面倒くさいこと、非
効率なこと、満たされないこと、苦痛を
感じることはありますか。なぜそう感じ
るのですか。
・＜相手の名前＞さん流の＜タスクやオ
ペレーション＞のやり方はありますか。
どのように工夫されていますか。裏技、
ツール、アプリ、とりあえず代替案とし
て使っている製品などがあれば教えてく
ださい。
・その代替案の具体的な手順を教えても
らえますか。
・その代替案の不全ポイントはどこです
か。どれくらいの時間とコストがかかっ
て、どういったところが一番不便に感じ
たり、面倒に感じたりしますか。

　スタートアップのインタビューであり
がちな間違いは、答えありき（自分たち
の作りたいソリューションありき）の誘
導尋問をしてしまうことだ。それでは、
カスタマーのインサイトにたどり着く効

果的なインタビューにはならない。

例えば「なぜ××という課題を解決するために○○をしないのですか?」という質問をして、「確かにそうですね、○○をすべきだと思います」と答えが返ってきても、そこにインサイトはない。

ポイント③
インタビュー相手の非言語コミュニケーションに注目する

インタビューの受け答えから、相手がエバンジェリストカスタマー(もしくはアーリーアダプター)ではないと分かることがある。そのインタビュー相手が、対象となる課題を十分に意識していなかったり、代替案すら考えたことがなかった場合だ。そうした人から、色々とインサイトを聞き出すのは難しい。

インタビュー相手が、真摯に課題に向き合っているエバンジェリストかどうかは、以下のような点から理解できる。
・表情(真剣な表情か、痛みを語る時の表情が切実か)
・仕草(インタビューに集中しているか、否定的なボディーランゲージをしていないか)
・態度(前のめりの態度か)
・発言(「今話をしていて、気がついたんですが」といった言葉で普段から課題を意識していることが分かる)

ポイント④
インタビューオーナーになる

これは、インタビューの最も重要なポイントだ。ファウンダー自らインタビューをするということだ。

ファウンダーがカスタマーの立場に立ち、痛みやニーズに関して深い理解があること、カスタマー目線で、ストーリーを語れることが、人が欲しがるものを作るための前提条件となる。

Airbnbの共同創業者、ブライアン・

チェスキー氏は、サービスのローンチ(投入)後にニューヨークの家主(ホスト側)を一軒ずつ訪問して話をした。

その対話の中で2つの大きな気づきがあった。一つは、家主には宿泊料をいくらにすればいいのか分からない人が多かったこと。もう一つは、家主が皆、写真が下手な上、2009年当時は、写真をアップロードする方法が分からない人が多かった。

そのために、実際には素敵な部屋であるにもかかわらず、写真が薄暗く、部屋が汚く見えることが多かった。チェスキー氏は、写真家を雇うお金がなかったので、美術大学に通う友達からカメラを借りて、自分で部屋の写真を撮って回ったのだ。結果として予約率は劇的に向上した。現地(ニューヨーク)、現物(ホストの家)に行かなかったら気づかなかったインサイトだろう。

ポイント⑤
インタビュー相手の話を分析する

カスタマーからのフィードバックをそのまま額面通りに寄せ集めただけでは、多くの学びは得られない。アーリーアダプターであってもカスタマーの声は表面的であることが多い上に、人の話はすぐに飛ぶため情報量が多すぎたり、断片的だったりする。ただ単にインタビューをして、その文字起こしを眺めていても、潜在的に本当に欲しいものが何かを見つけるのは難しい。

アップル創業者、スティーブ・ジョブズ氏の有名な言葉を引用しよう。

"You can't just ask customers what they want and then try to give that to them.By the time you get it built, they'll want something new."
(カスタマーに何が欲しいか尋ねて、それをそのまま提供しようとしてはいけな

注)スティーブ・ジョブズ氏の発言は以下より引用。https://www.inc.com/magazine/19890401/5602.html

図 2-3-3

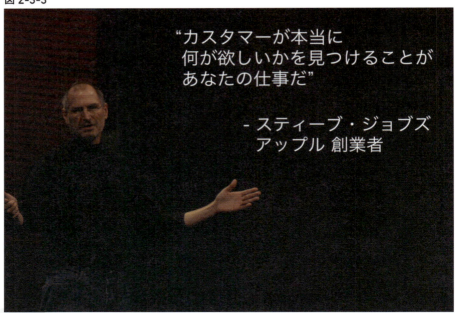

い。それが完成した時には、きっと彼らは新しいものを欲しがるだろうから）。

自らが本当に欲しいものが何かを明らかにするのはカスタマーの仕事ではない。カスタマーが本当に欲しいものを見つけることは、スタートアップがすべき仕事だということだ。

他の誰もまだ言語化できていない「欲しいもの」を見つけることは、決して簡単なことではない。ユーザーが言語化した表現を分析し、その奥にある、不全な状態に対する心情を読み解いていくのは、面倒だし時間がかかる。

しかし、プロダクトの全体設計を受け持つファウンダー自ら、カスタマーの本当に欲しいものが何かを深く知っていることが、大企業に対するスタートアップの最大の競争優位性になるのだ。

KJ法を使って体系的な分析

インタビュー結果をベースにして課題の真因を言語化（イシュー化）する手段として有効なのがKJ法である。1967年に考案された古典的な手法ではあるが、現在でも十分使えるツールだ。

KJ法の手順は次の6つに分けられる。

①インタビューデータを集める
②データを細かい単位に分ける
③カードを平面上に展開してグループ化する
④グループごとに適切なラベルをつける
⑤グループ同士の関連性を書き出す
⑥課題の真因を言語化する

KJ法の具体的な方法についてはインタビューのサンプルと、その結果をKJ法で整理したものを用意したのでそちらを参考にしてほしい。

カスタマーインタビューの例

以下の例は、オンライン学習サービスのスタートアップを想定する。

Q　どんなオンライン学習をしていますか?

A　そうですね、僕は英語ができるので、UdemyとかCourseraとか、Schooとか、ドットインストール（dotinstall）とかをやっています。

Q　そこではどういう学習をしている

注）KJ法について、より深く学びたい場合は、考案者である川喜田二郎氏の著書『発想法 改版』（中央公論新社）が参考になる。

図 2-3-4

KJ法の手順
（イシュー化するメソッド）

 ①インタビューデータを集める

 ④ひとまとめにしたカード群にそのグループを適切に表す表札をつける

 ②データを細かい単位に分ける

 ⑤グループ相互の関連性を最も論理的に説明できるようカードを並べる

 ③カードを平面上に展開してグループ化する

 ⑥課題の本当の原因（真因）を言語化する

のですか？
A 僕はエンジニアではないので、エンジニアのスキルを身につけるためのプログラミングとか。あとはデザインのやり方とか、イラストレーターの使い方とか。
Q この1カ月で、どのくらい学習しましたか？
A 週に2、3回ですね。1回で30分くらいです。
Q なるほど。もう少し、どのような感じで学習されているか、詳しくお聞きしたいのですが。
A 今やっているのはUdemyなんですけど、オンラインでビデオが流れてくるので、週末のカフェとかでビデオを再生して見ています。
Q 学習の進め方を教えていただけますか。どんな感じで始めて、どのように知識を吸収しているのか実際に見せていただけますか？
A （デモを見せながら）Udemyというのは講座を最初に購入して、一つの講座につき5〜10分のビデオが平均50個くらいあって、それを順番に見ていく感じですね。分からない点があれば、ディスカッションボードを見たりしますが、的を射てない質問も多いので頻繁には見ません。
Q どんな感じで、知識を吸収しているのですか？
A 知識が吸収できているかは、正直確認していないかもしれません。ビデオを消化しているのでそれが自分の進捗と思ってやっています。
Q 他の何かを組み合わせて、学習していますか？
A プログラミングの本を結構持っているので使おうと思っていますが、本を開きながらオンライン学習はしません。オンラインの内容と本の中にある内容が紐付いていないので、いちいちそれを探しているのは面倒くさいからです。
Q なるほど、興味深いですね。なぜ面倒くさいと感じるのですか？
A 教えている内容が本とビデオによって微妙に違ったりするので、ベターな方法はどちらなんだろうと迷ってしまう。そうすると、コンテンツそのものに疑問が生じ、やる気がそがれてしまうんです。

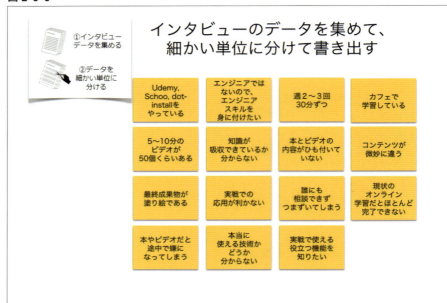

図 2-3-5

Q　もう少しUdemyというオンライン学習についてお聞かせいただきたいんですが、最終的にどういった成果物を作ったりするんですか？
A　課題が用意されていて、それを進めていく感じですね。どちらかというと塗り絵に近い感じです。
Q　なるほど。塗り絵に近いということはどういうことか、もう少し詳しく聞かせていただけますか？
A　ツールの使い方などは理解できるんですが、応用が利かない。どれだけ塗り絵をしても、真っ白なキャンバスにゼロから絵を描けないじゃないですか。オンラインコースの問題はそこにあると思いますね。
Q　他にも何か問題として意識していることはありますか？
A　先ほども言ったのですが、オンラインの教材と本の教材を並行して使っていると、ズレがあったりするので、迷ってつまずいてしまいます。つまずいても誰にも相談できないので、挫折してしまいますね。
Q　これまでのオンライン学習のコース修了率はどれくらいですか？
A　低いと思います。プログラミングの本も20冊近く買ったのですが、その本の中にある課題をきちんとやったことはほとんどないですね。
Q　なぜ本の中の課題ができないのでしょうか？
A　オンラインと一緒ですが、本の課題も塗り絵に近いので、途中で嫌になっちゃうんですね。こんな塗り絵をやっていても、本当に身につくんだろうかという疑問を持ってしまい、途中でやめてしまいますね。

KJ法のポイント

　サンプル事例の中で、KJ法の分析結果から導き出された「現在の学習方法」における課題の真因（カスタマーが不満を覚えている具体的な理由）は、「コンテンツの問題」「成果物の問題」「学習方法の問題」「モチベーション維持の問題」の4つあることが分かった。

　インタビューをして、ただ単に文字起こしをするだけでは情報が整理（事象の奥にある因果関係を明確化）できない。

図 2-3-6

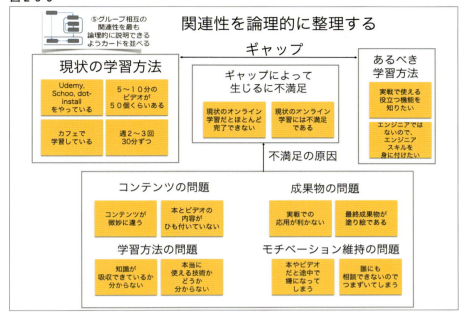

　インタビュー内容を分析して「建前」や「リップサービス」、もしくは「表面的な素人分析」といったノイズの奥から本音、潜在的課題、現象の裏側にある真因を引き出せるかが、Customer Problem Fit（CPF）に取り組むこの章におけるフォーカスだ。

　言い換えると、課題は「現状と理想のギャップ」である。「相手の現状を知る質問」と「最終的に成し遂げたいことを知る質問」を聞いて、現実と理想のギャップがどこにあるのかを明確にするのがポイントだ。そのギャップを埋めるための阻害要因が何なのかに注目して、質問をしていくと、インタビュー相手（課題の当事者）ですら気づいていなかった、ポイントを発見できることがある。

　インタビュー相手が「今こうやって質問されて改めて気がついたのですが」という発言があったら、そこにインサイトがある可能性が高い。

　KJ法活用の注意点を3つ記しておこう。

ポイント①ボトムアップで分析する

　先にグルーピングありきで考えるのはよくない。生の声（細目・具体的事実）から全体を積み上げて整理していく手法（ボトムアップアプローチ）で実施する。

ポイント②単語に惑わされない

　例えば「待機児童」という単語が複数のカードにあった時に、それらを単純にまとめるようなことはしない。カードを眺めて、「So what？（＝つまりこれはどういうことか？）」という思考をする。表面的な単語ではなく、一段抽象化したところで、カードグルーピングする。

ポイント③全部のカードを分類する

　どのグループに分けていいか迷った揚げ句、「その他」のラベルを作って処理してしまうケースがよくあるが、そうした横着は避け、最終的に全てのカードをいずれかのグループに分類する。

　ちなみに先ほどのインタビューとKJ法分析は、あくまでサンプルなので整然としているが、実際のインタビューはもっとノイズが含まれるし、最低でも5人にインタビューしないとロジックの大枠すら見えてこない。私自身はこのステージで最低でも20人近くインタビューを実施する。安易な"でっち上げ課題"に飛

図 2-3-7

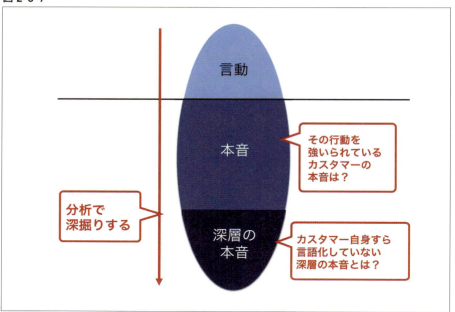

びっくりのを防ぐためだ。

インタビューのチェックリスト

改めてカスタマーインタビューのチェックリストを用意した。一通り質問をしたら、このリストをざっと眺めて聞き忘れがないか確認しよう。

Qualification Question
（インタビュー対象としての要件を満たしているかを確認できたか？）
- ✔ インタビュー対象者はエバンジェリストとしての条件を満たしていたか（課題を認知しており、積極的にソリューションを探求している。そして、現状は何らかの代替案を活用して解決しようとしているか）
- ✔ リップサービスをしていなかったか（課題の痛みを感じていないのに、インタビューを受けたので、あたかも喫緊な課題があるような話をする人は要注意だ）
- ✔ 十分な人数に質問できたか（最低でも5人に質問したか）

Existential Question
（課題の存在を確認できたか？）
- ✔ 提示した課題や痛みを感じるポイントが確実に存在することを、カスタマーから確認できたか
- ✔ 課題に対する痛みは、どれくらいシビアで頻繁にあるものだろうか
- ✔ この課題に対して、カスタマーは強い感情を表したか
- ✔ 課題は解決できるものか
- ✔ 課題は解決されるべきであるとカスタマーは信じているか
- ✔ カスタマーの置かれている環境で、課題解決できない制約条件があるか
- ✔ カスタマーすら気づいていなかった潜在的な課題を引き出せたか（「今、気づいたんですけど、実はXXXってすごく大きな課題ですね。今までそれは課題として意識していませんでした」というコメントが得られたか）

Alternative Question
（現状の代替案を確認できたか？）
- ✔ カスタマーは現在、その課題を解決しようと何か投資をしたり、代替案を活用したりしているか

図 2-3-8

課題を抱えていそうなユーザーの
ジョブシャドーイングを実施する

ジョブシャドーイングとは
調査者がユーザーの特定の活動を観察して、
ユーザーの行動と経験を記録する方法のこと

写真=iStock

✔代替案の不都合は何か（どれくらいの労力、コスト、リソースがかかっているか。不便、不満に思っているか）

ジョブシャドーイング

　インタビュー以外にもユーザーの実態を知る有効な手段として、ジョブシャドーイングという方法もある。調査者がユーザーの特定の活動を観察してその行動と経験を記録していく方法で、製品開発の現場でよく使われている。

　特に日本人は、自分の行動や課題を言語化することに慣れていないので、インタビューをしても、インサイトを得られにくい場合が多い。欧米では、自分の好きなことをクラスメートにプレゼンする場（Show&Tell）があるなど、言語コミュニケーションが叩き込まれている。

　ジョブシャドーイングを行うとユーザーが特定の活動中に、何かの問題に直面したらすぐに分かる。サービスやプロダクトと顧客のタッチポイントをリアルタイムで把握するには、現場を見なければ見えてこない面もある。

　ジョブシャドーイングをしている時は、特に以下のような要素を観察、もしくは直接ユーザーに問いかけるといい。

・時間を取られている特定作業はあるか
・同じことを繰り返すことになっている作業はあるか
・問題や面倒な事態を避けようと、最適でない策を取っていることはあるか
・フラストレーションがたまっていることはあるか
・覚えなければならない手順や身につけないといけないスキルで不必要だと思っていることはないか（コンピューターが代替できそうなものはあるか）
・紙のリスト、エクセル、メモなどバラバラな道具を同時に使っていないか

　上記で述べてきたようなインタビューと観察を続けていく中で、誰もまだ気づいていない（解決策を出していない）けれども、実は根が深い課題を発見したりすることができる。

　そうした未解決かつカスタマーの痛みが強い潜在課題をファウンダー自身が見つけていくことが、このステージの最も重要な注力ポイントだ。

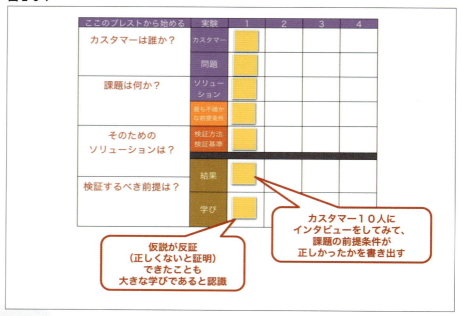

図 2-3-9

仮説を修正していく

ジャベリンボードに結果と学び

　改めて、ジャベリンボードを使った作業に話を戻そう。ここまで進めてきたカスタマーインタビューは、自分たちが立てた課題仮説やその前提条件を検証、また潜在課題の発見や、現状代替案の不全性を明らかにするために行ってきた。

　10人にインタビューしたら、その結果をKJ法などで総合的に分析して、その結果と学びをジャベリンボードに書き出しておこう。

　また、不確実な前提条件はたくさんあるはずなので、1回のサイクルでカバーできなかったら、残りは次回以降のサイクルで検証していけばよい。

　こうやって仮説構築（ブレインストーミング）と実証（インタビューやジョブシャドーイング）のサイクルを5、6回繰り返せば、フォーカスすべき課題はおのずと見えてくる。

　既に有効な代替案があったり、課題に対する痛みが深くなかったりするなど、自分たちの課題仮説が反証されたとしたら、それも大事な学びになる。

　スタートアップは、自らのプロダクトを形にしようと、焦って課題仮説を大した根拠もなく"でっち上げ課題"として昇華することが多い。反証された課題仮説は、時間をかけるだけ無駄なので、捨て去る意思決定が必要だ。

20人以上にインタビューしよう

　一つの課題仮説に対して最低何人くらいにインタビューをすればいいのかというと、目安は20人だ。

　ヤコブ・ニールセン氏が打ち出した「マジックナンバー5」というコンセプトがある。ユーザビリティー（プロダクトの使い勝手）の問題をあぶり出すテストを行った際のテストユーザー数と問題発見率の関係を示したものだ。

　ここでいう5人のユーザーとは、同一セグメントのユーザーだ。同じセグメントのユーザー5人と話すと問題の80%は発見できると言われている。

　ただし、プロブレムインタビューの場

合、最初はインタビュー相手が同一セグメントのユーザーか否か、切り分けもままならない。インタビューを重ねる中で、カスタマーのセグメントが徐々に、プロットできるようになる。よって、仮にプロットを4象限で分けて整理すると考えた場合、20人のインタビューが必要になるということだ。

なお、インタビューした相手が本当にエバンジェリストカスタマーで貴重なインサイトを多く与えてくれる人だと分かったら、金銭的報酬を与えるなり、プロダクトを最初に試す権利を約束するなりして、顧問アドバイザリーとして協力してもらえないか相談するといいだろう。ユーザー目線で遠慮なくフィードバックをくれる人ほど重要な存在はない。

面倒な作業だから差が生まれる

課題仮説の検証（CPF）の流れを説明してきたが、この手順を面倒と感じてはいないか。早く形に見えるソリューション作りに取りかかりたくて、うずうずしているだろう。よく考えてほしいが、ここで紹介した作業に必要なものは、2、3週間の時間とインタビュー相手への謝礼だけだ。

課題仮説の検証をせずにいきなりMVPを3カ月と100万円かけて作り、課題解決にかすりもしないソリューションを作ってしまったらどうなるだろう。プロダクトらしきものはできたので、何か達成した気にはなるが、実は何も学んでいないのだ（カスタマーインサイトを習得していない）。実際、そういうスタートアップが多すぎる。

最新のテクノロジーを使い、デザイン性の高いものを世に打ち出しさえすれば、それがSNSで拡散して、一気に多くの人に使われるようになると想定している人がいたら、それは捨て去るべきだ。

スタートアップは一番最初の段階が、ある意味一番泥臭いのだ。プログラミングスキル、デザインスキル、データ解析スキルなどの実装スキルよりも、仮説構築スキル、ヒアリングスキル、コミュニケーションスキルなどの対人スキルが重視される。

そして、何よりも、ファウンダー自身が、現地・現場に行き、現物（カスタマー）と対話と観察をする三現主義を徹底しなければならない。

「カスタマーに対する理解が深まるにつれて、提供するプロダクトの質がどんどん上がっていく」と、エリック・リース氏は著書『リーン・スタートアップ』で語っている。

CPFの終了条件

最後に、課題仮説の磨き込みを繰り返すCPFを終えて、次の段階に進むための終了条件を確認しておこう。

✔課題が存在する前提条件をしっかり検証し、課題が存在することが確認できたか？
（課題はカスタマーの十分な痛みを伴うものか？　カスタマー自ら言語化できていなかった潜在課題を見つけることができたか？）

✔課題を持っている顧客イメージ（ペルソナ、カスタマージャーニー）を明確にできたか？
（特にBtoC市場を狙うスタートアップの場合は、課題を持っている顧客の心理状態を明確化できたか？　BtoB市場を狙う場合は課題を持っているユーザーが業務プロセスのどこで痛みを感じているかを明確にできたか？）

創業メンバーは
課題が腹落ちしているか
（ファウンダー・プロブレム・フィット）

「創業メンバー」と「課題」の合致

　スタートアップは、人生を賭けたプロジェクトだ。創業メンバーは、一生の盛りである時期をスタートアップに10年、20年と費やしていく覚悟が必要だ。

　課題仮説の検証が始まったら、カスタマーに質問をしながら、創業メンバーは、自分たちに「自分は人生をかけてこの課題を解決したいのか？」と質問を投げかけることになる。

　アイデアの検討をしている段階においては、チームは流動的で構わない。週末起業（サイドプロジェクト）で十分なので、法人化する必要もない。明確な代表者がいない場合も多いだろう。

　第2章で解説した課題仮説の検証を始めるあたりから徐々に、メンバーの課題解決へのコミットの強さを各メンバーが意識し始める。「自分は人生を賭けてこの課題を解決したいのか？」と各メンバーが自問を始め、互いのコミットの強さを理解するとスタートアップのメンバーとしての結びつきを強め始める。

「儲かりそう」では続かない

　単にビジネスとして儲かりそうとか、自分のスキルを試せるからやってみようとか、スタートアップがはやっているからやってみようといった一時的な動機だけでスタートアップに参画しているのでは、今後本格化するProduct Marker Fit（PMF）を実現するための厳しい道のりを乗り切れない。スタートアップを楽しもうとしたり、金銭的欲求を満たしたりすることも否定しないが、それを第一義にしてはいけない。

図 2-4-1 　PMF 達成までのステージと、各ステージで取り組むべきポイント

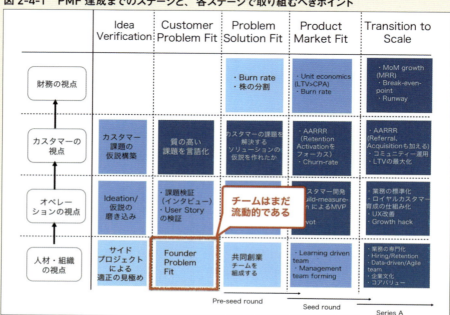

特にこの時点で、課題解決に対する思いと熱意がない人が創業メンバーに入ると、後のステージで重要になってくる仲間集めや資金調達の際に支障を来すことになりかねない。

課題に対する熱意があるか

創業メンバーは解決すべき課題について「非常に強い共感」を持っていることが、大きく成功するための必須条件だ。

このため、課題仮説の検証をする段階で、課題に対する熱意の強さによるふるい落としが起き、メンバーの入れ替えが起きるのは自然なことだ。

時には、それで人間関係がこじれることもある。スタートアップは仲良しの集まりではなく、これから、荒波の中を一緒に航海するメンバーであることを忘れてはならない。

第1章で紹介したスタートアップの成功要因をもう一度見てみよう。スタートアップの成功要因で一番大事なのがタイミングだった。次いで同じくらい重要なのがチームである。

Why you?

Why your team ?

「なぜ、他でもないあなた（あなたのチーム）がやるべきなのか？」という

"あなたがこれまで
歩んできたストーリーが
あなたの事業の戦略となる"
ベン・ホロウィッツ
アンドリーセン・ホロウィッツ共同創業者

問いに対して明確な答えや自身の原体験を持っていないメンバーは、その時点でスタートアップから抜けたほうが賢明だ。

良いファウンダーの条件

スタートアップのファウンダー（創業メンバー）にとって重要な要件をまとめると以下のようになる。

● 「自分ごと」の課題を解決したいと思っている（課題に強い共感を持っている）。
● パラノイア的な要素を持っている。
● 構築したい理想のUXの明確なイメージがある
● (特にBtoBの場合)想定カスタマーとの強い結びつきがある。
● プロダクトマネジメントの経験がある。
● 発想に柔軟性がある。

特に重要なのが1番目と2番目だ。ファウンダー自身がカスタマーの痛みを代弁できないと良いサービスは作れないし、「Good」ではなく「Best」を提供するというパラノイア的な徹底したこだわりがないと市場の独占は到底できない。

クックパッド創業者の佐野陽光氏はパラノイアの典型だろう。「カスタマーは、1000人いたら1000通りの動きをします。その1000人を満足させるのは並大抵のことではない。でも、それに挑みたいです」と述べている。

これだけ徹底した顧客目線があったからこそ、クックパッドは月間利用者数が約6000万人という巨大な生活インフラサービスに成長したのだ。

注）佐野氏の発言は『600万人の女性に支持される「クックパッド」というビジネス』（上阪徹著、角川SSコミュニケーションズ）より。

注）ベン・ホロウィッツ氏の発言は以下より。
https://www.forbes.com/sites/carminegallo/2014/04/29/your-story-is-your-strategy-says-vc-who-backed-facebook-and-twitter/#1a564b471dd8

Chapter 3
PROBLEM SO

章の目的
- 課題を解決するソリューション仮説（プロトタイプ）を作成する（3-1）
- 顧客との対話を通じて、プロトタイプを通じて、課題が解決できそうか検証する（3-2）
- 顧客からのフィードバックをベースにプロトタイプを磨き上げる（3-3）

　第2章での検証を通じ、想定カスタマーが明確になり、そのカスタマーが「痛みを感じる課題」を実際に抱えていることも見えてきた。
　第3章では、その課題を解決するためにどういうソリューション（解決策）を用意してスタートアップとしての価値を提案すればよいのかを検討していく。「課題」と「ソリューション」が合致した「Problem Solution Fit」を実現することが本章の目標となる。

　スタートアップのバイブルとも言われるエリック・リース氏の著書『リーン・スタートアップ』では、テスト用プロダクトの「MVP」を作り、カスタマーの反応を確かめながら人に求められるプロダクトに近付けていくことを提案した。
　しかし、人材も資金も限りがあるスタートアップにとっては、MVPを作るだけでも負担は大きい。そこで、私はMVPを市場に出す一歩手前の段階でプロトタイプ（試作品）を作ることをお勧

LUTION FIT
【ソリューションの検証】

めしたい。自分たちのソリューションで解決すべきと想定している課題は本当に解決できるのか、カスタマーにとって意味がある提案なのかを徹底的に検証することが重要だ。

本章で紹介するプロトタイプは、付箋紙やシミュレーション用のツールで作る手軽なものだ。これをカスタマーにサンプルとして見せれば、より具体的な声を引き出せる。MVPを作る費用に比べれば、プロトタイプを作る時間や工数は数分の1程度で済む。これなら何回でもプロトタイプを作り、ソリューションが適切かどうかを納得いくまで検証できる。

MVPを市場に投入して出直すよりも、プロトタイプでカスタマーの反応を確かめるやり方なら、失敗しても何倍も早くリカバリーができる。

早速、プロトタイプをどう作り、インタビューでカスタマーの本音をどう引き出すのかを解説していこう。

写真=iStock

図 3-1-1

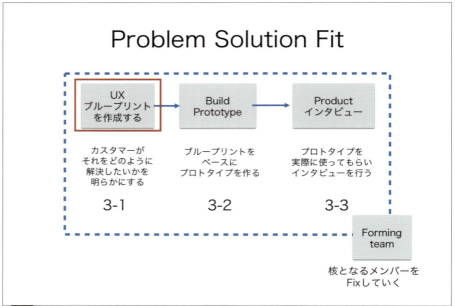

3-1 UXブループリントを作る

最適化する前に入念な検証をする

スマホやウェブの活用は必須

　この章ではプロダクトやサービスのプロトタイプ（試作品）を作成し、それをもとにカスタマーが痛みを感じる課題を解決できるかをインタビューなどによって検証する「Problem Solution Fit」（PSF）の手順を紹介していく。

　「我々のビジネスはIT関連ではないから、プロトタイプなど関係がない」。そう感じる読者もいるかもしれない。しかし、今はどのようなビジネスであってもスマホを通じてユーザーと接点を持つことは極めて重要である。

　仮に保育の効率化、学習塾といったサービスでもスマホやウェブの活用は欠かせない。それだけにどんな業界でも、プロトタイプによる実験は重要であると考えてほしい。

検証前の最適化は無駄が多い

　スタートアップ支援を手掛ける米Startup Genomeのリポート「Startup Genome Report」のアンケートによると、成功したスタートアップのほとんどは、課題とそのソリューション（解決法）の整合性をとるPSFの段階で「プロダクトの検証」に注力している(図3-1-2)。

図 3-1-2

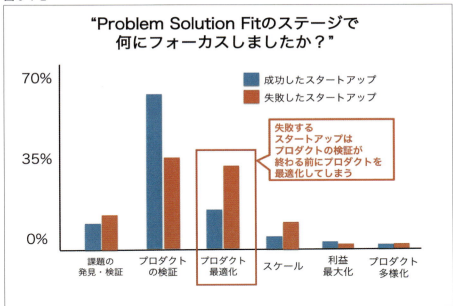

注）グラフは、米Startup Genomeのレポート「Startup Genome Report Extra on Premature Scaling」（2012年3月）の41ページ「Self assesed priority in validation stage」をもとに著者が作成。

　一方で、失敗したスタートアップは「プロダクトの検証」と同じくらい「プロダクトの最適化」にも労力をかけている。

　ここでいう「最適化」とはプロダクトの製造コストやサービスのコストを下げたり、あるとよい（Nice-to-haveな）機能を追加したりして、プロダクトの精度を高めることである。

　この段階の最適化プロセスにも価値がないとは言わないが、課題をどんな方法で解決すべきかを検証する今の段階でプロダクトの最適化に走るのは早すぎる。

　分かりやすい例でいえば、おいしいラーメンを作ることがまだできないラーメン店が、食材の仕入れ先と値引き交渉したり、店のトイレをきれいに改装したりする「最適化」をしているようなものだ。繁盛するラーメン店にとってきれいなトイレはNice-to-haveであるが、Must-have（なくてはならないもの）な要素ではない。ラーメン店として成功する確率を高めるためにまず集中すべきは、自分たちが本当に顧客が求めるおいしいラーメンを作れるかどうかであるはずだ。

　この章では課題に対してその解決法が適切なのか、検証を行うためにペーパープロト（紙で作ったプロトタイプ）のような、ある程度手に取れるものを作る。それをもとに、カスタマーと対話を繰り返しながら、ソリューション（解決法）の仮説を磨き込んでいく。カスタマーの声を細かく取り入れることにより、カスタマーが求めていないものを作り上げてしまうリスクを最小限に抑えられる。

Content is king. UX is queen.

　ソリューション仮説を立てる際、スタートアップは、ソリューション単体にフォーカスして検討を進めてしまうという誤りが多い。しかし、ソリューション単体で考えても、カスタマーに受け入れられるものを作ることは難しい。

　カスタマーがソリューションを利用する適切な流れを考え、カスタマーはどのようなユーザーエクスペリエンス（UX）を期待するのかまでを考える必要がある。

　「Content is king. UX is queen」と最近よく言われるようになった。プロダクトの内容(Contents)はソリューションの良しあしを決める際に最重要な要

図 3-1-3

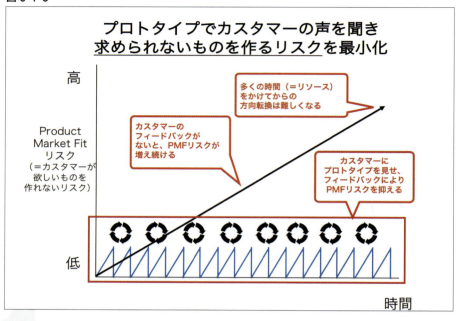

素（king）ではあるものの、ユーザーに適切なUXを提供することはそれと同じくらい重要な存在(queen)だという意味だ。この両方が揃っていないプロダクトは結局誰にも使われない。

ちなみに、UXは人によって概念の範囲が異なるが、本書ではユーザーがプロダクトと対峙する時に体感する経験全体のことを言う。よく勘違いされやすいユーザーインターフェース（UI）は、いわゆる見た目の使い勝手のことだけを示し、UIはUXを構成する一部である。

第2章でカスタマージャーニーを作成し、想定カスタマーの特定の条件下での行動を想定したが、そこで考えた一連の行動の流れの中で自然とユーザーが「使いたい」と思えるUXを想定することが良いソリューションのポイントになる。

例えば、第2章でカスタマーとして想定した例で言えばInstagram好きのキャサリンに対して無料Wi-Fiサービスを提供するといっても、ノートPCで使うウェブベースのアプリでは誰にも欲しいとは思ってもらえないだろう。当然、スマホベースのアプリで、なおかつ迷うことなく目的を達成できるUXを作らないといけない。作り手は、想定カスタマーのペルソナやカスタマージャーニーのワークを通じて、ユーザーがソリューションに期待することは何かという仮説を立てなければならない。

プロトタイプカンバンで可視化

ペルソナとカスタマージャーニーの検証結果を踏まえたソリューション仮説を磨き込む手法として、ソフトウエア開発でよく使われる手法を応用した「プロトタイプカンバンボード」を紹介したい。

その名の通り、トヨタ生産方式で用いる生産指示カード「かんばん」の仕組みにヒントを得たものだ。ボード上で付箋を用い、自分たちが今どの課題に取り組み、どの機能にフォーカスして、プロトタイプの検討がどれくらい進捗しているのか一目瞭然にできる。

そのメリットは大きく3つある。

①プロセスを見える化することにより、学びや検証プロセスが明確になりメンバー間のコミュニケーションが活性化する

ソフトウエア開発の場合、ハードウエ

Chapter 3　PROBLEM SOLUTION FIT

図 3-1-4

プロトタイプカンバンボードでソリューションを磨く

バックログ			仕掛り中			完了	検証
検証済みのカスタマーペイン	バックログフィーチャー	ソリューションインタビュー	プロトタイプ設計	ペーパープロト制作	ツールプロト制作	完了	プロトタイプインタビュー/検証

プロト案①／プロト案②

ペーパープロト①／ペーパープロト②／ペーパープロト③／ペーパープロト④

ツールプロト②／ペーパープロト③

ツールプロト①

ツールプロト③

検証済みの課題を貼り出す

左から右へ作業を進める

ア開発と違って成果やプロセスが他人には見えづらい。目に見えないものは可視化しないと管理はできないし、学習や検証は進まないものだ。

　カンバンボードのような共通のツールがあれば、検証の学びを共有しやすい。

　また、スタートアップのメンバーの経験やスキルの違いにより、仕事の進め方に対する前提条件は異なる。

　エンジニア、デザイナー、営業が「品質とは何か」「納期とは何か」「顧客の期待するメンタルとは何か」といった重要な要素の定義をバラバラに考えていると、メンバー間のミスコミュニケーションが起きやすい。これは、第2章でも繰り返し述べてきた通りだ。

　カンバンボードを使って、全体の進捗と、今抱えている課題を毎日擦り合わせていけば、メンバー間の食い違いが軽減され、組織はより主体的に動ける。

②適切なタイミングでカスタマーからのフィードバックを得るプロセスを担保する

　プロトタイプカンバンボードには、カスタマーと対話するプロセスが2回ある。プロト作成に入る前にソリューションが適切かを確認する「ソリューションインタビュー」と、プロト完成後にそれを基にUXなどに対する意見を聞く「プロトタイプインタビュー」だ。カンバンボードに沿って開発を進めていけば、おのずと「人が欲しがらないものを作るリスク」を抑えることができる。

　人が欲しがるものをスタートアップが作れるようになる最良の方法は、実際にそれを人の前に出してみて、それが欲しいものかを尋ねてみることだ。それが第4章で紹介するMVPを作って提案することに当たる。

　ただし、実際にプロダクトを作らなくても、ソリューションインタビューやプロトタイプインタビューを通じてもっと早い段階から手軽にフィードバックを得られる。このほうが貴重なリソースを大幅に節約できるだろう。

③ボトルネックになっている場所が明確になり、リソースを適切に配分できる

　作業を進めていたら、ある特定の作業がうまくできずにボトルネックになってしまうことがしばしばある。エリヤフ・ゴールドラット氏の提唱した「制約理

注）制約理論とは、どんなに複雑なシステムでも、それを構成する一部の要素に引きずられてしまうという発想をもとにした経営の考え方。エリヤフ・ゴールドラット氏は、制約理論に基づくビジネス小説『ザ・ゴール』（ダイヤモンド社）などの著書がある。

図 3-1-5　ペルソナの課題に対する価値提案、ソリューション課題を決める

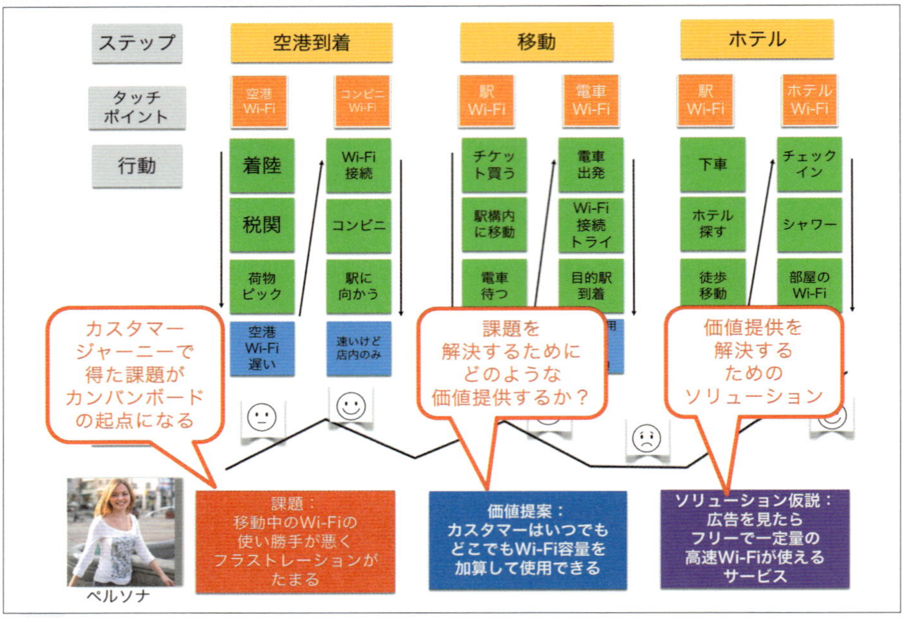

「論」にも書かれているように、プロジェクト全体の進捗速度はそのボトルネックの速度に引きずられてしまうのだ。プロトタイプカンバンボードで作業全体を可視化し、ボトルネックがどこかに発生したら、そこにリソースを投入し、ボトルネックを素早く解消しないといけない。

当然、ボトルネック発生を素早く察知する仕組みも必要だ。

例えば、メンバー全員が参加する毎朝15分のスタンドアップミーティングを設け、プロトタイプカンバンボードを見ながら、各自が順番に今はどんな作業をしていたのか、どこに問題が発生しているかを報告したりすれば、現状を共有しやすくなる。

こうした情報共有は本格的なプロダクト開発が始まる前に、全員のプロジェクト進行スキルを底上げできる。

なお、現在は、プロトタイプカンバンボードを作成するには、クラウド上で提供されているツールもあるが、慣れるまでは社内の目立つ場所にホワイトボードをおいてメンバー全員が集まり、付箋を貼って物理的に進捗を管理するほうがよいだろう。

注）プロトタイプカンバンボードを作成できるクラウド版のタスク管理ツールには「Jooto」などがある。

カンバンボードで洗い出す

カンバンボードの使い方を簡単に説明していこう。

①課題を設定する

カンバンボードは、対応する課題の抽出から始まる。

前章でカスタマージャーニー、ジャベリンボード、カスタマーインタビューなどで十分検証ができている課題を選ぶ（カスタマージャーニーの赤い付箋の部分）。それをプロトタイプカンバンボードの左端の項目に貼り付けよう（図3-1-4）。これがカンバンボードの起点となる。

②価値提案、ソリューションを考える

この検証済みの課題を解決するためにどんな価値提案をして、どんなソリューションを提供するのか考える。

ここで改めて「価値提案」と「ソリューション」の定義をしておくと、価値提案とはそのプロダクトを使った時に得られる効能のことだ。よってその内容は、どんな機能があるかよりも「顧客価値」にフォーカスしたものになる。機能とは

あくまでも作り手側に立った発想であり、顧客価値は読んで字のごとく、カスタマーから見て価値があるものだ。

作り手側から見て価値があるかどうかは関係なく、顧客から見て価値があるかどうかがソリューションを考える上では重要である。

一方、「ソリューション」とはその価値提案をカスタマーに届けるために作るプロダクトの「実現方法」のことである。価値提案が「何を」で、ソリューションが「どうやって」に当たる。

Anywhere Onlineの例ならば、価値提案は「カスタマーはいつでもどこでもWi-Fi容量を加算して、使用することができる」ということ。ソリューションは「広告を見たら、無料で一定量の高速Wi-Fiの使用量を得られる」のような具体的な仕組みが該当する。

ソリューションはさらに、複数の「フィーチャー」(構成要素)に分割して考えられる。

Anywhere Onlineの例では、「広告視聴による容量の加算」「アンケート回答による加算」「容量をクレジットカードで購入」といったフィーチャーにより実現できる。

まず、ソリューションを実現するためにどのようなフィーチャーを盛り込むべきか、メンバー同士でブレストし候補をリストアップする。あくまでもアイデア出しなので、とりあえず考えられる項目はどんどん付箋に書き出す。

フィーチャーをブレストするときも、「それがカスタマーに価値提案できるのか」というポイントを常に考慮する。「そのフィーチャーがあったらカスタマーはなぜうれしいのか?」「そのフィーチャーで本当にいいのか」という本質的な質問をお互いにし合うと、重要なフィーチャーを絞り込むだろう。

メンバー間で議論し、どのようなソリューションをどのようなフィーチャーの組み合わせで実現するかを決めたら、プロトタイプカンバンボードでこれから実現すべきソリューションを示す「バックログフィーチャー」の欄に貼っておく。

ソリューションインタビュー

フィーチャー候補がリストアップできたところで、一度、カスタマーとの対話をしてみるとよいだろう。自分たちの考えたソリューション(フィーチャー)が本当に価値を提供できるのかをこの辺りで確認しておきたい。

自動車王のヘンリー・フォード氏が残したとされる言葉に「もし私が顧客にどんなものが欲しいかと尋ねていたら、彼らはきっともっと速い馬が欲しいと答えただろう」というものがある。

これは、顧客価値を実現するソリューションを実際に考えるのはカスタマーの仕事ではないという意味だ。馬しか乗ったことがないカスタマーに車という"魔法のランプ"を想像してもらうのは、難しい。

しかし、答えを持っているのはカスタマーである。スタートアップは自分たちが議論して作ったソリューション仮説について聞いてみるとよい。

「もし、世の中に魔法のランプがあって、なんでもかなえてくれるなら、<テーマ課題>を解決するために、どんなものが欲しいですか?」などと聞いてみると、仮説に対するフィードバックが得られるはずだ。

ソリューションインタビューの質問リストと、インタビューを自分たちなりに総括するためのチェックリストを用意してみた。

なお、インタビュー対象者はあなたのプロダクトが商品化したとき真っ先に使いそうなアーリーアダプターのカスタマーがよい。第2章のインタビューで、既に関係性があるカスタマーにまたお願いするのがよいだろう。

こうしたカスタマーは、今考えている

図 3-1-6　プロトタイプカンバンボードを使い始める

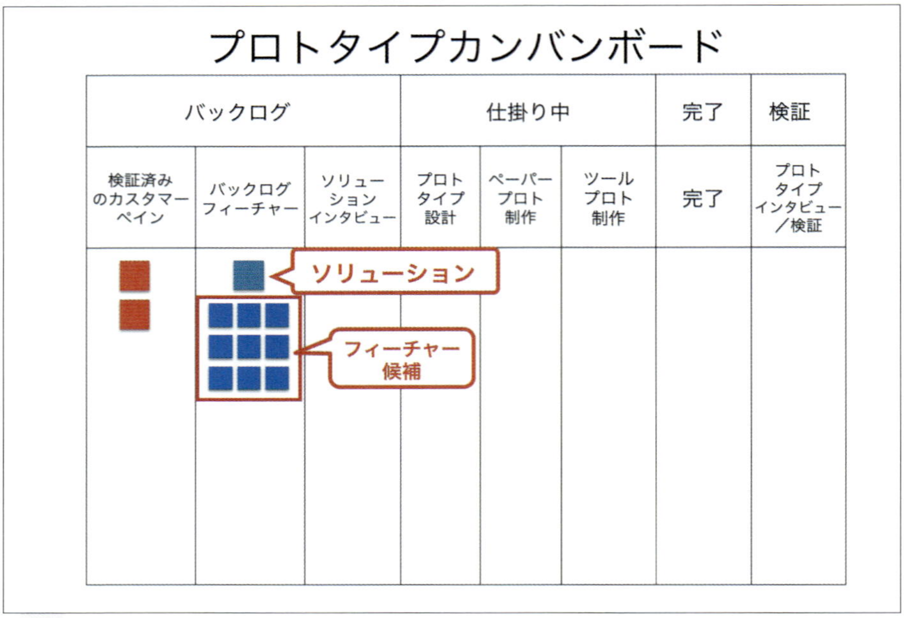

ソリューションがなくても、普段から知恵を絞ってそれに替わる課題のソリューションを自分なりに工夫していたりする。上記の「魔法のランプ」クエスチョンに、色々と参考になる解答をくれるだろう。

また、こうしたアーリーアダプターのカスタマーは、真っ先に商品を使ってプロダクトを広めてくれるエバンジェリストにもなるので、関係を継続しておきたい。

■ソリューションインタビューの質問リスト

1. 魔法のランプがあって何でもできるとしたら、【（目的とする）タスクやオペレーション】を完遂するために何をしたいと思いますか？
2. その魔法のランプに必ず含まれるべきフィーチャーは何だと思いますか？
3. そういった魔法のランプに一番近いソリューションや代替案はありますか？
4. その代替案の良い点と不足している点は何ですか？
5. あなたはその魔法のランプを使うとどれくらいの時間や労力などのリソースを節約できると思いますか？

6. そういった魔法のランプに対して、どれくらいの予算を確保できますか？
7. ここまでできれば感動するというプロダクトのイメージはありますか？
8. ＜クロージング（質問の終了）＞では、そのプロダクトのプロトタイプができたらぜひまたお会いして、色々とお聞きしてもよいですか？

■ソリューションインタビューのチェックリスト

✔ カスタマー（インタビュー相手）は魔法のランプをどう表現したか？（魔法のランプを表現した時に身を乗り出していたか？）
✔ カスタマーは魔法のランプに含まれるフィーチャーをどのように表現したか？
✔ その魔法のランプは技術的に実現可能か？
✔ 実際に、もっと妥当な魔法のランプの代替案は存在しないのか？（カスタマーは見落としているだけではないか？）
✔ もし、その魔法のランプを作れたとして、カスタマーがその製品を買った

り、使ったりすることを阻む障壁はあるか？（コスト、メンテナンス、学習カーブなど　カスタマーから見たトータルコストが上がることはないか？）

✔魔法のランプは日々の生活（業務）の中にフィットした形で使えるだろうか？

✔もしカスタマーが魔法のランプを買わないのであれば、どのような理由だろうか？

フィーチャーに優先順位

このソリューションインタビューも、時間が許す限り、できるだけ多くの人に対して行うとよい。

一連のインタビューが終わったら、その解答を踏まえてフィーチャーに優先順位をつけていく。優先順位付けのポイントは、カスタマーがそれぞれのフィーチャーにどれくらい価値を感じていたかだ。フィーチャーの評価方法として、具体的には、「必須（Must-have）」、「あったらよい（Nice-to-have）」、「不要（Don't need）」の3段階に分けるとよい。

特にMust-haveとNice-to-haveの線引きがとても重要になる。

特に初期のスタートアップは、カスタマーから見てMust-haveのフィーチャーのみを実装することを心掛けるべきだ。

多くのスタートアップは、プロダクトの初期段階で顧客が要望すると思われる全ての機能を実装しようとするが、これは典型的な失敗例だ。

なぜかと言えば、Nice-to-haveレベルのフィーチャーを多く実装してしまうと、最も力を入れて検証すべきMust-haveのフィーチャーがカスタマーの心に刺さっているかどうかをインタビューなどから判断しにくくなるからだ。

Startup Genome Reportの調査結果では、成功したスタートアップと失敗したスタートアップが書いたコード（プログラム）の量を比較すると、失敗した

スタートアップのほうが明らかに多いという。Problem Solution Fitの段階に該当する「プロダクトの検証ステージ」ではなんと3.4倍も差がついている。

まだ検証段階にあるにもかかわらず、失敗したスタートアップはそれだけ無駄に時間とお金をかけたということだ。

フェイスブックが2004年に登場したとき、図3-1-8に示したような8つの機能しかなかったことをご存じだろうか。メッセージ機能、ポスト（投稿）機能、通知機能、ステータスアップデート機能などは全て後から付け足したフィーチャーである。

スマホが広がった今でこそメッセンジャー機能は、フェイスブックにおけるコア機能の一つだが、まだE-mailやテキストメッセージによるコミュニケーションがメインだった2004年頃は、Nice-to-haveな機能でしかなかった（マーク・ザッカーバーグ氏は優れたエンジニアなので、こうした機能は追加できたはずである）。

Nice-to-haveな機能を備えることは、ビジネスをスケールさせる段階までいけば、アーリーアダプター以外のユーザーを取り込むために重要になる。しかし、彼らにすればサービス投入後はMust-haveである8つの機能（友達とつながる仕組み）が確実にカスタマーの気持ちに刺さっているのかどうかを確認することが先決だった。

第2章と同じラーメン店のアナロジーでいえば、フェイスブックのMust-haveである8つのフィーチャーは、ラーメン店のスープ、麺、具材など、主力プロダクトの価値を決定づけるものである。ラーメン店でいうきれいなトイレ、深夜営業などは、Nice-to-haveだがプロダクトの価値を決定づけるものではないのだ。

得てして、優秀なエンジニア、特に大企業で活躍してきたエンジニアは基本的に「既存顧客の、既に顕在化している課

注）米Startup Genomeのリポート『Startup Genome Report Extra on Premature Scaling』より。

図 3-1-7　プロトタイプに盛り込みたい課題を抽出

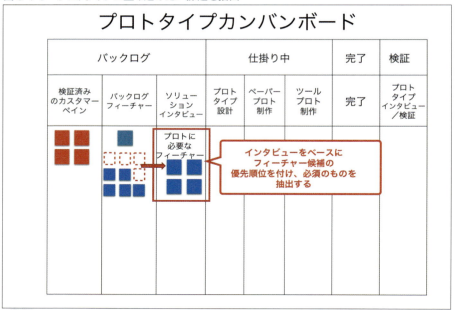

題に対して最適なソリューションを提供する仕事」がメインになっている。

つまり、100点満点の回答用紙を渡され、その中でできるだけ100点に近づくよう、1点、2点の加点を目指すようなNice-to-haveな機能を追加してしまう傾向がある。これはスタートアップにとって危険だ。

カスタマーの熱狂的な定着につながらないフィーチャーを追加することは、どのフィーチャーが必須なのかが絞り込めていない段階で拡大を目指すプレマチュアスケーリングにつながってしまう。Nice-to-haveなフィーチャーの追加は、Must-haveな機能が確実に市場に受け入れられる（PMFを達成する）と分かった後で十分間に合う。

ある機能はMust-haveなのか、Nice-to-haveなのか。その見極めはユーザーとの対話と、ユーザーが実際にプロダクトを使った時の行動を定量的に分析した結果でしか分からない。

第3章のメーンテーマであるPSFの段階では、まだ、プロダクトの定量的な計測ができない。ソリューションインタビューを通じ、実装するフィーチャーの優先順位を決めることをまず考えればよい。

ソリューションインタビューの良いところは、多少の時間とインタビュー相手への報酬を用意すれば、プロダクトや会社に関する評判を悪くするリスク無しで、非常に手軽にできるところだ。1週間もあればかなりのフィードバックを得られるだろう。

だからこそソリューションインタビューは可能な限り多く実施したい。ここでかける手間でソリューション仮説の質が確実に向上し、後のPMF実現に近づいていく。

エレベーターピッチを作る

実装すべきフィーチャーが見えたところで、いよいよUXブループリントを作るフェーズに入る。

ブループリントとは、プロトタイプの「青写真」に当たる。これまで想定したフィーチャーがどのような関係で結びついて実際のソリューションが実現するのかを示すチャート図と考えてほしい。

ブループリントそのものを作る前に、まず、コアなフィーチャーが何かを再確

図 3-1-8

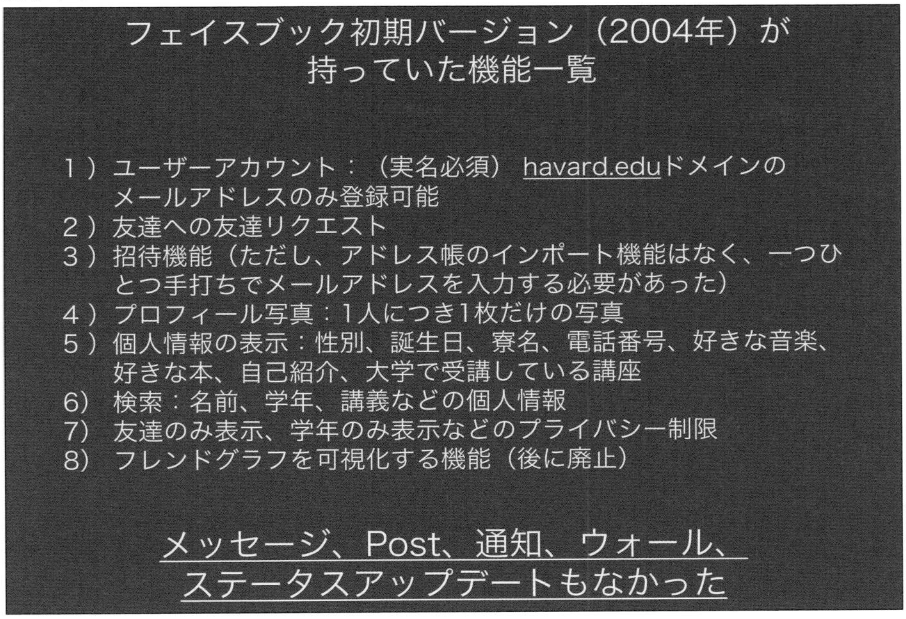

```
        フェイスブック初期バージョン（2004年）が
                持っていた機能一覧


   １）ユーザーアカウント：（実名必須）havard.eduドメインの
      メールアドレスのみ登録可能
   ２）友達への友達リクエスト
   ３）招待機能（ただし、アドレス帳のインポート機能はなく、一つひ
      とつ手打ちでメールアドレスを入力する必要があった）
   ４）プロフィール写真：1人につき1枚だけの写真
   ５）個人情報の表示：性別、誕生日、寮名、電話番号、好きな音楽、
      好きな本、自己紹介、大学で受講している講座
   ６）検索：名前、学年、講義などの個人情報
   ７）友達のみ表示、学年のみ表示などのプライバシー制限
   ８）フレンドグラフを可視化する機能（後に廃止）

         メッセージ、Post、通知、ウォール、
         ステータスアップデートもなかった
```

認する意味でプロトタイプの要点を30秒程度で語れるように整理しておく。

最終的に自分たちがどんな顧客のどんな課題をどんな手段で解決できるのか、他の会社のサービスと決定的に異なる特徴は何か、30秒で説明できるようにしておく。この30秒でカスタマーを説得するプレゼンのことを「エレベーターピッチ」と呼ぶ。

エレベーターピッチの基本フォーマットは以下のようになる。カッコ内に入る最適な言葉をメンバー同士で意見を出し合いながら探していこう。

我々は＜対象カスタマー＞の抱えている＜ニーズ/課題＞を満たしたり、解決したい。＜プロダクト名＞というプロダクトは、＜重要な利点、対価に見合う説得力のある理由＞をカスタマーに提供できる。このプロダクトは＜代替手段の最右翼＞とは違い、＜差別化の決定的特徴＞が備わっている。アナロジー：＜我々はXX業界のXXである。＞

先ほどからサンプルとして紹介している無料Wi-Fi接続のAnywhere Online

という架空のスタートアップであれば、次のようになるだろう。

我々は＜日本へのインバウンド旅行者＞の抱えている、＜いつでもどこでもスマホを使いたいというニーズ＞を満たし、解決したい。

＜Anywhere Online＞というプロダクトは、＜広告視聴やマーケティングアンケートに答えると高速フリーWi-Fiの使用量（容量）を獲得できるというサービス＞をカスタマーに提供できる。

このプロダクトは、＜コンビニWi-Fi、駅ナカWi-Fi、ホテルWi-Fi＞とは違い、＜いつでもどこでもスマホでWi-Fi利用ができるというフィーチャー＞が備わっている。
アナロジー：＜我々は、モバイル業界のテレビ広告である。＞

「モバイル業界のテレビ広告」とは、広告があるので無料で視聴できる民放テレビのようなサービスであることを伝えるものだ。このアナロジーの部分は必須とは言わないが、30秒ピッチをさらに要約した「5秒ピッチ」に当たるので、

図 3-1-9　インタビューで見えた課題を追加し、プロト案を作成

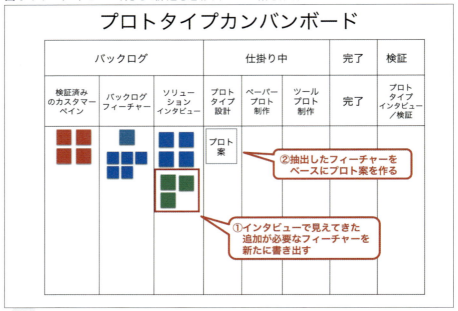

考えておくと何かと重宝する。メールや、メッセンジャーなどで紹介されやすくなり、メディアにも注目されやすくなる。

ちなみに自社のプロダクトの<差別化の決定的特徴>は、ソリューションインタビューの中でユーザーが示唆してくれることが多い。ユーザーの多くは既存の代替案を使っているがその使い勝手に不満を持っている。代替案への不満をヒントにして、差別化の決定的特徴を書き出すとよい。

エレベーターピッチで核心を突く

エレベーターピッチを作る理由を改めて確認しておこう。次の3つだ。

1つ目は、自分たちがやろうとしていることが明確になること。

スタートアップは何も市場がないところで、ゼロからイチを生み出す。その活動範囲は多岐にわたる。初期のスタートアップでは次々とアイデアを出し合う中で、時として注力するポイントがぼやけてしまうことが起きる。

そこで焦点を絞るためにエレベーターピッチが活用できる。誰のために、何を、なぜやるのか、ということを再確認し、チーム全体の意識を統一させるために活用するのだ。

特に「誰のための？」という問いはついつい忘れがちになる。実際のUXブループリント作成に入る前に、基本を確認しておくことは極めて重要だ。

2つ目の理由は、チームの意識をカスタマーに向けること。

どんなプロダクトを提供するか？ それを提供する理由は何か？ カスタマーがその対価を支払う理由は何か？ といった本質的な質問を自分たちに繰り返し投げかけることで、「誰のための？」という視点を深掘りできる。これがカスタマー目線で真剣にプロダクトを考えるきっかけになる。

3つ目は、核心を捉えるため。エレベーターピッチはレーザービームのように数々の関連のないことを貫いて、核心を真っすぐに突くことができる。

驚くべきことだが、同じスタートアップのメンバーそれぞれに"あなたのスタートアップは何（をする会社）ですか？"と聞いた時に、回答がそれぞれバラバラなケースが散見される。あなたがやろう

図 3-1-10

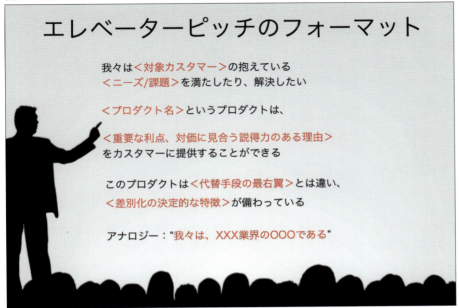

としている非凡な事業の核心は何か。エレベーターピッチを使ってそれを整理し、メンバーに浸透させたい。

ちなみにアマゾンで新しいプロダクトの企画を立ち上げる時には、その製品が完成したことを想定し、担当のマネジャーがプロダクトのプレスリリースを作成することから始める。

プレスリリースでは、その新製品が特定の顧客の、特定の問題をいかに効果的に解決するか（誰の何をどのように）を説得力のある言葉で説明しないといけない。

プレスリリースを作るプロセスで、マネジャーは自分の思考を整理できる。エレベーターピッチと同様の効果がある。

UXブループリントの作り方

ソリューションインタビューやエレベーターピッチで頭を整理し、数あるフィーチャーの中から抽出したMust-haveのフィーチャーをベースに、いよいよプロトタイプのブループリント（設計図）を作っていく。

ここからはAnywhere Onlineを例に、UXブループリントの作り方を説明していこう。少しテクニック寄りの話になるがお付き合いいただきたい。

なお、ここでは、Anywhere Onlineのスマホアプリについてブループリントを作ることを想定したが、最終的なプロダクトがハードウエアなのかVRコンテンツなのかなどにより、UXブループリ

注）サム・アルトマン氏の発言は以下より。
https://www.youtube.com/watch?v=CxKXJWf-WMg

"必ず聞くのは何を作っているのか、なぜ作っているのかということ。
質問に対する答えが簡潔であればあるほど、評価は高い。
反対に答えがスラッと出てこない場合は、
起業しても問題が発生する可能性が高い"

サム・アルトマン
Y Combinator, President

ントの作り方は様々だ。本書では、ブルー
プリントを作るための基本的なプロセ
スに絞って説明する。

作成の流れは大きく次のようになる。
ソリューションインタビューなどの結果
をもとに、課題とソリューションを検証
し、具体的なフィーチャーを洗い出す。
それをシームレスに提供するための流れ
を考えるというものだ。

フィーチャーの洗い出し以降の過程を
さらに細かいステップで見ていこう。

ステップ①
リスト化したフィーチャーをグルーピング

ブレスト、ソリューションインタビュ
ーなどを通じて作ったフィーチャーのリ
ストを用意する。各フィーチャーにはそ
れぞれ目的があるはずなので、その目的
ごとにフィーチャーをグループ化する。
フィーチャーを分類するには「カードソ
ート」が有効である。リストにあるフィ
ーチャーをカードに書き出し、そのカー
ドを並べ替えて、カスタマーへのソリュ
ーション提示の仕方やその他のフィーチ
ャーとの関連づけを検討する手法である。
作ろうとしているプロダクトに複雑な階
層がある場合には、フィーチャーが多く
なるのでその整理に重宝する。

詳細についてはここでは触れないが、
スマホアプリのブループリントを考える
なら、グルーピングする時はカードの表
面的な字面でまとめず、「同じ画面に表
示されると使いやすいかどうか」で考え
るとよい。

ステップ②
フィーチャーをカスタマー視点で構造化

次に各グループの流れがどうあれば使
いやすいかをカスタマー視点に立って時
系列で考える。アプリでいえば画面遷移
を考えることに当たる。

Anywhere Onlineの場合なら、サ
インアップから始まり、使用量が確認で
きるダッシュボードの画面に変わり、そ

こから使用量の購入、もしくはトップア
ップ（使用量の追加・補充）という選択
肢を選べる流れがいいだろう。

ここで重要なことは、ペルソナやカス
タマージャーニーをもとに、想定カスタ
マーの人となりや置かれた状況、普段感
じていそうなことなどを念頭に置いて流
れを考えることだ。優れたUXはいかに
ストレスフリーでユーザーが快適に目的
を達成できるかにかかっている。

ステップ③
それぞれの画面に実装する機能やコンテン
ツを明確にする

フィーチャーのグループ分けをもとに、
各グループ（各画面）に実装する機能や
表示コンテンツを、より具体的にする。

ステップ④
フィーチャーを画面遷移に落とし込む

ステップ②と③を踏まえて、画面ごと
にグループ化したフィーチャーを画面遷
移に落とし込む。

ステップ⑤
重点的にテストしたいコア部分を確認する

画面遷移を考えていくと、色々な流れ
が見えてくるはずだが、最も大事なのは
トップページから最終的に課題を解決す
るまでの最も核となる部分のストーリー
をいかに磨き込めるかだ。

例えば、有料で使用量を増やしたいと
ユーザーが思った時に、より簡潔な手順
で、迷うことなく操作ができそうかとい
ったことを常に想定しないといけない。

Anywhere Onlineの例では、ユー
ザーは低価格でWi-Fiが使えることが最
も本質的なコアフィーチャーになる。こ
れと同じくらい重要なのが、ユーザーが
プロダクトを使って体感するUXである。
コンテンツ（ソリューション）とUXが
両方とも高い次元で実現して初めて「ま
た使いたい」「シェアしたい」「レコメン
ドしたい」といった感情が生まれてくる。

図 3-1-11

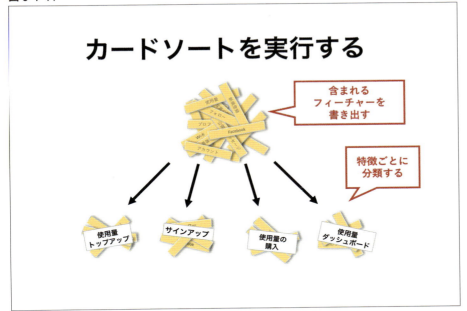

優れたUXはこのようなプロダクトへの好感情を喚起できる。UXはPMF達成の指標である「ユーザーの定着率」を高める重要な要素といえる（定着率を高めるためのUXの作り方については次の章で詳しく説明する）。

ステップ⑥
メニュー展開部分のUXを確認する

実装する機能が増えれば増えるほど、ユーザーの導線は複雑化するため、メニュー展開部分のUXについても、ユーザーが絶対に迷わないように細心の注意を払いたい。前にも触れているが、最初はMust-haveの（なくてはならない）機能を用意することに注力したい。

ステップ⑦
利用前から利用後までUX全体を想定

ステップ⑥まで説明したのはユーザーがトップページにやってきてからコンバージョン（申し込み）をするまでのプロダクト利用中のUXだ。これはユーザーからすればUXの一部に過ぎない。ユーザーにはプロダクトを使う前と後の段階もあるからだ。

サービスのトップページまで飛んできたからには、利用する前に何かしらの期待を抱いていたはずだし、利用後も何かしらのフォローアップを期待しているはずだ。優れたプロダクトはこうした利用前と後のUXのことまで考慮している。

利用前のUXとは、例えば「友人がフェイスブックでAnywhere Onlineを絶賛していたので、きっと素晴らしいんだろう。自分も使ってみたい」といった期待のことだ。良い体験を想像している状態なので、これを予期的UXともいう。

一方、利用後のUXとは、「実際に快適なWi-Fi接続体験ができたので、この体験をフェイスブックでシェアしよう（5MBの使用量ももらえるし……）」といった感情を抱くことだ。これをエピソード的UXとも呼ぶ。

さらに、利用前から利用後に至るまで全体を通して累積していくUXもある。カスタマーがライフサイクル全体を通じて、そのソリューションとどう接するかを考える領域である。例えば「何回か使ったけど、使うたびに広告を毎回見るのは結構面倒だな。次回は1GBを10ドルで購入できるサービスも検討しよう」と

図 3-1-12

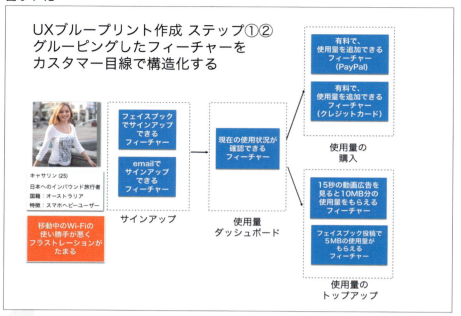

図 3-1-13

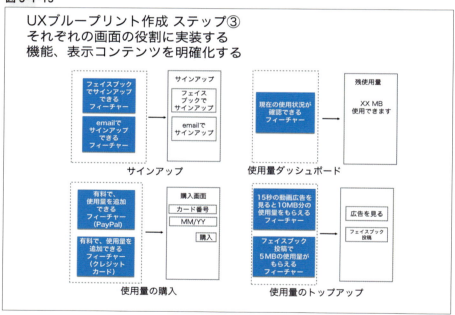

いった具合に、累積UXはプロダクトやサービス全体の印象を決める。このユーザーの心理状態をよりリアルかつビビッドに捉えることができるようになると、ユーザーの心を捉えるプロダクトを作ることができる（心を捉えるポイントは第4章で説明する）。

ステップ⑧
プロト案を納得するまで作る

ここまで説明してきたものがペーパープロト、つまり紙で作るプロトタイプの土台になる。

プロトの案を出してみて、ユーザーの気持ちや期待を十分に捉えきれていない

図 3-1-14

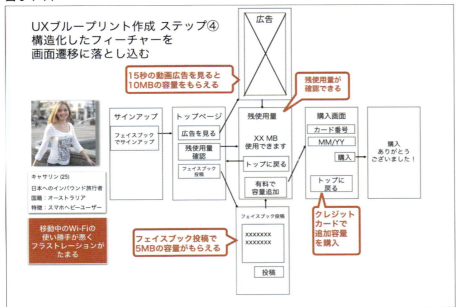

図 3-1-15

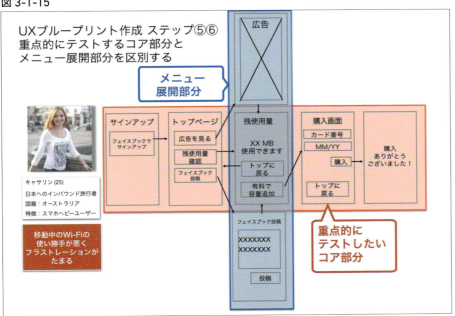

と感じたら、再びソリューションインタビューなどをしたり、現状で入手できる代替案で課題解決を済ませようとしているユーザーを観察してみたりする。こうしたユーザーの声などをもとに、自身が納得するまでプロト案を磨き込んでみることをお勧めする。

なぜUX全体を想定するのか?

なぜUXを設計するときにはプロダクトの利用前後、そしてライフサイクル全体の累積まで考慮する必要があるのか?
重要な点なので、もう一度確認しよう。
現在のプロダクトの提供とは、カスタ

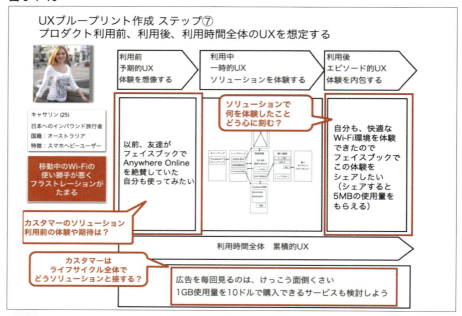

図 3-1-16

注）フェイスブックのプライバシー設定では、書き込んだ情報の共有範囲を友達、友達の友達、一般公開などに設定できる。

マーに対して単にモノを提供するのではなく、カスタマーの置かれていた状況を十分理解した上で、コト（プロダクト利用を含む体験全体）を提供していかないといけない時代になったからだ。

例えば、今、自分が気に入って毎日使っているサービスを思い浮かべてほしい。使う前の期待感や使った後の充足感、毎日使い続けた時のサービスとの接し方の変化はどうかを考えてみよう。

言語化まではできていないかもしれないが、プロダクトの充足感は、その使用前から使用後までを含めたプロダクトとのタッチポイント（接点）全体から生まれているはずだ。

例えば、ユーチューブは、単なる動画検索サービスではなく、あなたが、これまで見てきた動画の傾向を分析してレコメンドしてくれる。あなたはそのことを意識していないかもしれないが、ユーチューブを思わず開けてしまう理由は、自分の興味と関連性の高い動画が、いつもトップ画面にあるからだ。

このように、利用前から利用後まで包括的に考えたUXがないと、優れたビジネスモデルであっても顧客は定着しない

ことを理解する必要がある。

フェイスブックはかなり初期の段階で、どの範囲まで情報開示するかをユーザーが決めるプライバシー設定を完璧に作り込んでいったことをご存知だろうか。

2004年当時、流行していたMy SpaceやFriendsterのようなSNSは匿名で使えた。そこにフェイスブックは実名での参加という使い方を打ち出した。当然、ユーザーからすれば実名を明かすことに抵抗を感じる人が出てくる。自分が投稿したプライバシー情報が一人歩きして、変な噂が立ったり自分の評判に傷が付いたりするかもしれないといったことだ。

それに対してフェイスブックは投稿する情報のプライバシー設定を精緻に実装していたので、最初は実名でSNSで投稿・情報公開することに半信半疑だったユーザーも安心感を持って定着していった。

精緻なプライバシー設定によるサービス全体の安心感という累積UXこそフェイスブックがこだわったポイントだ。これによりユーザーの定着が加速したことは間違いない。

友人とつながれることは素晴らしい体

Chapter 3　PROBLEM SOLUTION FIT

図 3-1-17

利用前 予期的UX 体験を想像する	利用中 一時的UX ソリューションを体験する	利用後 エピソード的UX 体験を内包する
街中で、 多くの人たちが ライドシェアを 活用しており、 非常に快適で 使いやすいという 噂を聞く	・非常に簡単な操作 （ピックアップ場所のタップと、 目的地のタップ、ライドシェアの 種類の選択）のみで利用開始 ・フレンドリーなドライバー ・きれいな車、きれいな車内、快 適なライド（乗車） ・事前登録クレジットカードによ る簡単決済 **Uberの事例**	ドライバーを評価 （ほとんどの場合、 5点満点中5点）

利用時間全体　累積的UX

シームレスでスムーズなエクスペリエンス、
フレンドリーなUberドライバーとのコミュニケーションや会話は
自分にとってのご褒美の時間になる

験であることは間違いない。でも、潜在意識で「これって、プライバシーは大丈夫なのかな？」と思ってしまえば、やはりユーザーの足は遠のくものだ。

参考までに、スマホによる配車サービスUberのUXを私の個人的な体験をベースに整理してみた。

Uberを利用したときのUX

●利用前のUX：米国では多くの人がライドシェアを利用しており、非常に快適で使いやすいという噂を聞く。

●利用中のUX：2タップでUberを呼べる簡単で直感的な操作、フレンドリーなドライバー、きれいな車と快適な乗車体験がある。それにクレジットカードを登録しているので自動決済ができて楽だ。

●利用後のUX：満足したのでドライバーの評価で5点満点中5点をつける。また使ってみようと思う。

●累積的UX：シームレスでスムーズな体験とフレンドリーなUberドライバーとのコミュニケーションによる充足感がある。Uberを使用することは自分にとっての生活の一部だが、ご褒美の時間でもある。

米国でタクシーに乗ったことがある人は分かるはずだが、最近のタクシードライバーは移民が多く、英語が苦手だったり、地理に詳しくなかったりして、利用する際にストレスを感じることがある。

さらに、タクシーの提供する価値は目的地に無事着いた時にしか体感できなかったが、Uberは移動している最中も、乗車後も満足感が続く。米国出張に行く時はすっかりUberの利用が欠かせなくなった。

このように、プロダクトを作るときは、プロダクト利用を含む全体体験はどうあるべきかをしっかりと磨き込んでほしい。テクノロジーやプロダクトスペックの優秀さだけで、カスタマーに選ばれる時代は終わったのである。

図 3-2-1

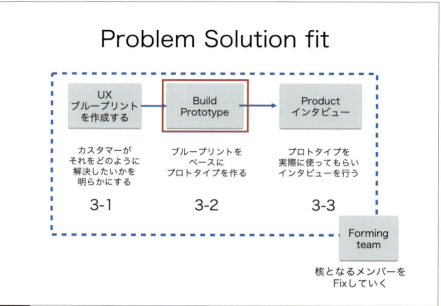

3-2 プロトタイプの構築

UX設計をベースにプロトタイプを実装する

なぜプロトタイプを作るのか？

ここからは先ほどのUXブループリント（青写真）をもとに、プロダクトやサービスのプロトタイプを作成していく。プロトタイプの利点はいくつかある。

理由①
高いレベルでプロダクト像の認識一致

デザイナー、エンジニア、ビジネス担当と、役割もバックグラウンドも異なる人たちがスタートアップを構成している。プロトタイプがあると、お互いの考えをぶつけ合うときの議論がより具体的になり、作業する際の効率を劇的に上げられる（できれば、この段階で想定カスタマーにも参加してもらうとよい）。

特にデザイナーやエンジニアのような制作サイドと、顧客担当者（またはカスタマー）の間には完成品に対する認識の違いが起きやすい。プロトタイプがあれば、目に見える具体的なモノをベースに議論することができる。

メンバーの認識を合わせるには完成度の高いものを用意する必要はない。スマホ用アプリならば、画面の流れを付箋紙に書いた「ペーパープロト」で、プロダクトなら3Dソフトで簡易的に作成した

立体モデルでもいい。それが一つあるだけで、メンバーそれぞれが持つ前提条件の違いを確認でき、より効果的にプロジェクトを進めることができる。

理由②
カスタマーの潜在ニーズがつかめる

自らの課題をどう解決するかを考えることはカスタマーの役目ではないので、彼らは基本的に潜在課題を具体的な言葉にするのは得意ではないし、プロダクトへの想像力も豊かではない。ところが目の前にプロトタイプを示すことで、発想が広がることはよくある。

プロトタイプ作成に想定カスタマーを巻き込むことができれば、プロトタイプがない状態でのインタビューでは引き出せない潜在的なニーズを拾い出せるだろう。「実際にプロダクトを手に取って使ってみて思ったのですが、XXXXの機能があったらもっと使いやすいですね」などのインサイトを顕在化できる。

理由③
多様なパターンを検証できる

プロトタイプをユーザーに見せればその場でフィードバックが得られるのですぐに軌道修正ができ、1回当たりのニーズ調査は短時間で済む。結果的に多様なパターンを試すことができる。プロトタイプを作る時も時間をかけて細部まで作り込むのではなく、必要最低限にとどめて迅速かつ柔軟に修正していくことにフォーカスすべきである。

理由④
メンバーのモチベーションが向上する

メンバーたちで手を動かしたり、意見を出し合ったりしながらプロトタイプを作ると何が起きるか。それぞれの立場の人たちがそのプロダクトを「自分ごと」として考えるようになる。

このメリットは大きい。

プロジェクトマネジャーは「現場に任せておけばいい」と思いがちで、デザイナーやエンジニアは「仕様書通りにやればいい」と思いがちだ。また、カスタマーサイドも、たとえそれが自分たちの課題を解決してくれそうだと思っていても、設計については「発注業者に任せればいい」と考えるのが普通だろう。

プロトを共同で作っていく過程で、こうした「他人任せ」の考えを捨て去ることができる。プロトタイプ作成を通じて、メンバーが主体性を高められる。

最初はペーパープロトを作る

実際にプロトタイプ（プロト）を作っていこう。

プロトといっても、様々なツールがあり、実際の使い勝手まで分かる「インタラクティブモック（アップ）」、専用ソフトを使って必要なコンポーネントをきれいにレイアウトした「ワイヤーフレーム」、全て紙に手書きしただけの「ペーパープロト」と、いくつかの段階がある。前に挙げたものほど細部の正確性が高いが、その分、作成に時間がかかる。

スタートアップが最初に作るプロトはペーパープロトで十分だ。プロダクトの再現性は低くても、圧倒的に作成スピードが速いからだ。下記にペーパープロト作成のポイントを整理してみた。

■プロト案をベースに複数作ってみる

作成スピードが速いということは複数のバージョンを作ることができるということだ。プロトの段階でアイデアを狭める必要はない。しっくり来ないなら納得がいくまで案を作ってみよう。

■スピード感と精度のバランスを保つ

いくらペーパープロトがすぐに作れるからといって、プロダクトのUXが伝わらないようなあまりに雑な作りだとプロダクトのイメージが湧かず、十分なインタビューができない。ある程度のリアリ

図 3-2-2

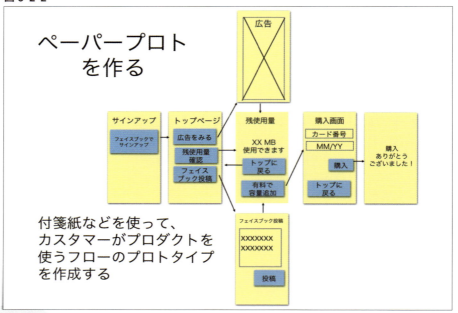

ティーがあるプロトを作成すべきだ。

■ メンバー全員で共有しながら作る

ここは非常に重要なポイントだ。

パソコンでプロトを簡単に作成できるソフトも確かにある。しかし、パソコン画面で作業をしてしまうと大人数で意見を出し合いながら調整していく作業がしづらい。

やはり、初回や2回目は付箋をホワイトボードに貼り付けながらチームメンバー全員で考えることが重要だ。

様々なバックグラウンドを持ったメンバーが、ワイワイガヤガヤとディスカッションをし、前提条件や言葉の意味の食い違いを是正していく。これこそスタートアップの醍醐味であり、ダイナミズムを生む要因だ。

もし意見が分かれたら、無理やり結論を一つにまとめず、ペーパープロトの「第2案」として形に残し、それぞれをユーザーにぶつけてみればよい。また、各メンバーが別々にペーパープロトの案を作ってみてから、持ち寄って発表し合うというやり方も有効だ。

プロトを構築する際の留意点

プロト案やペーパープロト、そしてツールプロトを作る時に共通する留意点について簡単にまとめてみた。

■ 最低限のUI/UXデザインの原則に沿って、設計する

時間をかけて凝ったデザインにする必要は一切ない。ただ、アプリの画面を分かりやすくするには、ある程度デザインの原則があるので、それに沿って作るとよい。細部のデザインにこだわるより、バージョンを増やしたほうが効果は高い。

■ カスタマーがプロダクトのUXに期待するメンタルモデルを想定する

どんなカスタマーも実際にそのプロダクトを触る前に、何かしらの「期待」を持っている。想定したペルソナのエンパシーマップやカスタマージャーニーで見たカスタマーの感情の起伏を確認し、どのような期待を持ってプロダクトに対峙しているのかを想定しながらプロト開発をしたい。

図 3-2-3

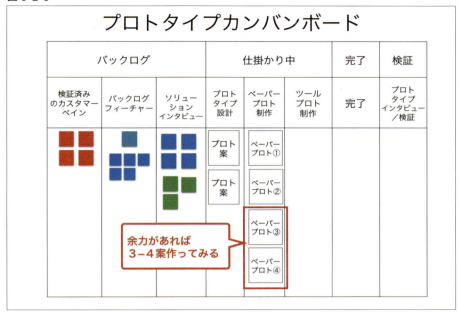

■ カスタマーにプロダクトの使い方を学ぶことを強制しない

「何度か使い、ようやく操作に慣れる」
「ヘルプを参照しないと、次の操作に進めない」

作り手本位のプロダクトほど、こうした事態が起きる。アプリであろうと、ガジェットであろうと、説明を見なくてもすいすい使えるUXを目指したい。

■ 市場で既に受け入れられているプロダクトのUXを調べる

既に市場で受け入れられているプロダクトのUXを徹底的に分析し、なぜそのプロダクトがカスタマーを引きつけているのか、UXの観点で分析すると思わぬ学びを得られる。

例えば2007年ごろに大ヒットした携帯向けゲーム「怪盗ロワイヤル」の生みの親である元DeNAの大塚剛司氏は、ゲームの立ち上げ責任者に抜擢されるまでゲームをほとんどしたことがなかった。

DeNAの創業者である南場智子氏の著書『不格好経営』によると、大塚氏は、責任者に任命された日から毎日携帯電話やスマホ向けの様々なゲームを遊び倒した。人気ゲームだけではなく、人気のないゲームも総ざらいして、成功するゲームのエッセンスを抽出したという。

的確にエッセンスを抽出できた大塚氏は確かに天才的なセンスの持ち主だといえるが、その前段階の調査が効いた。大塚氏のように、世の中で高く評価されているプロダクトの成功要因を分析する習慣を普段から持つようにするとよい。

ツールプロトを作る

ペーパープロトの良さは、全員で意見を出し合いながら作り込めることだ。ただ、ペーパープロトでは、実際のプロダクトの動きは正確に再現できない。

ペーパープロトを使ってストーリーの候補が固まってきたら、プロダクトの動きもある程度再現できる各種ツールを使ったプロト（ツールプロト）を用意し、実物に近い状況を再現して検証し、カスタマーから詳細なフィードバックを得たい。

ツールプロトでは、ストーリーや画面フローに合わせて画面の順番を組み立て、タップできる範囲を指定したり、簡易な

注）『不格好経営』（南場智子著、日本経済新聞出版社）

注）ツールプロトには「ワイヤーフレーム」「インタラクティブモック（アップ）」などがある。前者はアプリの画面を構成する要素を並べただけのもの。後者はさらにデザインを精緻にし、実際の操作を想像しやすくしたもの。

図 3-2-4

ツールプロトタイプの使用例

起動画面　ウエルカム画面　チュートリアル動画　メニュー画面

注）バルサミコについては、以下のサイトを参照。
https://balsamiq.com

インタラクションを作成したりする。

　スマホアプリ開発の場合は、ウェブ上で誰でも簡単にアプリのワイヤーフレームが作成できるバルサミコ（Balsamiq）というサービスが便利だ。参考までに本書を通じたサンプルである無料Wi-Fi接続サービスAnywhere Onlineのツールプロトの作例を紹介する（図3-2-4）。ツールプロトの作成は、ペーパープロトがあれば作業は30分もかからない。ツールプロト作成のポイントは次の通りだ。

■直感的に使用でき、使いやすいか

　ダウンロードされるなどして、カスタマーの手元に渡ったプロダクトは即座に使い始められる。直感的に使用方法が分からないプロダクトは、その時点で失格の烙印を押されて二度と使われなくなる。特にアプリの場合は、基本的に取り扱い説明書が存在しない。ダウンロード後、すぐに使い方を理解できて次回以降も迷わず使えるかどうかが重要だ。

■機能の優先順位は明確か

　必要とされるコンテンツがすぐに分かるデザインになっているか。頻繁に使われる機能が分かりやすい場所に割り当てられているか。使いやすさと分かりやすさはUXデザインの基本。それを実現するには、機能の優先順位に従ってメリハリのあるUXにする必要がある。よく使われる機能が押しにくい場所にあったり、画面をスクロールしないと必要な情報が見えなかったりするアプリは論外だ。

■デザインに一貫性があるか

　使いやすさを考える上では「プロダクト内で用いるインタラクション（操作ボタンなど）が一定のルールでデザインされているか」も重要なポイントだ。アプリで画面が切り替わるごとにボタンなどのデザインが少しずつ変わるのでは、ユーザーは迷ってしまいすぐにアプリの使用をやめてしまう。

■可逆性は担保されているか

　世の中にはカスタマーの操作に対して一方向にしか動作せず、後戻りできないプロダクトがあふれている。これでは良いユーザー体験は提供できない。メーンページや前のページに簡単に戻れたり、操作の取り消しができたりすることは基

図 3-2-5　見やすいアプリ画面のデザインには基本原則がある

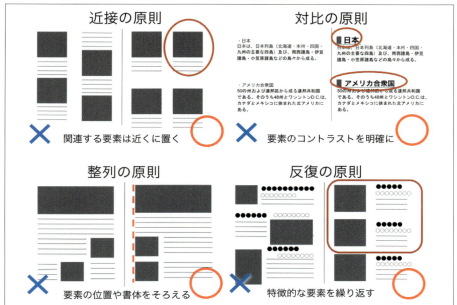

本だ。そういった安心感も優れたUXを実現するための重要な要素だ。

こうしてツールプロトを作り終えたら、プロトタイプカンバンボード上の作業に戻り、付箋を「完了」の項目に移す。

こうしたプロトの磨き上げは、メンバー全員でペーパープロトを使って進めていくことがお勧めだ。プロト作成の目的の一つは、このプロセスを通じ、プロダクトに対してメンバーが主体性を持ち、「自分ごと」として取り組めるようになる点にあるからだ。

初期は役割に境界線を設けない

プロダクトを「自分ごと」として考えるという観点はスタートアップにとって不可欠な要素なので、もう少し補足する。

一般企業におけるプロダクト開発はいわゆるウォーターフォール型で、ビジョンの策定、戦略立案、UXデザインの作り込み、機能の実装、テストと検証などは専門の部署が行う。

しかし、初期のスタートアップがこのような役割分担に厳密な境界線を設けてはいけない。作る人と顧客と話す人が同じであれば、ユーザーが求めていないプロダクトになる失敗を防げる。結果として、スタートアップの最大の強みであるスピード感を持って、カスタマーに欲しがられるプロダクトを実現できる。

そもそも縦割りの職務分担は、複雑なオペレーションを達成するための手段に過ぎない。まだ組織内の役割が細かく決まっておらず、人事評価制度があるわけでもないスタートアップが職務分担にこだわるのはナンセンスだ。

もちろん、スタートアップが成功するには様々な役割が必要になる（章末のコラム『共同創業するチームをつくる』を参照）。ただし、初期のスタートアップのメインオペレーションはカスタマーの欲しがるものを探し、具現化することだ。だからメンバーはエンジニア（Hacker）であろうとデザイナー（Hipster）であろうと、全員が徹底的にカスタマーに寄り添うべきなのだ。

逆に言えば、メンバー全員がカスタマーにフォーカスすることなど大企業ではやりたくてもできない。役割に境界を設けないことはスタートアップにとっての唯一の強みなのである。

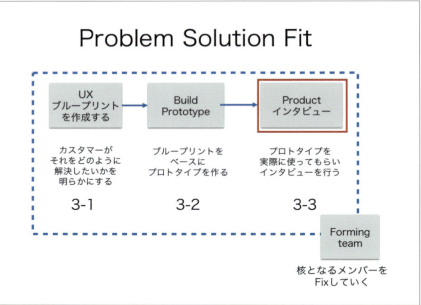

図 3-3-1

3-3 プロダクトインタビュー

カスタマーの声がリスクを減らす

ここからは、プロダクトインタビューを実施していく。初見のユーザーにプロトタイプを手に取ってもらい、画面遷移の流れに沿って、操作手順やコンテンツの分かりやすさ、目的を達成するまでの快適度などを聞き出していく。

特に重要な検証項目は、そのソリューションを使って課題が解決するまでの一連の流れ。アクティベーション（使い始める段階）からコンバージョン（有料版の申し込みなど、何らかの最終成果を得ること）までの流れがスムーズかどうか、ファウンダー自身がユーザーを直接観察して確認する必要がある。

満足な回答を複数の被験者から得られるようになったら、ようやくプロブレム・ソリューション・フィット（PSF）の達成である。

カスタマーとの対話は、誰も欲しがらないものを作ってしまうリスクを減らすために不可欠だ。多くのスタートアップは、ソリューションの磨き込みばかりに専念して、カスタマーからフィードバックを得るタイミングが総じて遅い。

PSFの段階で、カスタマーの声をもとにソリューション仮説を更新・転換することは、実際にプロダクト（MVP）を投入した後のピボットに比べて、時間や人的リソースの無駄が圧倒的に少なくて済む。この段階でカスタマーの声に耳を

注）アクティベーションはオンボーディング（乗船するの意）ともいう。

Chapter 3　PROBLEM SOLUTION FIT

図 3-3-2

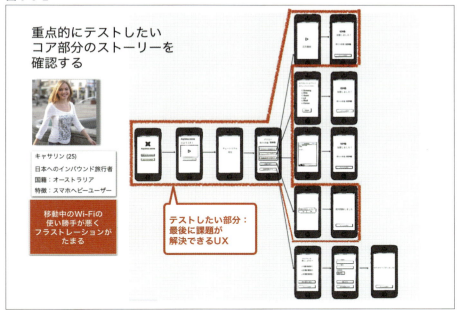

傾けることは、スタートアップが生き残る確率を高める。

　一見すると、スタートアップの活動はギャンブル性の高いものに映る。しかし、CPF（第2章）、PSF（本章）、PMF（第4章）と段階を経てプロダクトの開発を進めることで、システマチックにリスクを排除できる。アマゾン創業者でCEOのジェフ・ベゾス氏も下のように述べている。

プロダクトインタビューの手法

　では、プロトタイプを用いたプロダクトインタビューの方法を紹介しよう。CPFの段階で課題に対するニーズを質問したアーリーアダプターのカスタマーに再び依頼してもいいだろう。プロトタイプは1つだけなく、比較して評価してもらえるように最低でも2つ用意してインタビューを行いたい。

　プロダクトインタビューで投げかけるべき質問のフォーマットとインタビューのサンプル、そしてインタビュー終了時のチェックリストを用意したので参考にしてほしい。第2章のインタビュー同様、自分が話すのではなく、できるだけインタビュー相手に話させるようにする。

プロダクトインタビュー質問リスト
● これは何をするものだと思いますか？
● 今、何をしようとしていますか？
● あなたはXXXという文言をどう解釈しますか？
● XXXというボタンは何をするものだ

注）ジェフ・ベゾス氏のコメントは以下の講演より。
https://www.youtube.com/watch?v=O4MtQGRIluA

"誤解されがちだが、優れた起業家はリスクを好まない。
リスクを抑えようとするんだ。
会社を始めること自体、既にリスクがある。
だから創業期には体系的にリスクを排除していくんだ"

ジェフ・ベゾス
アマゾン・ドット・コム CEO

注）バックログは積み残し、残務の意味。開発を進めるべきだが、まだ着手できていない機能などのこと。

と思いますか？
●次は、何をしますか？
●XXXボタンを押したら期待通りに動きましたか？
●期待通りでないならば、どのように動くと期待していましたか？
●こういったソリューション（プロダクト）を導入する際に、必然的に伴ってくる費用はありますか？（新しい備品、トレーニングなど）

プロダクトインタビューのチェックポイント

✔「今すぐこれが欲しい」という反応があったか？
✔そのプロダクトを使っていて何かつまずいたことはあったか？
✔課題を解決できる実用上最小限のプロダクト（MVP）を明確にできたか？
✔ユーザーがUXで何をフォローしてほしいか、どのようなプロダクト体験をしたいかについて言語化できたか？

インタビュー結果を学びに変える

　学びの効率を上げるには、ユーザーがプロトを使っている様子を、相手の同意を得た上で録画してみよう。録画を見ながら、メンバー全員で振り返るとプロトが抱える課題が分かりやすい。

　ユーザーは、口では「分かりやすいです」と言いながらもプロトを使う手が止まったり、逆に「複雑ですね」と言いながらすいすい操作していたりするもの。ユーザーの体の動きから、言葉では読み取れない情報を集めることが重要だ。

　録画を振り返りながら、気が付いたこともメモしていく。メモをもとに、プロトの「うまくいっている部分」と「うまくいっていない部分」を洗い出す。

　インタビュー結果を振り返った結果を整理し、これを148ページで解説したプロトタイプカンバンボードに反映していく。ユーザーから「この機能がないと使

いにくい」といった声があったフィーチャーがあれば、カンバンボードの「バックログフィーチャー」に付箋を追加し、検討課題にする。また、ユーザーの評価が低かったフィーチャーは「バックログ」の付箋を削除して検討をやめる。

　失敗するスタートアップはNice-to-haveのフィーチャーを加えすぎる傾向がある。ユーザーの声をもとに余分なフィーチャーを絞り込み、コア機能のプロト作りに時間を割くようにする。与えられた時間で成果を出すには、余計なものを開発しない効率の良さが大事になる。

　また、プロダクトインタビューでも、ユーザーの声を謙虚に学ぶ姿勢が重要になる。インタビュー相手によっては、「こんなプロダクト、誰が使うんだ」と酷評されることもあるだろう。

　その場合、聞き流すのではなく、なぜ必要ないと感じたのか、その理由をしっかり聞きたい。うまくいったケース（成功事例）よりも、うまくいかなかったケース（失敗事例）のほうが多くの学びがあるからだ。特に「事前の仮説を覆すもの」や「耳が痛いもの」ほど重要だ。

　第1章でも触れたようにスタートアップに不可欠なことは、創業メンバー自らがカスタマーと対話をすること。理想を言えば、カスタマーのコミュニティーの輪に入っていき、カスタマーの声のフィードバック、修正、検証の高速な循環を繰り返して短期間で学習することだ。

Problem Solution Fit 終了の条件

　第3章の目的を改めて振り返ると、課題を解決するためのソリューション仮説の質を高めることであった。第1章で解

Chapter 3 PROBLEM SOLUTION FIT

図 3-3-3 インタビューから見えた課題をバックログに追加

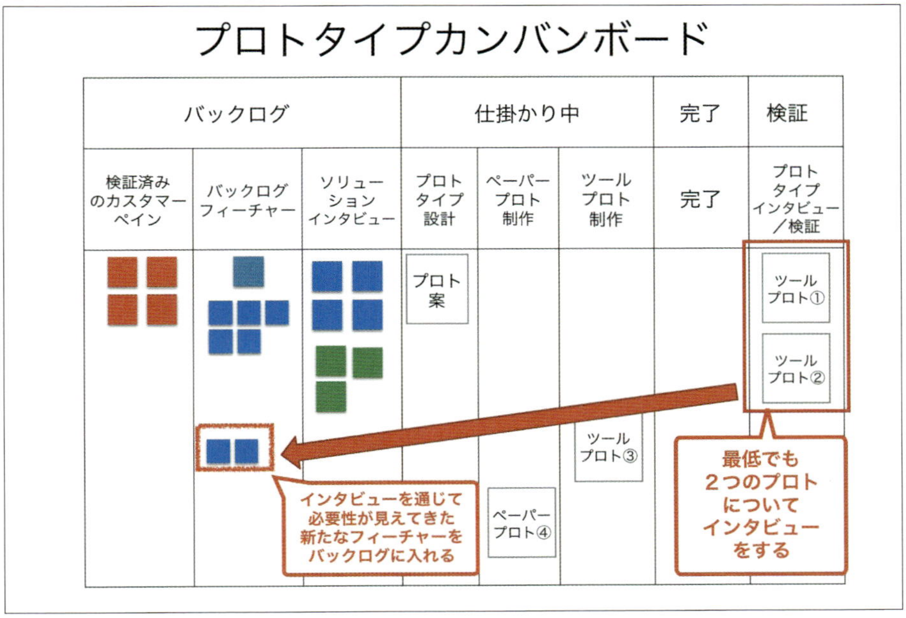

説したリーンキャンバスで言うところの「ソリューション」と「独自の価値提案」の検証である。「独自の価値提案」を提供する「ソリューション」が、カスタマーの課題を解決するという確信を持つことができるようになるのが、このステージの目的である。

プロトタイプの作成とインタビューの繰り返しにより、PSF（課題に対するソリューションの適切さ）を実現できているか。それを判断するには、現在のソリューションについて次のような質問を自らに問い、条件を満たしているなら次の段階に進んでいいだろう。

PSFの終了を判断する質問

●顧客がそのソリューションを利用する理由を明確に言語化できるか？（そのソリューションが提供する価値を説明できるか？）
●ソリューション仮説の磨き込みを通じてカスタマーが持つ課題の理解がさらに深まったか？
●その課題を解決できる必要最小限の機能を持つソリューションの洗い出しができているか？

（Nice-to-haveの機能を除外して、Must-haveの機能だけに絞り込んでいるか？）
●一時的UX、予期的UX、エピソード的UX、累積的UXを含めたカスタマーが期待すること全体を言語化できているか？（ユーザーが途中で離脱したら、その理由を言語化できるか？）

検証の結果、自分たちが立てたソリューション仮説に基づくプロトタイプが課題を解決できないことが分かったら、もう一度、第3章の冒頭、UXブループリントの作成に立ち戻ろう。こうして、できるだけ小さな単位で修正を繰り返して（スプリントを回して）、十分な価値提案ができるまで磨き上げるのだ。

スプリントとは、Must-haveなフィーチャーの洗い出し→UXブループリントの作成→プロト作成→プロダクトインタビューという工程を短期間で繰り返し、そこで得た気づきを反映しながらプロトづくりを進めることだ。

作業に慣れてきたら、1カ月の間に何回もスプリントを繰り返すことができるだろう。コストは、インタビュー相手へ

注）スプリントとは、システム開発手法「アジャイル開発」で用いられる短い開発期間の区切りのこと。別の流派では「イテレーション」とも呼ぶ。

アジャイル開発とは、開発単位を短く区切って何度も繰り返し、最終的なリスクを最小化するシステム開発手法の一つ。

リーン・スタートアップはトヨタ生産方式とアジャイル開発をもとに、スタートアップのリスクを最小化する考え方として生まれた。

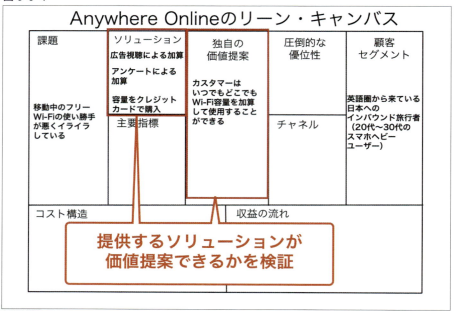

図 3-3-4

の謝礼とモックを作るツールの費用程度なので、数万円程度で済む。

一つ留意すべき点は、Problem Solution Fit（PSF）の段階でプロトタイプによって検証できる内容は限られているということ。MVPという実際のプロダクトがあるわけではないので、ユーザーインタビューによる定性的な検証しかできない。また、収益性もまだ分からずビジネスモデル自体の検証もできない。

ある程度納得できるレベルまでPSFを実現できたら、いよいよ次のステージに進み、ユーザーの反応を探るために実際にプロダクトを作る（MVP作成の）段階に踏み出そう。

デザインスプリントメソッドとは

ここまで解説してきたソリューション仮説のプロセスを、より高速に実践する開発メソッドを紹介しておこう。

グーグル内のVCであるグーグル・ベンチャーズがスタートアップ支援のために用いている「デザインスプリント」というプログラムだ。

このプログラムでは月曜日から金曜日までの5日間という短期集中型で、新規アイデアをプロトタイプとして具体化し、実際のカスタマーに近い被験者へのインタビューを通じ、アイデアの妥当性や効果の検証を高速で繰り返す。

この手法は、プロダクトを実際に作って市場に出すことをせず、「アイデア出し」と「カスタマーから学びを得ること」だけに特化して、高速で作業を繰り返すところに特色がある。

ちなみに日本にも上陸しているコーヒーチェーン、ブルーボトルコーヒーもこのメソッドを経て生まれている（グーグル・ベンチャーズは、ブルーボトルコーヒーに最初の段階で出資している）。

デザインスプリントの期間中に行われるアクティビティーは多くのスタートアップにとって参考になるので、リストにまとめてみた。

■デザインスプリントの概要

月曜日(Day 1)：現状の課題について書き出し、あるべき姿を明確にする。専門家に課題について質問する。

図 3-3-5　アイデアと学びだけを高速で繰り返す

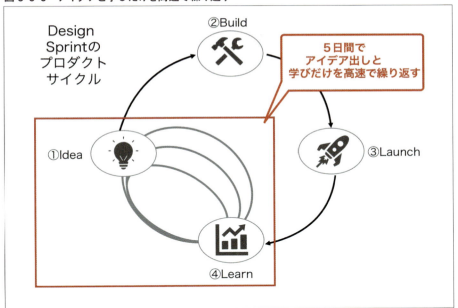

火曜日(Day 2)：ソリューションを考えて、小さなステージごとにブレークダウンして、他のメンバーにデモをする。

水曜日(Day 3)：それぞれのソリューションを共有して、良い部分を抽出。良い部分がストーリーとして一つにつながるようにする。

木曜日(Day 4)：メンバーに役割をアサインして（リサーチする人、UIをデザインする人、パーツを作る人など）プロトタイプを作成し、テストする。

金曜日(Day 5)：カスタマーにプロトタイプを見せる。うまくいっているプロトタイプ、それ以外のプロトタイプを見極める。その結果からさらに「次のスプリント」が必要か見極める。

やはり驚くべきはそのスピードだ。

初日でいきなり専門家を呼んで、プロダクトの最もリスクの高い部分であるCustomer Problem Fit（CPF、課題が存在するか？）の検証を開始。2日目でフィーチャーの洗い出しを含むプロトタイプ案の作成まで進め、3日目でソリューションへのフィードバックを実施。4日目で一気にプロトタイプを作り、5日目でプロダクトインタビューを行っている。

デザインスプリントのプロセスが秀逸なところは、2日目のPSFの作業（プロトタイプ案の作成）はメンバーが5人いるなら、全員が個別にソリューション仮説を考えることだ。5通りの案ができるので、それを発表して、お互いへのフィードバックを通じて、互いの案の「いいとこどり」をしながら最終的なソリューション仮説をつくり上げる。

この手法はスタートアップだけでなく、企業内の新規事業立ち上げにも有効だ。

共同創業するチームを作る

本気のメンバーを見極める

　第2章までのテーマは「課題を洗い出すこと」と「その課題が求められているものかを、カスタマーにインタビューすること」だった。その段階では、課題をスタートアップのメンバー全員が共有することが大事であり、メンバーごとの役割分担は必要なかった。

　第3章で解説してきたProblem Solution Fitの段階になると、ある程度、工数のかかる仕事がいくつも出てくる。カスタマーとの対話とスタートアップメンバー間のブレストを行き来してソリューション仮説を立てたり、実際にプロトタイプを作ったりするなどだ。

　こうした仕事をメンバー同士で少しずつ役割分担することが必要になり、ファウンダーはどのようなチームで共同創業するかを考え始める時期が訪れる。実際の起業はもう少し先になるが、この辺りから、メンバー一人ひとりのコミットメントの強さを見極めることが大事になる。

　当然、十分なコミットメントができないメンバーや、課題に思い入れがないメンバーは離脱していくことになる。ただし、この時点でチームを離れるメンバーがいることは悪いことではない。むしろ、本気で取り組むメンバーだけが残ることはチームの結束を強くするので、歓迎すべきである。

共同創業が有利なわけ

　では、創業メンバーを集める上でどのような点を考慮すべきか。

　まず、大成功を収めているスタートアップの多くは共同創業である。マイクロ

図3-4-1

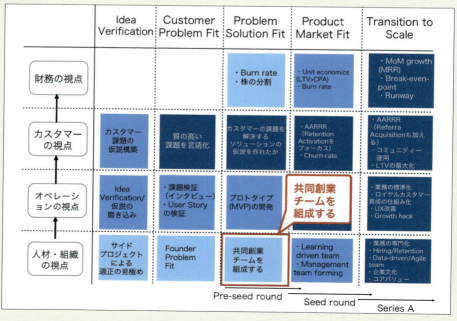

ソフトのビル・ゲイツ氏とポール・アレン氏、アップルのスティーブ・ジョブズ氏とスティーブ・ウォズニアック氏ら、グーグルのラリー・ペイジ氏とセルゲイ・ブリン氏など枚挙にいとまがない。

失敗することを少しでも回避したいなら、共同創業を考えたほうが得策であることは事実だ。

その最も大きな理由は、ファウンダー1人だけではあらゆる作業の効率が下がるからだ。

スタートアップ支援の米スタートアップ・ジーノウムがまとめたレポート「Startup Genome Report」の2012年3月版に、ファウンダーの人数と、その会社がスケール（規模拡大）するステージに到達するまでにかかった平均期間を示したデータがある。

ファウンダー2人の場合と比べて、ファウンダー1人の場合は、3.6倍も時間がかかっている。また、技術に強いファウンダーとビジネスに強いバックグラウンドを持つファウンダーの組み合わせは、そうでないファウンダーよりも30%多く資金調達できており、ユーザーの伸びは2.9倍になるという結果が出ている。

共同創業者がいるほうが有利な点はほかにもある。異なったバックグラウンドの共同創業者がいれば、変化の多い市場環境の中で、幅広く情報収集ができるので視野も広がる。

また共同創業の場合は、ビジネスまたは技術のどちらかに強いファウンダー1人による創業に比べて、プレマチュア・スケーリング（時期尚早の拡大）に陥ってしまう確率が19%少ないという。

単独で創業する場合、他のメンバーからのチェックやけん制が入りにくく、課

注）米Startup Genomeの『Startup Genome Report—A new framework for understanding Why startups succeed』（2012年3月）

図 3-4-2

成功した多くの
スタートアップは共同創業

企業	共同創業者
MICROSOFT	Bill Gates、Paul Allen
APPLE	Steve Jobs、Steve Wozniak、Ronald Wayne
GOOGLE	Larry Page、Sergey Brin
フェイスブック	Mark Zuckerberg、Eduardo Saverin、Dustin Moskovitz 他
AIRBNB	Brian Chesky、Joe Gebbia、Nathan Blecharczyk
TWITTER	Jack Dorsey、Noah Glass、Biz Stone、Evan Williams
PAYPAL	Max Levchin、Peter Thiel、Luke Nosek、Ken Howery
DeNA	南場智子、川田尚吾、渡辺雅之
グリー	田中良和、山岸広太郎、藤本真樹
サイバーエージェント	藤田晋、日高裕介

注）ブライアン・チェスキー氏の発言は以下の講演より引用。
https://www.youtube.com/watch?v=RfWgVWGEuGE

注）サム・アルトマン氏の最初の発言は以下より。
http://startupclass.samaltman.com/courses/lec02/

2つ目の発言は以下より。
http://playbook.samaltman.com

題検証やソリューション検証が十分に行われていないのに、拡大に突き進んでしまう傾向があるからだ。

Y Combinatorが主催したレクチャーでAirbnbのCEO、ブライアン・チェスキー氏がこう語っている。

「学んだことやタフなことを言葉にして共同創業者と話し合うことが、学習を加速する」

共同創業は様々な取り組みの実行が早くなるだけではなく、学習効率も上がりやすい。いち早くカスタマーなどからの学びを反映できたスタートアップだけが生き残る世界であることを考えると、その重要性を理解できるだろう。

理想は「ボケとツッコミ」

私の持論だが、スタートアップの共同創業者の理想的な組み合わせは、お笑いの「ボケとツッコミ」だと思っている。クレイジーなアイデアを出したり、ビジョンを語れる人がボケで、それを実現するために実現可能な戦略・戦術に落とし込むことができる人がツッコミだ。

スティーブ・ジョブズ氏、イーロン・マスク氏、マーク・ザッカーバーグ氏、日本だと孫正義氏などが強烈なビジョナリーであり、ボケだと言える。ボケの大風呂敷なアイデアを、実現可能な戦略・戦術に転換できるツッコミがいないと、ビジネスはブレークスルーしない。

グーグルの場合、ラリー・ペイジ氏とセルゲイ・ブリン氏は二人とも研究者タイプのいわゆるボケだった。そこにエリック・シュミット氏という数々のIT企業を経営してきた大人のツッコミが加わり、グーグルはブレークスルーした。

創業者に必要な「やり抜く力」

日本でもベストセラーになった『やり抜く力 GRIT』（ダイヤモンド社）の著者、アンジェラ・ダックワース氏は、同書で

こう指摘している。

「知能のレベルが最高でなくても、最大限の粘り強さを発揮して努力する人は、知能のレベルが最高に高くてもあまり粘り強く努力しない人よりも、はるかに偉大な功績を収める」

スタートアップの創業者に求められるのも、どんな局面に置かれても諦めずに最後までやり抜く力だろう。

ダイソン創業者のジェームス・ダイソン氏が、自分が納得のいく掃除機を作るまで約5200回失敗しているのは有名な話だ。普通の人なら10回失敗したら、ほとんどが諦めるだろうが、彼は諦めなかった。

創業者の資質についてY Combinatorのプレジデント、サム・アルトマン氏は「you need someone that behaves like James Bond（あなたにはジェームズ・ボンドのような人が必要です）」という面白い表現をしている。

したたかで実行力があり、そして何より粘り強い人間を探そうという意味だ。

ただし、アルトマン氏はこうも言っている。

「優れた起業家は、頑固さと柔軟さをバランスよく持っている。会社のビジョンを信じて行動しつつ、時には新しいことを取り入れる柔軟性が必要である」

粘り強さは重要だが、一つの考えに固執することは良くないということである。

つらい時に支え合えるか?

スタートアップは、真っ暗なトンネルのはるか向こうに見える小さな光を追って、何度も転びながら走っていく活動だ（本書がそのトンネルを抜ける道しるべになればと思うが）。

共同創業の意義はつらくタフな道を進む時に、お互いを精神的に支え合うことができる点にある。

はっきり言って、スタートアップはつらいことばかりともいえる。

ユーザーの反応を知るために投入したMVPの評価が低く、ピボット（プロダクトの軌道修正）をしている最中は、限りなく死に近い体験を味わうことになるだろう。セールスをかけようとしても、誰も知らない企業なのでアポを取ることすらままならない。

書いたプログラムコードの90％は捨てることになるし、資金調達に走り回っている時は、心配のあまり寝付けない日もある。

Y Combinatorのパートナーであるジェシカ・リビングストン氏は「スタートアップは拒否されることの繰り返しです」と話している。

そんな状況で、スケールできる日まで頑張ろうと励まし合い、共闘できる仲間がいることはとてつもなく大きな意味がある。

理想的な創業チームとは？

では、理想的なスタートアップの創業チームはどのようなメンバー構成がふさわしいのか。

シリコンバレーでは互いに機能補完できるスタートアップメンバーとして、「3H」（ハッカー、ハスラー、ヒップスター）が重要とよく言われる。それに加え、お笑いの「ボケ」と「ツッコミ」で例えて説明したように、ビジョナリー（ボケ）とストラテジスト（ツッコミ）の役割を持つメンバーが両方いるのかも重視しておきたい。

■ハッカー（Hacker、開発者）

単なるテクノロジーオタクではなく素早くプロダクトを開発できる人だ。常に疑問を持ち、完全なものなどないと信じて、より洗練されたものを創造することができる人でもある。アップルの共同創業者の1人であるスティーブ・ウォズニアック氏や、マーク・ザッカーバーグ氏などは典型的なハッカーだ。

■ハスラー（Hustler、敏腕な仕事人）

多くのカスタマー、ステークホルダー、提携先候補を常に見て、適切な人間関係を構築できる人。パッションにあふれており、ビジネスセンスも優れている。フ

図 3-4-3

"スタートアップは拒否されることの繰り返しです"

-ジェシカ・リビングストン
Y Combinator, Partner

写真＝Getty Images

注）ジェシカ・リビングストン氏の発言は以下より。
https://www.youtube.com/watch?v=KQJ6zsNCA-4

ェイスブック初代CEOで、ナップスターの創業者でもあるショーン・パーカー氏、Airbnbのブライアン・チェスキー氏などは典型的なハスラーだろう。

■ヒップスター（Hipster、流行に敏感な人）

デザイン性の高いUX/UIを設計、実装できる人。機能が優れているだけではプロダクトがコモディティー化してしまうため、センスのよい使い勝手を実現できるヒップスターの役割は大きい。アップルの製品も、インダストリアルデザイン部門を率いてきたジョナサン・アイブ氏がいなかったら、これだけ普及することはなかったはずだ。

■ストラテジスト（Strategist、戦略家）

スタートアップの参謀役だ。ビジョナリーが掲げた大風呂敷な目標を達成するために、現実的なロードマップとマイルストーンを設計できる人だ。そこからビジネスを推進するキードライバーを策定し、具体的な戦術とアクションに落とし込める人。フェイスブックの COOであるシェリル・サンドバーグ氏などは 優れたストラテジストと言える。

■ビジョナリー（Visionary）

クレイジーなアイデアと壮大なビジョンを持ち、ビジネスやプロダクト全体のあるべき姿をを描ける人。孫正義氏、スティーブ・ジョブズ氏のように、一見すると不可能と思える大風呂敷を広げるような人が該当する。

スタートアップに求められる5つの役割を挙げたが、1人2役、3役をこなしても構わない。

あくまでも大事なことは、上記の役割をこなせる人材が共同創業メンバーの中に揃っているかどうかである。

そして上記のような資質を持つメンバーのそれぞれが、2章でも述べた通り、あなたが課題に取り組む明確な理由、「Why you?」（なぜあなたがやるのか？）、「Why your team?」（なぜあなたのチームがやるのか）という自負を持っていることが重要である。

スタートアップの創業メンバーには、

図 3-4-4

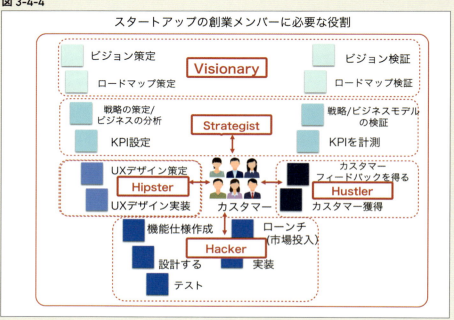

これまで説明したような資質を持つ人がそろっていることが望ましいが、PSFの段階ではその資質に応じた役割分担をするのは時期尚早だ。

スタートアップの初期には、創業メンバーは全員がプロダクトの開発から顧客へのインタビューまであらゆる仕事をこなすべきである。

メンバー全員がカスタマーと接し、直面している課題は何かを知り、それに対する問題意識、ソリューションの方向性などを共有でき、チームの結束力を高めることができるからだ。

メンバー全員が常にカスタマーとの対話を中心に思考し、それをベースにそれぞれの得意とするスキル、経験、知識を活用して、カスタマーにどのように貢献できるかを考えればよい。

1人2役、3役が望ましい

一般企業では、高度な専門性を持つ人材が役割分担することで、バリューチェーンの一部を効率的にカバーしている。そうした一般企業における組織運営の「最適化」は、初期段階のスタートアップには必要ない。役割分担による組織運営はPMFを達成し、事業をスケールする段階で改めて考えるものだ。

スタートアップのメンバーはそれぞれ専門分野を持ちつつも、2役、3役がこなせるゼネラリスト（ビジネスの広い範囲をカバーできる人）として働き、互いに補い合いながらクロスファンクショナルに仕事をすることが望ましい。

私は今まで相当数のスタートアップ創業者と会ってきた。その中で、このスタートアップはうまくいかないだろうと感じることが多いのは、創業メンバーが自分の得意分野のことしか知らない場合だ。CTO（最高技術責任者）が技術開発ばかりでカスタマーとほとんど接したことがないケースや、CEOが資金調達など事業運営のこと一辺倒で、技術のこと

を全く理解していないケースだ。

これでは、互いに得意分野をカバーし合えず、ユーザーの気持ちに刺さるプロダクトを実現するソリューションにたどり着くのは難しい。

Startup Genome Report 2012年3月版は、スケール前の段階におけるスタートアップの平均人数を紹介している。これによると、成功したスタートアップがスケールする前の平均メンバー数は7.5人未満。そして、適切にスケールできた際に、メンバーを平均で20数人にまで増やしている。

一方、失敗したスタートアップはスケール前のタイミングで20人近くに達している。スケールできる条件が整う前に資金調達し、無理に人を雇い入れて組織が大きくなっており、プレマチュアスケーリングの典型例と言える。

スタートアップの初期段階から、多くのメンバーがいれば、互いの仕事を分担していち早くPMFを達成して、スケールを実現できそうに思える。しかし、第3章のPSFの段階までは、早く仕事をすることは重要ではない。

課題が適切か、課題を解決するソリューションは適切かといったことを、いかに早く学ぶかが最も重要なのだ。そのためには、メンバーの平均人数を減らして各自が幅広い仕事を手掛けるほうが、カスタマーの反応から技術課題までより多くのことを学ぶことができる。

メンバーはピボットできない！

「スタートアップとは、君が世界を変えられると、君自身が説得できた人たちの集まりだ」

ピーター・ティール氏は、スタンフォード大学の講義で残した有名なフレーズを著書『ゼロ・トゥ・ワン』（NHK出版）の中で紹介している。

スタートアップにとっての数少ない競合優位性の一つはビジョンであり、その

注）米Startup Genome の『Startup Genome Report Extra on Premature Scaling』（2012年3月）

注）CB Insightsの記事は、以下を参照。
https://www.cbinsights.com/research/startup-failure-reasons-top/

ビジョンを掲げて有能な仲間を集めることができるところだ。

だからこそ、ビジョンを共有できないメンバーを集めて創業チームを組むことは絶対に避けるべきだ。

しかし、気軽に共同創業者探しをしている人をたまに見かける。プログラミングができるからとか、業界に多くの人脈を持っているからとか……。そうした表面的な理由だけを見て、ビジョンに対する思いの強さなどは確認せず、創業チームに招き入れてメンバーの人数を必要以上に増やしてしまっている。

創業チームは「ビジョンは同質で、スキルは異質な人を選ぶ」のが理想だ。お互いの弱みを補完し合いながら、同じ方向に進むのが最も効率がいい。

創業チームはそのスタートアップの土台だ。ピラミッドで表せば、創業チームの上にビジョンがあり、その上にビジネスモデル、プロダクトやフィーチャー、UXが積み重なってスタートアップを構成している。ピラミッドの上部に行くほどピボット（軌道修正）しやすく、変更した時のインパクトは小さい。逆にピラミッドの下部ほど変更が難しく、ピボットした時のインパクトが大きくなる。

スタートアップが創業チームを気楽に集めてはならないのは、一度会社を設立してしまうと、創業チームやビジョンをピボット（軌道修正）できないからだ。途中でピボットができるのはビジネスモデルより上の階層だけだ。

スタートアップやベンチャーキャピタルに関する情報を集めたサイト「CB Insights」の調査によると、スタートアップが失敗する要因の3位に「不適切なチーム」がランクインしている。それほどチーム構成とスタートアップの成功率は密接な関係がある。

共同創業者として避けるべき人のリストを用意したので参考にしてほしい。

・失敗を恐れる人
・ハックしたことがない人（従来的なやり方に従順な人）
・アイデアを出すが、実行できない人（Doerではない人）
・成功体験のない人
・テクノロジーに弱い人

図 3-4-5　ビジョンはピボットできない

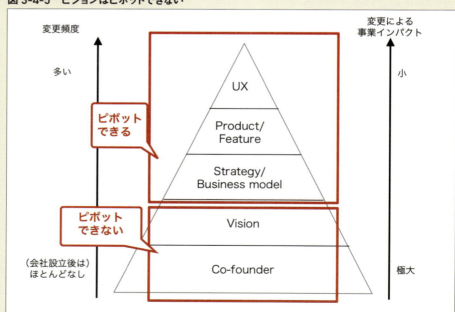

- 好奇心が弱い人
- 課題意識の低い人
- 柔軟性のない人
- 専門知識がない人
- 金銭的インセンティブにこだわる人
- ワークライフバランスにこだわる人
- スタートアップに関する知識をひけらかす人
- 学習能力が低い人
- 自我（エゴ）を通す人
- 役割、タイトルにこだわる人

共同創業は結婚と同じ

共同創業者選びは、結婚に例えると分かりやすい。

生涯を共にする結婚相手を、デートもせずに選ぶ人は滅多にいないだろう。共同創業者選びも同じくらい慎重にやるべきだ。メンバーとは、これから10年、20年と運命を共にするかもしれない。もし創業チームのメンバー間で確執が生まれると、離婚する時のような泥沼が待っている。

創業期の資本政策も注意が必要である。共同創業者はスタートアップが会社を設立した際に株を分け合う関係なので、結婚そのものである（結婚は財産を分け合う）。深く考えずに共同創業者として招き入れて株を渡した瞬間から、「別れたくても別れられない」状況になることを理解しておく必要がある。

チームが固まるまで設立は待つ

創業チームのメンバー選びについて、いろいろと述べてきたが、良いチームを作ることが、そのスタートアップの成功と分かちがたく結びついていることがお分かりいただけただろう。それだけ、メンバー選びには慎重になる必要があるということだ。

早くスタートアップを始めたい、早く形にしたいと焦り、納得のいくメンバーが集まっていないのに、会社を立ち上げて、即席で集めたメンバーに株を分割してしまっては負け試合が見えている。

創業チームの全員がスキルを互いに生かし合い、競合優位性を発揮できなければ、PMFの達成は難しい。ましてや、その後スケールして、イグジット（創業者などが株を売却して利益を手にすること）まで持っていくとなると、創業メンバーの構成は極めて重要だ。

たとえ、いいアイデアに目をつけて、情熱を持って取り組んだとしても、成功する保証が一切ないのがスタートアップの厳しい現実だ。それだけに、少しでも成功確率を高めるためには、プロジェクトに強くコミットできるメンバーを慎重に選ぼう。

必要なメンバーが集まる前に起業してスケールを急いでも、それはプレマチュアスケーリングを招くだけに終わってしまうのである。

PRODUCT MA

章の目的
- 検証用プロダクト「MVP」を市場に投入する（4-1、4-2、4-3）。
- MVPに対する反応を定性的、定量的に分析し、短い開発サイクルを繰り返してMVPを磨き上げる（4-4、4-5、4-6）。
- 成果が出なければ、方向性を見直す「ピボット」を行う（4-7）。

　第4章では、カスタマーの反応を探る実験を行うプロダクト「MVP（Minimum Viable Product）＝実用最小限の製品」を市場に出す。

　実際にカスタマーのもとにMVPを届け、定量的計測と定性的計測を繰り返して、その結果からプロダクトの改善を行う。最終的な目標は、想定カスタマーが熱烈に欲しがるものを実現できる「プロダクト・マーケット・フィット（Product Market Fit）」を達成することだ。

　MVPを投入し、それをもとにPMFの達成を目指すためのフレームワークは、大きく3つに分かれている。「プロトタイプをもとに、カスタマーに受け入れられそうなMVPを構築する」「MVPに対する反応を計測し、機能（フィーチャー）やUXの改善を行うことを高速に繰り返す」「改善を繰り返してどうしても成果が出なければ、ビジネスモデルなど根本からの軌道修正（ピボット）を判断する」という流れだ。

RKET FIT
【人が欲しがるものを作る】

　エリック・リース氏が『リーン・スタートアップ』でMVPを投入し、カスタマーの反応を検証しながらプロダクトとしての価値を磨き上げる方法を提唱した。ここで初めて「ピボット」を知ったスタートアップの多くは、安易にピボットをしがちなことが多い。

　しかし、実験用のプロダクトとはいえ、MVPの構築はコストがかかる。安易なピボットの連発は、大事なリソースの浪費を招いてしまう。

　MVPを市場に投入したら、カスタマーの反応をどれだけ詳細に探るべきなのか。そして、どのようなことが分かったら、ピボットの実施を決断すべきなのか。本章では、MVP検証の本質とは何かを詳しく紹介する。

　MVPを磨き上げ、人が欲しがるプロダクトを実現できたスタートアップには、自然に市場の注目が集まり、メディアや投資家からの問い合わせも増えてくるはずだ。

写真=iStock

図 4-1-1

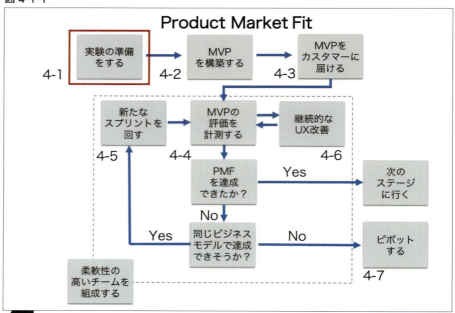

4-1 ユーザー実験の準備をする

リーン・スタートアップをより実践的にする

MVP投入の条件は揃ったか

　第1章から第3章にかけて、あなたのスタートアップが取り組むアイデアや課題仮説は適切か、その課題の解決を実現する方法（ソリューション）は適切かを検証してきた。その全てが条件を満たしたこの段階で、市場テスト用のプロダクト、MVP（ミニマム・バイアブル・プロダクト）を投入（ローンチ）して、狙ったカスタマーが本当に欲しがるプロダクトになっているかを検証していく。

　ここまでの道のりは長かっただろうが、MVPが市場に受け入れられれば、あなたのスタートアップがJカーブの上昇曲線に乗る可能性がかなり高まる。

　ところが、もっと早く成果を出そうと焦るあまり、課題そのものや課題を解決するソリューションの検証が不十分なままに、いきなりMVPを作り始めて失敗するスタートアップが多い。

　こうした失敗するスタートアップは、学びを得るにはとにかくプロダクトを市場に出してみればいいと考えがちで、事前の仮説検証などには大した効果はないと思い込んでいる。

　しかし、第2章でも述べたが、MVPであっても実際にそのプロダクトを作るに

は数カ月かかる。それだけの時間をかけて完成したMVPが、市場が必要とするものと全くズレていた場合には、開発に要した数カ月が全く無駄になってしまう。

リソースの少ないスタートアップにとって数カ月のロスは致命傷になり得る。適切なマーケット投入のタイミングを逸してスケールのチャンスを逃してしまうかもしれない。

CPF（第2章）やPSF（第3章）を達成する前に、安易にMVPを市場投入する——。これは私自身、以前シリコンバレーで起業した時も、日本で起業した時も経験したことだ。リーン・スタートアップの実践マニュアルである『Running Lean』などの名著も知らなかったため、課題仮説の磨き込みを軽視したまま、漠然とした自信だけを理由に焦ってMVPを投入し、誰も欲しがらないものを作ってしまった。

きっと今日も世界のどこかで、何十社、何百社ものスタートアップが、課題仮説や価値仮説を机上ででっち上げてMVP投入に踏み切っている。

きつい表現だが、本人たちも自覚していない「でっち上げ」の課題仮説や価値仮説は本当に多い。そして、MVPを投入しても、案の定カスタマーからは何の反応も起こらず（誰も使われず）、創業者は呆然とする。こうしたMVP投入にばかりとらわれ失敗を繰り返すスタートアップは、この章を読み進める前に、1章から3章までの終了条件を自分たちが満たしているのかよく確認してほしい。

もし、仮説の検証が不十分な点があっても、焦る必要はない。アイデアを着想した後、MVPの構築に進むまでに必要な課題仮説や価値仮説の検証は長くても1カ月で完了できる。その上、検証をすることでスタートアップが失敗する確率を大幅に軽減できることを強調しておきたい。

この章で解説するMVPを使った検証の方法は、様々な書籍の情報や私の経験を基に、リーン・スタートアップをより実践的にしたものである。これから紹介するコンセプトを理解し、メソッドやアクションを実行して、より多くのスタートアップがPMFを達成してほしいと考えている。

「MVP」の投入＝実験

PMF達成に取り組むために、その最も重要な道具となるMVPについてもう一度簡単に理解しておこう。

MVPはエリック・リース氏が著書『リーン・スタートアップ』で提唱した概念で、Minimum Viable Productの略である。日本語では「必要最小限の機能を持ったプロダクト」という意味だ。

そのMVPを用いるのがリーン・スタートアップ型の開発である。

リーン・スタートアップの特徴は、新たなアイデアやコンセプトを素早く形（MVP）にして、実際のカスタマーの反応を見ながら「構築（Build）－計測（Measure）－学習（Learn）」のループを何度も回すことだ。その過程で作り手の仮説検証を行い、「検証による学び（Validated Learning）」を積み上げることでプロダクトやサービスの成功率を高めていく。

リーン・スタートアップの最も大きな功績の一つが、MVPによる実験を繰り返して誰もが製品を欲しがる「プロダクト・マーケット・フィット（PMF）」の状態に近づくという概念を打ち出したことだ。スタートアップの取り組みは価値仮説を立てることから始まる。価値仮説をMVPという実験を通じて検証する。つまり、カスタマーの反応を実際に見て、その価値仮説が正しかったか、誤りだったかを検証するということだ。「検証による学び」が実験における一番の成果になる。そして学んだことをベースにして、さらにMVPを磨き上げていく。これを繰り返しながら、人が欲しがるものを作

注）「課題仮説」とは、カスタマーが強い痛みを感じているであろう課題の仮説。一方、「価値仮説」とは、プロダクトをカスタマーが使った時に、本当に価値を提供できるかを検証するためにつくる仮説のこと。

図 4-1-2　アイデアや課題を検証して開発時間の無駄を無くす

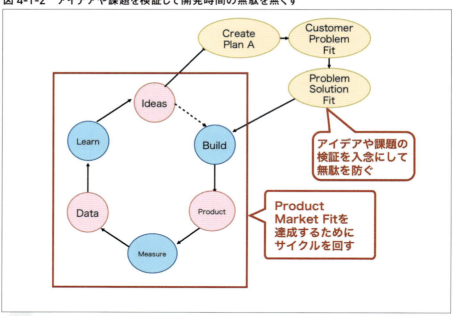

る状態（PMF）まで持っていくということだ。

MVPでニーズの有無を探る

　MVPの「実用上最小限」のイメージがピンとこない人がいるかもしれない。
　ここで、MVPの概念を分かりやすく示すイラストを紹介しよう（図4-1-3）。スウェーデンのクリスプ社でシステム開発のコーチを務めるヘンリック・クニベルグ氏が2014年ごろに描いて広まったものだ。
　A地点からB地点へと人の移動をサポートするプロダクトを作っているとする。その時には、まず「A地点から B地点へと人が移動したいと思うのか」（課題仮説）を検証する必要がある。「人が移動したいと思うかどうか」を検証するには、自動車の一部である車輪という部品だけを作って市場に投入しても意味がない。車輪だけでは人が移動する道具としては使えないからだ。
　そこで、スケートボードのような人の移動に使える必要最小限の機能を実装し、カスタマーの反応を確かめる。最初の実験の段階では、移動という手段にニーズがあるかを確かめるだけなので、安全に乗車できるステンレスの車体や、パワーステアリングのハンドル、ガソリンエンジンなどはあったらうれしい（Nice to haveな）要素で、実験には不要だ。このスケートボードがMVPに当たる。
　スケートボードを使ったユーザーのフィードバックの中に、「方向転換する操作」が欲しいという声が多ければ、ハンドルを付けたキックボードが2回目のMVPになる。さらに、「もっと速く移動すること」が重要なニーズならペダルを取り付けて自転車を作る。もっと高速なものが欲しいというならバイクでニーズを探ればよい。そして十分仮説が検証できたところで、最終プロダクトとして自動車を投入すればよいのだ。
　最初にMVPを出した時点では、カスタマーの反応から学んでいく前提のため、プロダクトが最終的にどのような形に落ち着くのかは予想がつかない。だから、MVPに実装するのは、その時点での価値仮説を検証するのに必要な最小限の機能だけでよいのだ。
　エリック・リース氏もMVPに実装す

図 4-1-3

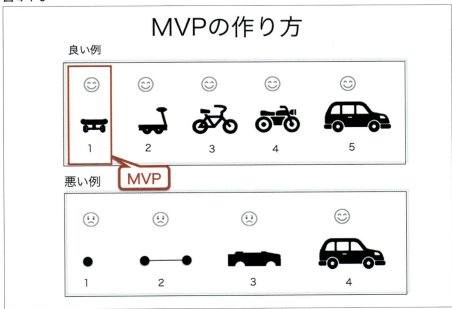

注）ヘンリック・クニベルグ氏のブログの図をもとに著者作成。ストックホルム在住のクニベルグ氏は、Crisp社でアジャイル開発のコーチを務める。「このイラストを書いてプレゼンに使ったところ、瞬く間に口コミで広がった」という。
http://blog.crisp.se/2016/01/25/henrikkniberg/making-sense-of-mvp

る機能について『リーン・スタートアップ』の中でこう書いている。「大概の場合、アントレプレナーや製品機能担当者がMVPに必要だと思う機能は多すぎる。どうだろうかと少しでも迷ったらシンプルにすべきだ」

DoorDashのMVPモデル

MVPとして参考にしたい事例を紹介していこう。

2013年にスタンフォード大学の学生4人が在学中に起業して、今や時価総額10億ドルを超えて「ユニコーンクラブ」入りしているDoorDash（ドアダッシュ）という食事デリバリー代行サービスのスタートアップがある。彼らのサービスは今も急成長中だ。

そんな彼らが最初に作ったMVPは、極めてシンプルな1ページ構成のウェブサイトで、「バリュー・プロポジション（提供価値を伝える明快なキャッチコピー）」、「価格」、「コール・ツー・アクション（注文の手順と電話番号）」、「PDFになっている各レストランのメニュー」という必要最低限の情報が並んでいるだけだった

（図4-1-4）。

このMVPの構築に要したのはたった1時間だ。

必要最低限の機能しかないランディングページを作り、カスタマーにそもそも食事の配達というニーズがあるのかを検証することがMVPによる最初の実験のフォーカスだった。

創業メンバーはスタンフォード大学の修士課程でコンピューターサイエンスを専攻していた優秀なエンジニアだ。彼らのスキルをもってすれば、MVPよりもはるかに洗練されたプロダクトは容易に作ることができた。しかし「そもそも顧客はいるのか？」というビジネスを始める上で最も重要な問いを検証するのが目的だったので、必要最小限な機能だけを実装した。

MVPをローンチした翌日、早速携帯電話が鳴った。注文を受けた後、彼らは自分たちでレストランに出向いてテイクアウトメニューを購入し、自分たちの車でカスタマーの元にデリバリーした。

MVPを投入後、しばらくは、こうして自分たちでデリバリーを行った。カスタマーと直接言葉を交わしてサービスへ

注）ドアダッシュ
http://www.doordash.com/

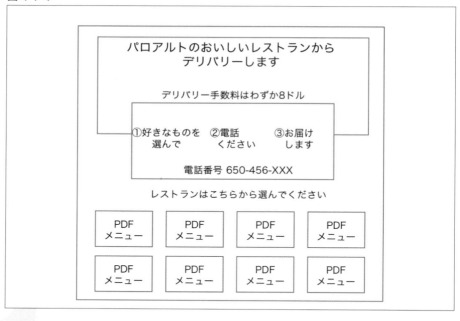

図 4-1-4

のフィードバックをもらい、デリバリーオペレーションの仕組みをより快適にする（UXを向上する）学習のためである。

フェイスブックが2004年に最初にローンチされた時、たった8つの機能しか実装されていなかったことは既に説明した。機能が少なかった理由は技術力がなかったわけでもリソースがなかったわけでもない。必要最小限の機能のみの価値提供でユーザーが定着するかを検証するためである。ハーバード大学から始まって、次の大学にサービスを広げるたびに、マーク・ザッカーバーグ氏たちは、ユーザーの声を直接聞いて、必要な機能を追加していった。

余計な作り込みを避けよ

DoorDashやフェイスブックの事例から学べることは、メンバーに最先端の技術を使いこなせるエンジニアがいたり、ハイスペックな開発環境を持っていたりしても、最初の実験では多機能なものを作り込むべきではないということだ。機能を増やすと市場投入が遅くなるだけでなく、実験の要素が増えるので、何がカスタマーに受け入れられたかの検証がやりにくくなってしまう。

靴のネット通販で大成功し、2009年にアマゾンに9億4000万ドルで買収されたZapposのMVPも、DoorDashと同じように最小限の機能だけを備えたものだった。

最初のサービスを投入した時、ECサイトにとっては必須と言われているドロップシッピングの機能を実装していなかった。ドロップシッピングとは、靴の製造元や卸から直接商品を注文者のところに発送するという仕組みで、在庫を手元に持たずに商売ができるものだ。

注文が入ったらファウンダーのトニー・シェイ氏以下の創業メンバー自ら、街の靴販売店に直接靴を仕入れに行った。靴を箱から出して、Zapposの箱に手作業で詰め替えて発送したのだ。

初期のプロダクトを通じて、実験したかったことは「人はそもそも靴をオンラインで注文してくれるのか」ということだった。ドロップシッピング機能はあればよい（Nice-to-haveな）機能だったが必要（Must-have）な機能ではなかったのだ。スタートアップは初期の段階

図 4-1-5

写真＝Zappos提供（トニー・シェイCEO）、iStock（靴店のイメージ）。サイトの写真は2017年10月時点のもの

注）Zappos
https://www.zappos.com/

からNice-to-haveな機能のためにリソースを消費してはいけない。

競合にない価値提案をする

ただ、一つ留意点がある。MVPであってもユーザーに対して競合にはないケタ違いな価値提案を何か1つすることを忘れてはならない。

DoorDashの例ならば、「これまでレストランでしか食べられなかった食事を自宅で食べることができる（パロアルト市限定だが）」ことが価値提案に当たる。Zapposなら「出かけることなく自宅で靴を買うことができる」という明確な価値提案ができていた。

初期のアマゾンが扱っていた商品は書籍だけだったが、100万タイトル以上の在庫を常に持っていた。アマゾンに来さえすれば、欲しい本は見つかるというリアルの書店にはない価値提案が明確だったので、顧客が定着したのである。

スタートアップの創業メンバーがMVPを作るときにやってはならないことをいくつか挙げておこう。

MVP製作でNGなこと
- カスタマーニーズの情報を全て集めようとする（検証すべきポイントに絞るべき）。
- 人力でできる機能を自動化してしまう（メンバーがカスタマーと直接会って反応を見よ）。
- カスタマーが欲しがる全ての機能を盛り込む（何がユーザーに刺さったのか分からない）。
- 製品開発の担当者に詳細な仕様書を渡す（リソースを使わず必要最小限の実験をすべき）。

MVPの型を知る

MVPにも様々な種類がある

MVPといっても様々なタイプがある。主な型をいくつか紹介したい。これらは『リーン・スタートアップ』にも記述がある。これらはあくまでも基本の型であり、世の中に存在する全てのMVPをカ

図 4-1-6

写真=Created by Peoplecreations - Freepik.com（写真はイメージ）

Pinterestの初期カスタマーがデザインに興味を持っていると知った創業者はデザイナーコミュニティーへ自ら出向いた。そこで熱心なカスタマーの行動を観察して必要な機能を実装した。

バーしているわけでないことをご留意いただきたい。

タイプ①ランディングページMVP

たった1枚のランディングページ、もしくはティーザーサイトでも、準備しているウェブサービスの価値検証、課題検証ができるのであればMVPとして十分機能する。

先ほど事例として紹介したDoordashは、まさにこのランディングページMVPから始まった。プロダクトの入り口だけを作って、残りの業務プロセスは手動で行った。ローンチ後は、カスタマーと直接対話をしながら、デリバリーのオペレーションを学び、改善していった。

その結果、創業からわずか1年でシリコンバレーの超名門VC、セコイア・キャピタルなどから円換算で約20億円を調達。その資金を使ってビッグデータを活用した最適なデリバリー・システムを構築することができた。

タイプ②オーディエンス開発型MVP

オーディエンス開発型MVPというタイプもある。

カスタマー基盤の掘り起こしやコミュニティー育成にフォーカスしたMVPだ。見込み顧客のセグメントやペルソナを明確にして、そうしたターゲットに該当するカスタマーを集める。同じ考えを持った人たちが集まって意見交換できる場所の構築を目指し、MVPと同時にカスタマーを育てていくアプローチをとる。

メルカリのようなプラットフォーム型のスタートアップや、メディア型のスタートアップと相性が良い。

例えば、ピンタレストはお気に入りの画像をブックマークして他人と共有するUser Generated Contents（UGC）のサイトだ。メインコンテンツはユーザーたちが「ピン」で留めた（ブックマークした）お気に入りの画像である。

ピンタレストのファウンダーであるベン・シルバーマン氏は、初期のユーザーがデザインに興味を持っていることに気づき、シルバーマン氏自らデザイナーの集まる場に出向き、初期バージョンのピンタレストを使ってもらい、フィードバックを受けた。

お気に入りの写真を仲間に見せたいというブロガーのコミュニティーでは、ピ

注）User Generated Contents（UGC）サイトとは、ブログや写真投稿サイトのように、ユーザー自身が作り出したコンテンツを投稿するサイトのこと。

注）Pinterestのピンボードとは、ユーザーがお気に入りの写真などをピンで留める（ブックマークする）場所のこと。ユーザーのセンスが分かる写真集のようなものだ。

図 4-1-7

Dropboxは、最初に動画のプロダクトデモ（MVP）を作成した

注）Created by Aleksandr_samochernyi - Frepik.com（ノートパソコン）。画面のイメージはDropbox提供による現在のサービスのもの。

ンタレストのピンボードを仲間同士でシェアするキャンペーンも行った。あるブロガーと協力して「Pin it Forward（お気に入りの画像をピン留めして転送しよう！）」というチェーンメールを広げ、ユーザーは一気に拡大した。

サービスが浸透するうち、ピンタレストは単なる写真共有サイトではなく、「レシピ」「ツアーガイド」「地図のコレクション」など様々な情報を共有するSNSのような使われ方になった。

このように、同じことに興味を持つ人々のコミュニティー運営をプロダクトの一部として取り入れ、コミュニティーからのフィードバックを反映させながら、プロダクトを改善していくのがオーディエンス開発型の特徴だ。ピンタレストは、市場投入から1年もたたないうちに急成長を始めた。2017年現在では、世界中に月間で2億人を超えるのアクティブユーザーがいる。

タイプ③コンシェルジュMVP

創業者メンバー自ら、ホテルのコンシェルジュのよう何でもこなすMVPのことをコンシェルジュMVPという。先ほど紹介したDoorDashやZapposもこのタイプだ。

1980年代に米IBMは新しいコンピューターの使い方について検証をしていた。「Speech to Text」（いわゆる音声認識）という、ユーザーがコンピューターに接続したマイクに話しかけると、声がテキストに変換される文字起こしの機能だ。実は、その実証実験の段階では、文字起こしができるプログラムはコンピューター上に実装されていなかった。代わりに高いスキルを持ったタイピストが部屋の片隅に置かれた箱に隠れて、ユーザーがマイクに話す言葉を聞き取りタイピングした。

当時、コンピューターを使うには多額の費用がかかり、音声認識プログラムを実装すると何百万ドルの開発費用がかかったという。

そこでプログラムを作成するより前に、まずタイピストを使って、ユーザーのニーズがあるか、役に立つか人力を使って実証実験を行ったのだ。

スタートアップの事例ではないが、これもコンシェルジェMVPの良い事例といえる。

Chapter 4　PRODUCT MARKET FIT

タイプ④動画MVP

動画MVPとは、動画を活用してユーザーがプロダクトに興味を示すかを検証するMVPである。

例えば、世界でユーザー数が5億人を超えているクラウド版のデータ保管サービスのDropbox。

そのMVPは3分間のDropboxのデモ動画だった。実際にプロダクトを作る前に動画で機能を説明し、多くの想定カスタマーからフィードバックを得た。

この動画は、Y Combinatorが運営するエンジニア向け情報サイトの「Hacker News」に取り上げられた。サイトの読者のほとんどがアーリーアダプターだったため、質の高いフィードバックを数多く得ることができた。事前申し込みをするランディングページも、この動画とともに用意した。

動画公開前の事前登録ユーザー数は5000人だったが、動画MVPにより7万5000人に増えた。

注）Y Combinatorの運営する「Hacker News」https://news.ycombinator.com/

タイプ⑤ピースミールMVP

ピースミール（断片）MVPは、アプリなどのMVPをゼロから作るのではなく、既存の複数のプラットフォームを組み合わせ、あたかも1つのプロダクトのように動作させる手法だ。

ユーザーから見れば1つのプロダクトにしか見えないので、実際に価値提供ができるかを検証するプロダクトとしてはこれで十分意味がある。

クーポン提供サイト、Groupon（グルーポン）の最初期にはブログ管理サービスのWordPressでサイトを作り、Apple MailとAppleScriptというアップルの提供する機能を組み合わせ、PDFで作成したクーポンをユーザー宛てに送っていた。

人力を活用するコンシェルジュMVPと同様に、初期開発に費用をかけずに、既存のプラットフォームをうまく組み合わせて提供する方法である。

卑近な話で恐縮だが、本書のもとになったスライド「Startup Science」も、このピースミールMVPのコンセプトを活用した。

スライドは、Slideshareというプレゼン資料専門のSNSにアップロードした。そのSNSへのリンクを告知するウェブページはMediumというブログ作成用のプラットフォーム上で作成した。有料版PDFの販売はSTORES.jpというオンラインショップ作成プラットフォームで行っている。

問い合わせフォームは必須ではないと考え、自分のフェイスブックページのURLとメールアドレスをMediumに記載しているのみだ（この方法で、制作コストをほとんどかけずに著者のスライドは累計で5万シェアされ、本書の出版につながったと考えている）。

タイプ⑥ツールMVP

食に関心がある人たちが集まる日本のグルメ情報SNSとして人気の「Retty」は、2017年7月に月間利用者数が3000万人を超えた。

実は、このRettyは最初からグルメ情報SNSとして始まったわけではなく、自分の好きなレストランの記録を残せる便利な情報管理ツールとして始まった。

SNSは一定数以上のユーザーがいて、互いに情報交換できるようにならないと狙い通りのUXは体験できない。

そこで、Rettyは、まずグルメ情報を記録するツールとしてユーザーを獲得するところから始めた。

"作る前に売れ"
Y Combinator

MVPは「MSP」であれ

「作る前に売れ」

Y Combinatorの起業家支援プログラムで繰り返して教えられる言葉だ。

同プログラムを卒業した米サンフランシスコのスタートアップ、Anyperk（現Fond）の福山太郎CEOは書籍のインタビューでこう語っている。

「Y Combinatorは商品を作る前からそれを売ることができることを教えてくれるんです」

つまり、モックアップやプロダクトのイメージをMVPとして見せるだけで、事前に予約金のような形でお金を預かったりすることができるわけだ。

つまり、MVPを作る時は、同時にそのプロダクトに対してカスタマーがお金を払いたいと思うだけの魅力があるMSP（Minimum Sellable Product＝販売可能な最小限の製品）であるべきなのだ。

カスタマーはお金を払ってくれるか

MVPによる価値提案が妥当かどうかを考える時、実際にカスタマーがそのプロダクトに対してお金を支払ってくれるならば、自分たちのプロダクトに価値があることをその場で確認できる。これは非常に重要なポイントだ。

MVPを全くの無料で提供すると、手に取ってくれる人は増えるかもしれないが、不満があってもユーザーは「タダだし、もう使わないで放っておこう」という発想になりがちである。これでは、せっかくMVPを投入しても、スタートアップは学びを得にくい。

一方、わずかでもお金を払ったユーザーは、その分の見返りを求めるためにわがままになる。クレームを言ってくるかもしれない。でも、そういった耳が痛いフィードバックこそ、スタートアップの貴重な学習機会となる。

前出の福山CEOは「MSPとは人が買うのに『十分に信頼のおける商品』である状態のことです。（価値提案が妥当かを確かめるには）『売れること』のほうが最も簡単で明確な証明方法です」と語っている。

注）Anyperk（現Fond）福山太郎CEOの話は以下による。
『新装版 未来をつくる起業家～日本発スタートアップの失敗と成功 20ストーリー～』（ケイシー・ウォール著、クロスメディア・パブリッシング）

注）「作る前に売れ」は、Y Combinatorの卒業生にとって強く印象に残る言葉のようだ。YCのパートナーであるポール・ブックハイト氏などがこの言葉を語ることが多いようだ。例えば前出の「Hacker News」にブックハイト氏の発言という話が出てくる。https://news.ycombinator.com/item?id=5651003

Chapter 4　PRODUCT MARKET FIT

図 4-2-1

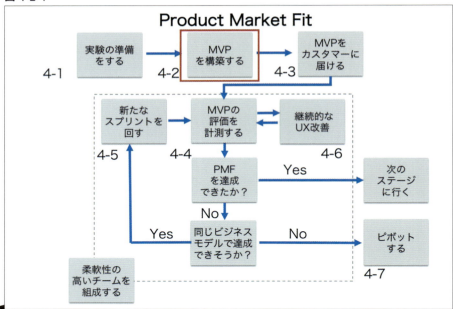

4-2　MVPを構築する

MVPからの学びを最大化する

スプリントキャンバスを使う

　では、どのようにMVPを作り、チームの学びを最大化すればいいのか？
　その問いに答えられる2つのツールの使い方をここで提案したい。
　MVPによる実験1回ごとに何を学んだかを整理できる「スプリントキャンバス」と、これまで課題仮説や価値仮説を検証してきたストーリーをMVPとして実現する作業の進捗を管理する「スプリントカンバンボード」だ。この2つを組み合わせることで、作業の進捗を創業メンバー全員で共有できる。
　「スプリント」とは、短期間の開発を繰り返して改善を続けるソフト開発の手法である「アジャイル開発」の「スクラム」で使われる用語。目標とするストーリーを設定し、1週間〜1カ月程度の期間内にストーリーを実現する機能を作ることを目的とする。このあらかじめ定めた短い期間のことをスプリントと呼ぶ。
　ソフト開発の手法とスタートアップの成功にどんなつながりがあるのかと疑問に思う方もいるだろう。
　しかし、これまで紹介してきたリーン・スタートアップの手法も、アジャイル開発などの発想をもとにリスクを最小限にする起業の方法として生み出された。
　一挙に最終形のプロダクトを目指すの

注）アジャイル開発では、1週間から1カ月程度の目標期間を定めて開発を進めることを繰り返し、改良を重ねて品質を高めていく。この繰り返し開発を進める短い単位を、アジャイル開発のある流派では「スプリント」、別の流派では「イテレーション」と呼ぶ。米国のスタートアップはこうしたソフト開発のプロジェクト運営方法を経営に取り入れている。

図 4-2-2

スプリントキャンバス

実験したいこと
　カスタマーはAnywhere Onlineを通じてWi-Fi使用容量を増やして
　容量を活用できるか？

実装するユーザーストーリー
　カスタマーがアプリを起動、サインアップする。
　広告視聴を行いWi-Fi使用量をためる。ためた容量を活用する

実装にかかるコスト・時間
　　20人日（6週間）

ユーザーストーリーの 定量的検証の結果	ユーザーストーリーの 定性的検証の結果
Activation: 登録率 80% Retention: 三日以内再訪問率 25% Revenue: 1日平均広告視聴回数 5回	・広告視聴1回当たりの容量増加が少ないことに不満 ・ダッシュボード画面が見にくいと半数が回答 ・自分と関係しない広告が多い

今回のスプリントから得た学びは
　・想定通りユーザーは広告視聴をして、Wi-Fi使用量を増やしている
　・使い勝手が悪い（1回当たりの容量追加が少ない）ので、定着率が低い

次回以降のスプリントで実験したいこと
　現状の3倍容量を増やせる「アンケート調査の回答による容量追加」
　機能を実装する

ではなく、期間を区切った開発を高速で繰り返して最終形に近づくというアジャイル開発のプロダクトの作り方は、今や多くのスタートアップが少ないリソースで成功するためのグロースハックの基本形であることを意識しておきたい。

スプリントキャンバスで検証

ソフト開発手法の発想をスタートアップのプロダクト作りに取り入れ、ユーザーからのフィードバックに含まれる学びを効率よく検証するために、私が考え出した仕組みがスプリントキャンバスである。

前にも述べたように、MVPの目的はユーザーの反応を知る実験である。この実験の成果を測る指標は、チーム内でどれくらい学びを蓄積できたかである。

スプリントキャンバスというシートの全体構成は図4-2-2のようになっている。スプリントは1週間〜1カ月の期間内で1周する。それに合わせて上から順に項目を埋めていけば、1回のスプリントで得た学びが可視化できる仕組みになっている。

スプリントキャンバスに記録する項目を上から順に説明していこう。

まず、スプリントの大前提となるべき期間内に「実験したいこと」を書き、2段目の欄には実験したいことを検証するためのストーリー（ユーザーストーリー）を書き出す。

3段目の欄は、ユーザーストーリーの機能の実現（実装）にかかるコスト・時間などを書き出す。

4段目には、実際にMVPを投入した時の定性的な結果（ユーザーからのフィードバック）と定量的な結果（ウェブサイトならアクセス数などの具体的な数値）を記録する。

5段目には、1回のスプリントを通じて得た学びを書く。最後に、それらの結果を踏まえて次回以降のスプリントで学習したいことをまとめておく。

PDCAサイクルで言うなら「実験したいこと」「実装するユーザーストーリー」がPlan（計画）、Do（実行）が「実装にかかるコスト・時間」、Check（検証）が「ユーザーストーリーの定量的検証の結果」「定性的検証の結果」「今回のスプリントから得た学びは」、Act（改

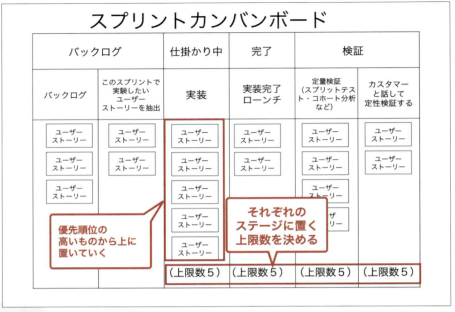

図 4-2-3

注）ユーザーストーリーとは、プロトタイプカンバンボードで扱った「フィーチャー（機能）」をあらかじめ想定したユーザーのストーリー展開に合わせて組み合わせたものをいう。

善）が「次回以降のスプリントで実験したいこと」に相当する。

では、ここからは「スプリントカンバンボード」と「スプリントキャンバス」を組み合わせてどう使うのかを具体的に解説していこう。

スプリントカンバンボードを使う

ユーザーストーリーに基づく開発を進める時は、「スプリントカンバンボード」を用いると進捗をメンバー同士で共有しやすい。作業の流れに合わせて、左から右のステージへ付箋を動かして進捗状況を可視化するという使い方は、第3章でプロトタイプ作成の進捗管理に利用した「プロトタイプカンバンボード」と共通だ。ただし、管理する内容はスプリントの作業内容に合わせたものになる。

スプリントカンバンボードのスタート地点に当たる左端のバックログのステージに追加していくのは、プロトタイプの時の「フィーチャー」（機能）ではなく、もう一段、大きな概念であるユーザーストーリーだ。スプリントカンバンボードには、プロトタイプカンバンボードと同様に3つのメリットがある。

①作業プロセスを見える化することにより、学びや検証のプロセスが明確になり、メンバー同士のコミュニケーションが活性化する。

②それぞれのユーザーストーリーについて定性的な検証と定量的な検証を行うことをプロセスに組み込むので、学習する機会を担保できる。

③ボトルネック、非ボトルネックがどこか一目で分かるので、人や時間などのリソースを適切に配分できる。

作業の進捗を全員で共有できる

スタートアップのプロダクト開発は、限られたメンバーで並行してたくさんのことを進めなくてはならない。

本書で紹介するスプリントカンバンボードを使うと、様々な作業の進捗を一目で全員が共有できるので、貴重なリソースの無駄遣いや開発の後戻りが減らせるようになる。

なお、ここで紹介しているスプリントカンバンボードはあくまでも「基本形」のみを示している。自分のチームに適合

図 4-2-4

スプリントカンバンボードの活用

バックログ		仕掛かり中	完了	検証	
バックログ	このスプリントで実験したいユーザーストーリーを抽出	実装	実装完了ローンチ	定量検証（スプリットテスト・コホート分析など）	カスタマーと話して定性検証する
ユーザーストーリー① ユーザーストーリー② ユーザーストーリー③					
		（上限数5）	（上限数5）	（上限数5）	（上限数5）

するようにカスタマイズして構わない。

　例えば、カンバンボード内で、ユーザーストーリーの付箋を貼る「定量検証」「定性検証」といった項目をさらに縦2列に分割して、貼り付け位置を「仕掛かり中」と「完了」に分ければ、検証の進捗を可視化できる。

　付箋の上に担当するメンバーの顔写真入りバッジを置いたりすると、誰がその作業を担当しているかも全員で共有できるようになる。

　メンバー同士がスプリントの進み具合を一目で理解できるように工夫をするとよいだろう。

　カンバンボードに付箋を貼って、チームの生産性をアップするポイントの一つは、「仕掛かり中」の列（ステージ）に並ぶユーザーストーリーの並び順だ。

　優先順位が高いと思われるストーリーほどボードの高い位置に貼り、上から順番に着手していく。

　また、Nice-to-haveな（あったらいい）機能まで実装して時間や資金をロスしてしまうことがないよう、それぞれのステージに置くストーリーの数には「5つまで」などと上限を設けておくとよい

だろう。

スプリントキャンバスの準備——MVPで実験したいユーザーストーリーを書き出す

　ユーザーストーリーとは、ある課題を抱えるユーザーがプロダクトを使って課題を解決する時の「機能（フィーチャー）の塊」のようなものだ。ある一定の流れでフィーチャーを組み合わせ、どのようなユーザーストーリーを実現すれば、必要最小限の価値を提供するMVPを実現できるのかを考えてみよう。

　これまで何度か取り上げてきた、旅行者向けの無料Wi-Fi接続サービス、Anywhere Onlineの事例を思い出してみよう。

　MVPで検証すべきユーザーストーリーの候補としては、以下が挙げられる（図4-2-5）。
①カスタマーがWi-Fi使用量を獲得するために広告主のアンケートに答える。
②カスタマーがWi-Fi使用量を獲得するために当サービスをフェイスブックでシェアする。

図 4-2-5

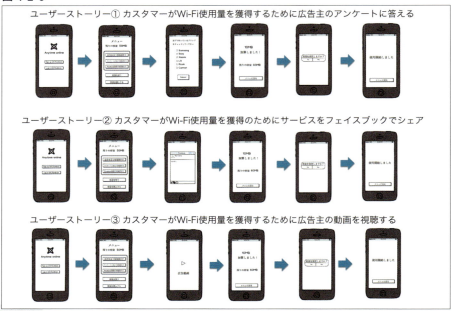

③カスタマーがWi-Fi使用量を獲得するために当サービスを広告主の動画を視聴する。

「スプリント」のプロダクト開発手法に向く「良いユーザーストーリー」が満たすべき条件としては、以下のようなものがある。

良いユーザーストーリーのポイント
- 顧客が価値を感じる。
- UXが煩雑でない（シンプル）。
- ストーリーがユーザー視点で表現されている。
- 現場の臨場感がある。
- 想定する範囲（スコープ）が大きすぎず、小さすぎない（ストーリーが1つの固まりとして動作し、テストできることが条件）。
- （ストーリーの実現を検証する）テストができる。

ユーザーストーリーを考えるときは、次のフォーマットに沿って考えるとよい。

＜ユーザー＞は、＜ゴール/課題＞を実現したい/解決したい。なぜなら＜理由＞だからだ。そのために＜フィーチャー＞を実装する。

つまり、ユーザーストーリーは必ず「誰のストーリーか」「何を達成するためのストーリーか」「なぜそのストーリーが価値を持つのか」「そのためにどんなフィーチャーが必要か」ということをセットで考える必要があるということだ。

第2章で紹介した通り、レシピ情報サイト運営のクックパッドは、ターゲットユーザーである主婦が、同社サイトのレスポンスの速さについて「結果の画面が表示されるまで1秒以上待てない」という厳しい目を持っていることを事前のユーザーインタビューなどにより、理解していた。

特に夕食の時間帯は非常に忙しく、表示スピードに対する要求がより厳しくなる。このストーリーを重要な機能として実装したからこそ、クックパッドは主婦層を中心とした女性に広く受け入れられたのだ。

この女性ユーザーの要望をユーザーストーリーで表現すると以下のようになる。

図 4-2-6

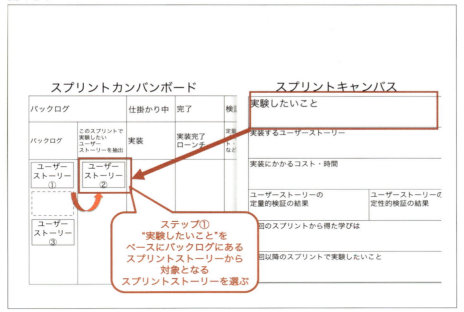

＜クックパッドのユーザーである主婦＞は、＜レシピを素早く見たい＞。なぜなら＜夕食を作る時間帯は子供の面倒を見たりする必要があり、非常に忙しい＞。

そのために＜結果が1秒以内に表示されるレシピ検索＞を実装する。

ストーリーは小さな単位で考える

ユーザーストーリーの検証をする時は、ストーリーを検証できる範囲で、機能の固まりを可能な限り小分けしておくことが一つのポイントになる。

ユーザーストーリーをいくつも考えて、スプリントカンバンボードの「バックログ」ステージに付箋を何枚も貼り出したのを見て、「ストーリーの検証を何度も繰り返すと意外と時間がかかるな。ストーリー3つ分をまとめてプログラムを作成して、1度に検証してしまおう」などと考えてはいけない。

ストーリー1つのカバー範囲を大きくしてしまうと、MVPを検証する段階でどのストーリーがユーザーの心に刺さっているのか判別できなくなってしまうからだ。

Anywhere OnlineのMVPを作る場合、「Wi-Fi使用量を獲得するために広告主のアンケートに答える」「（同）サービス内容をフェイスブックでシェアする」「（同）広告主による動画を視聴する」といった3つのストーリーを一括してMVPに盛り込んだとしよう。

すると、この3つのストーリーを同時に実現したMVPでユーザーの定着率が35％に上がったとしても、この3つのうち、どのストーリーをユーザーが気に入って、ユーザー定着率の改善に貢献したのか判断することができない。

1回のユーザーストーリーを広範な内容にしてしまうと、スプリントの学習効果が得られにくくなるわけだ。何も学習できないMVPは、市場に投入するだけリソースの無駄遣いになる。

作業上は時間がかかって無駄が多いように見えたとしても、小分けしたストーリー1つずつを順番に検証し、着実に学習を積み上げたほうが、PMF達成への近道になる。

図 4-2-7

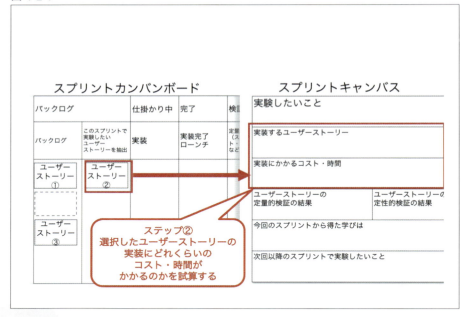

スプリントキャンバスの使い方①
──実験したいストーリーを選ぶ

　そこで、MVPへのフィードバックを通じて、カスタマーの反応を確実に学びに結び付けるために、ユーザーストーリーを1つだけ盛り込んだMVPを作り、ストーリーの効果を1つずつ順番に確かめていく。

　Anywhere OnlineのMVPで今回実験したいこととして、スプリントキャンバスに貼る付箋に「カスタマーは、アンケートの回答や広告動画の視聴によりWi-Fiの使用量を増やしたいと考えるのか？」と書き出したとしよう。

　その大きな目標を一括で検証しても学習効果が高まらないので、具体的なユーザーストーリーに分けて検証を進めていく。例えば、先ほどの大きなストーリーを「カスタマーがWi-Fi使用量を獲得するためにサービスの告知情報をフェイスブックでシェアする」というストーリーに小分けして、付箋1枚にまとめる。このストーリーを今回のスプリントで検証すべきものに選び、カンバンボード上で、その付箋を「バックログ」から一つ右のステージ「このスプリントで実験したいユーザーストーリーを抽出」に移動する。

　バックログに残ったストーリーの付箋は、次回以降のスプリントで検証すべきものなので、元のままカンバンボードのバックログのステージに置いておけばよい。

スプリントキャンバスの使い方②
──ストーリーの
　　実装イメージやコストを検討

　今回のスプリントで検証したいストーリーを1つ選んだら、それをどのように実現（実装）するか、そのためにはどのくらいのコストと時間がかかるのかを判断する。

　通常のプロダクトを開発する時は工数の見積もりを緻密にすることが多いが、MVPの開発ではそうした厳密さは必要ない。

　ストーリーを実現するための「技術的難易度はどれくらいか？」「実装（プログラミングなど）はいつ完了するか？」といった見通しをざっくりと算出できればよい。

図 4-2-8

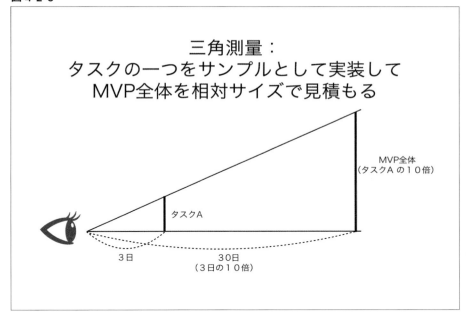

"三角測量"で作業量を推定

　作業時間を見積もるには"三角測量"が一つの目安として使える。

　例えば、タスクAの作業量がMVPの完成に必要な作業量の10分の1であるとしよう。そのタスクAの実装に3日かかったとすれば、MVPの完成には30日かかることになる。

　こうした相対的な見積もりをざっくりと行い、スタートアップ内の人員配置などリソース配分を考えればよい。

　こうしてストーリーの実装が始まったら「ユーザーストーリー」の付箋を「仕掛かり中」のステージに移す。

　ストーリー1つ分のプログラムが完成したら、実際に発売したり、ウェブに公開したりしてユーザーの反応を見られる状態にする。

　MVPの投入は、ユーザーのフィードバックを得るための実験である。大事なことは、必要最小限の製品だけを作り、できるだけ早いタイミングで市場に出すことだ。

　ここまで作業が済んだら、スプリントカンバンボード上では、「仕掛かり中（実装）」のステージにあったユーザーストーリーの付箋をまた一つ右に動かして、「実装完了・ローンチ」のところに移しておく。

　このように、MVPを作る実際の作業とスプリントカンバンボード上の付箋の動きを連動させ、プロジェクトにかかわるメンバー全員が、どのユーザーストーリーの検証がどこまで進捗しているのか分かるようにする。

Chapter 4　PRODUCT MARKET FIT

図 4-3-1

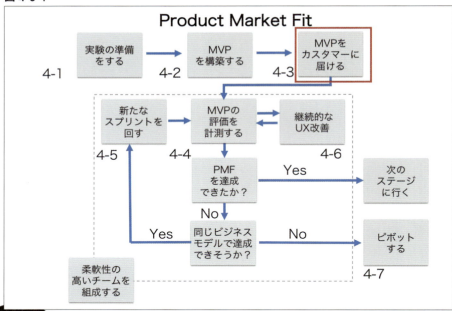

4-3 MVPをカスタマーに届ける

注）リード・ホフマン氏の発言は以下から引用した。
https://www.youtube.com/watch?v=lKDcbFGct8A

恥ずかしい状態のうちに市場に出す

MVPを市場に出すタイミング

　MVPによるカスタマーの検証で大事なことは、必要最小限の製品をできるだけ早く市場に出すこと。これにより、少しでも多くカスタマーの反応を集めたい。
　あと少しMVPを調整しようとか、もう少しデザインを磨き込もうという気持ちはぐっと抑えよう。
　むしろ、このままでは恥ずかしいと思うくらいのレベルで市場に出したほうがいい。ビジネスパーソン向けのSNS、リンクトインの創業者であるリード・ホフマン氏は、「MVPを世に出した時に恥ずかしい気持ちが湧いてこなければ、そのローンチのタイミングは遅すぎたと考えるべきである」と語っている。
　人に話すのが恥ずかしい段階ということは、他の企業がその課題にほとんど注目をしていないという証しでもある（もちろん課題が存在する前提だが）。
　いち早くユーザーのフィードバックを得てスプリントを回せば、後から参入してくる競合よりも先にPMFを達成できる可能性が高まる。逆に、MVPの市場投入が恥ずかしくない段階になっていたら「誰が聞いても良いアイデア」のプロダクトになっている可能性がある。競合

が多くいるレッドオーシャンに飛び込んでしまうことになりやすい。これは第1章でも触れたように、スタートアップの取るべき道ではない。

カスタマーの生の声を集める

MVPを市場に投入したら、たとえ、それがウェブサービスであっても、「Google Analytics」などのウェブ分析ツールを眺めているだけでは不十分だ。オフィスを飛び出して（Get out of the Building！）、実際のカスタマーの声を集めにいこう。

PMFを実現するためにスタートアップがやるべきことは、Y Combinatorの創業者、ポール・グレアム氏の言葉を借りれば「プロダクトを作ること」と「カスタマーと話すこと」の2つしかない。

ハードウエアのスタートアップなら、店頭に並んだプロダクトを買いに来る人がいる。ウェブ経由のサービスでも、カスタマーがサインアップしてくれたら、メールアドレスが手に入る。フェイスブックによるサインアップならアカウントが分かる。メールやメッセージでカスタマーにコンタクトして、ヒアリングをしたいと直接依頼できる。

当然、MVPを使ってくれるようなカスタマーはプロダクトを周囲に広めてくれるエバンジェリストの要件を満たしている人が多いはずだ。もちろん、第2章や第3章のインタビューで見つけてリストアップしてあったエバンジェリストカスタマーにMVPを送ってインタビューをお願いするのも有効だ。

毎日のようにスタートアップが立ち上がり、新しいプロダクトを次々と世に送り出している。しかし、その多くが日の目を見ずに市場から消えてしまう。その一番の理由は、カスタマーからの学習が全く足りないからだ。

カスタマーの生の声には、それだけ重い意味がある。

アーリーアダプターの集まる場所

私は、よく出張でシリコンバレーを訪れるが、前回は Airbnbのサービスを使い、サンノゼ郊外の民家に滞在した。その時のホストは60代の年配女性だった。普段は何をして生活しているのかと尋ねてみたら、スマホを駆使してUberとLyftのドライバーをしたり、前出の生鮮品買い物代行サービスインスタカートのショッパー（店舗で買い出しをする人）をしていると話していた。彼女の周りでもこうして働く人は多いそうだ。

実際、シリコンバレーは新しいコンシューマー向けサービスを次々と試すアーリーアダプター、エバンジェリストカスタマーの層が非常に厚い。私の感覚では、2、3割程度の人が、新しいサービスを常に探して、実際に活用している。複数のプロダクトを比較した意見をもらえることも多い。

もちろん、新たなサービスを始めるために必ずしもシリコンバレーに行く必要はない。あなたのMVPのエバンジェリストカスタマーがいそうなコミュニティーや業種業態を狙えばよい。

介護向けのプロダクトを作っているなら、街にある介護施設やデイケアサービスなどを訪ねてみるとよい。関連する勉強会やセミナーに通い、自らカスタマーのコミュニティーに入ることもできる。

ハードウエアのスタートアップなら、クラウドファンディングを活用する方法も効果的だ。クラウドファンディングをチェックしている人はそもそも情報感度が高いことが多い。自分のプロジェクトを支援してくれた人と話すと良質なフィードバックをもらえるはずだ。

スタートアップには泥臭さが必要

第2章で紹介した通り、エバンジェリストカスタマーを探すには、紹介を受けたり、SNSやブログで検索したり、展示

注）米Lyftは、Uberと同様の配車サービス大手。

会に参加したりと、とにかく使える手段は何でも使おう。

起業家教育に力を入れるスティーブ・ブランク氏は著書『ザ・スタートアップ・オーナーズ・マニュアル』で、「創業者は、初期の段階において、カレンダーがインタビューで埋まるまでアポ取りを続ける必要がある」と指摘している。

BtoBのスタートアップなら創業者自ら、朝から晩まで見込み顧客に電話をかけ続け、少しでも反応があったらフットワーク軽く飛んでいく。BtoCなら知り合いに端から端まで依頼をしてサービスに登録してもらうべきだ。

伝説の顧客開拓

シリコンバレーで伝説化している泥臭い顧客開拓の例に「コリソン・インストレーション（Collison Installation）」がある。

オンライン決済ツールのストライプ（Stripe）はY Combinator出身のスタートアップで、フィンテック業界のスーパーユニコーンだ。Stripeは、当時20歳だったアイルランド出身のジョン・コリソン氏とパトリック・コリソン氏が2010年に創業した。

彼らは2010年にY Combinatorのバッチ（3カ月間のアクセラレーションプログラム）に入り、決済サービスのベータ版を立ち上げた。

ネットサービスを手掛ける普通のスタートアップなら「ベータ版を試してもらえますか？」とユーザーに尋ね、了解が得られたら「ではリンクを送ります」とメールやメッセージを送るのが普通だろう。

ところが、コリソン兄弟は、Stripeを試してみると言ってくれたユーザーのところに直接駆けつけて「あなたのノートパソコンにインストールさせてください」とセットアップをした。

現地に行き、ユーザーと直接現場で会い、プロダクトを使う顧客のリアルな反応をつぶさに観察したり、ユーザーと直接話したりする。これが非常に有用な情報になり、後の成長につながった。

多くのスタートアップ創業メンバーはエンジニアとして教育を受けた人や、コンサルタントなど抽象度の高い仕事をしていた人が多い。こうした人々は顧客に直接サービスを提供することに関してはあまり経験がない。このため、洗練されたシステムや資料を作るのが自分の仕事であって、営業担当者のようにユーザーの世話をするのは自分の仕事ではないと思いがちだ。

スタートアップの創業メンバーは、この固定観念を捨てるべきだ。スタートアップにとって最大の学びは、現地に出向くことで得られる。全員がカスタマーのコミュニティーに入っていくべきだ。

Y Combinatorのポール・グレアム氏も、「ファウンダーは、自らユーザーを獲得しなくてはならない。ユーザーが集まるのを待っていてはだめだ。どんなスタートアップも、自ら外に営業に出て顧客を集めるべきだ」と述べている。

このようにスタートアップのメンバーは、ひたすら泥臭く動くべきだ。

スタートアップにとって、投資家やカスタマーなどに断られることは仕事のうちだ。そのMVPが先進的すぎて100人に営業をかけても2、3人しか興味を示してくれないのが現実である。

自分たちの作ったMVPを必死に売り込んでも拒絶されるばかりで、自信を喪失しそうになることがよくある。相手に「イエス」と言ってもらうことがどんなに大変かと毎日思い知らされる。

だが、営業で断られたからといって、自分たちの能力が低い、アイデアが悪いと短絡的に考える必要はない。そういうものだと割り切って、くよくよせずに、新たなカスタマーを探し続けることだ。初期のスタートアップには高いレジリエンスが求められる。

図 4-3-2

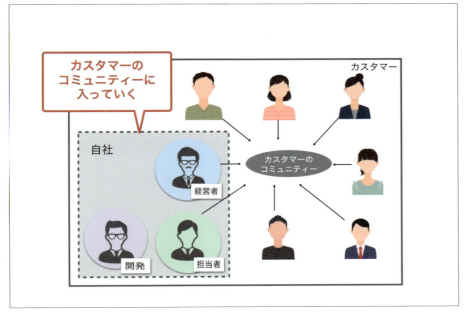

マーケティングより直接対話する

プロダクトを売り、評価を得よ

　ここまでは、MVPを市場に投入した後にエバンジェリストカスタマーと直接対話することの重要性を説明してきた。

　ウェブサイトやSNSなどを通じて得られる定量的なフィードバック（顧客のページ滞在時間、離脱率、サインアップ率などの数字）だけでは、プロダクトのUXなどについての「使いやすかった」「心地よかった」といった定性的なフィードバックがそぎ落とされてしまう。

　MVPを投入した際、カスタマーの反応を探るためにアンケートを実施して課題仮説などの検証をしようとするスタートアップがあるが、これは意味がない。アンケートの設問は、スタートアップのメンバーが結果を予測してつくることが多いが、MVPが市場でどのように受け入れられるかは誰も事前に分からない。アンケート形式で尋ねることで、カスタマーの考え方を狭くさせ、PMF達成の可能性を下げることさえあり得る。

　グループインタビューも非効率だ。この手法は周囲の意見により意見が左右されやすいので、カスタマーの心の底で言語化されていない深いインサイトを得るには適していない。

　大企業などに対するスタートアップの競争優位性は、カスタマーのもとを頻繁に訪れて直接対話しながらプロダクトを作ることができるフットワークの軽さにある。大企業でもできるマーケティング活動に時間を割くことは避けたほうがよい。

Chapter 4　PRODUCT MARKET FIT

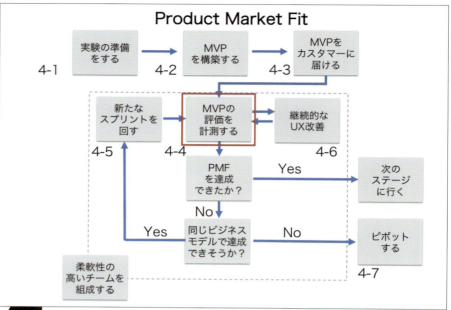

図 4-4-1

4-4 MVPの評価を計測する

スプリントの繰り返しで評価を計測

定性的な発見と、定量的な証明

ここまで、MVPの設計、構築、市場への投入という過程を説明してきた。

続けて、カスタマーからのMVPに対するフィードバックをもとにした定量データ分析と定性データの分析を進めていく。これはリーン・スタートアップのサイクルでいえば、「Measure（計測）」と「Learn（学習）」の段階に当たる。

分析から得た新たな学びに応じて、MVPを改良するなどして、またMVPの検証を行う「スプリント」を繰り返す。こうして誰もが欲しがるPMFの達成に近づけていく。

実際の分析作業を細かく見ていこう。

まず、スプリントカンバンボードに戻り、現在注目しているユーザーストーリーの付箋を「実装完了・ローンチ」のステージから「定量検証」にまず移してから、実際の作業を始める。ここで得られた分析結果は、スプリントキャンバスの「定量的検証の結果」の欄にまとめていく（図4-4-2）。

多くのスタートアップは、MVP投入によるカスタマーの反応を十分分析しておらず、学びの機会を逸している。

既知の市場に対してプロダクトを投入

図 4-4-2

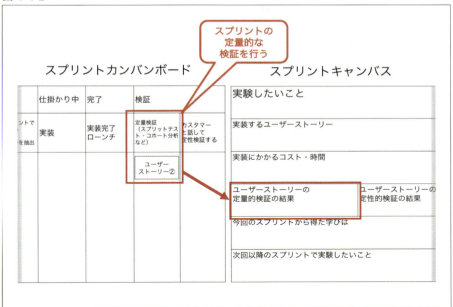

する一般企業であれば、プロダクト投入の効果を測定する分かりやすい指標がある。売上高や利益率といった目標達成の目安（KGI、重要目標達成指標）、そしてそれを達成するための客単価や顧客数などのKPI（重要業績評価指標）などだ。

しかし、PMF達成前のスタートアップにおいては、売上高や利益率のような指標は重要ではない。

スタートアップにとっては「プロダクトがカスタマーに愛されているかどうか？」がPMF達成前の絶対的な指標だ。

カスタマーの数は少なくても、愛されるものを作れるかが重要になる。

リーン・スタートアップにおける計測について詳しく解説した書籍『Lean Analytics—スタートアップのためのデータ解析と活用法』の著者である、アリステア・クロール氏は「定性的に発見をして、定量的に証明せよ」と述べている。つまり、カスタマーと直接話して、どんな状態ならば「プロダクトに熱狂している状態」なのかを定性的にまず理解し、それを定量的に分析して具体的な指標がどんな値になっていることがPMF達成に当たるのかを把握することが、MVPの効果計測にとって重要になる。

定量分析で定番の指標を使う

AARRR(海賊指標)を実装する

スタートアップが用いる定量分析の有名な指標として、ここでは「AARRR指標」を紹介しよう。シード期のスタートアップへの投資に力を入れる有力VC、500スタートアップスの創業者であるデーブ・マクルーア氏が考案したフレームワークだ。「AARRR（アー）」という名称が海賊の叫び声に似ているとして「海賊指標」とも呼ばれる。

AARRR指標はカスタマー獲得から収益を生み出すまでの流れを5段階に分けた評価指標になる。

図4-4-3のように段階を追うごとに該当するユーザー数が減っていくファネル（漏斗）状に並んでいる。

各要素は次のような意味だ。

注）『Lean Analytics—スタートアップのためのデータ解析と活用法』（アリステア・クロールほか、オライリー・ジャパン）
クロール氏のコメントは以下より引用。
https://www.youtube.com/watch?v=0cEfe9mSatM

図 4-4-3

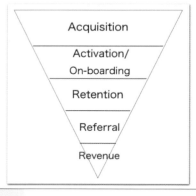

- Acquisition：獲得（ユーザーがプロダクトのランディングページを訪れる、アプリをダウンロードするなど）
- Activation (On-boarding)：使用開始（アプリを立ち上げる、アカウントを作成するなど）
- Retention：継続利用（再訪問、再利用してくれる）
- Referral：他のカスタマーの紹介（SNSでシェアする、など）
- Revenue：売り上げ・コンバージョン（課金、有料会員の契約をするなど）

スマホ用アプリのMVPを例にすれば、MVPの投入により、1000人のユーザーがランディングページを見に来てくれた（Acquisition）とすると、実際にアプリを試用し始めてくれる人（Activation）は100人程度。このように考えていくと、実際に課金ユーザーになってくれる人（Revenue）はわずか1人だけということもある。

漏斗の途中に穴が多いほど、ユーザーはそこから離脱してしまい、課金できる段階にたどり着かずにMVPの使用をやめてしまう。このため、AARRR指標は、穴の開いたバケツにも例えられる。

MVPを検証するステージでスタートアップがフォーカスすべきは、5つの指標のうち、Activation、Retention、そしてRevenueの3つの指標だ。

最初の体験でいかにユーザーを活性化させ（Activation）、使いながら満足してもらって継続利用（Retention）に導き、有料のプロダクトを購入してもらう（Revenue）ことが焦点になる。

これら3つの指標は「人が欲しがるプロダクトになっているか」を示す指標そのものである。

水漏れがある段階の集客は無駄

恒例のラーメン店の例で例えるならば、この3つの指標が高いほど、おいしいラーメンを作れる店ということになる。初めて店でラーメンを食べてもらい、リピーターになってもらえれば店は繁盛する。しかし、ラーメンがまずく、接客も今ひとつだったりすれば、いくら広告でお客を集めてもお客は定着せず逃げてしまう。グルメ情報サイトには「あの店はまずいから二度と行かない」という悪評が増え、

注）ランディングページとは、ブログやウェブ広告などを通じてプロダクトの告知をした時、それに興味を持ったユーザーが訪れるウェブページのこと。

図 4-4-4

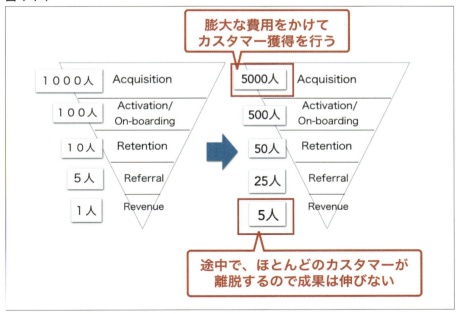

図 4-4-5

写真＝iStock

さらに客足が遠のいてしまう。

　あるスタートアップのアプリを1000人がダウンロードしたが、最終的に課金ユーザーになったのは1人だけだったとしよう。すると、広告・宣伝に膨大な費用をかけて5000人のユーザーにアプリをダウンロードさせたとしても、バケツにたくさん穴が開いたままなら課金ユーザーは5人しか残らない。これでは広告に力を入れても、その投資はすべて無駄になる。

　MVPの検証によりPMFに近づく活動は、カスタマーの行動を確かめ、直接その理由を聞いたりすることで、バケツの

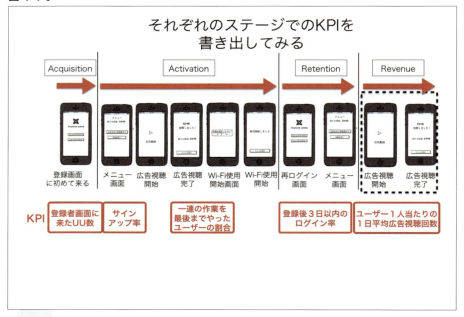

図 4-4-6

穴を探り当てて、それを一つひとつ塞いでいくことに当たる。PMFとはバケツの穴がほとんど塞がり、最初に獲得したユーザーを熱狂させ続けて定着させ続けられる状態といえる。

「AARRR」に基づきKPIを設定

では、AARRR指標を実際の場面でどう適用するのかを説明していこう。再び旅行者向けの無料Wi-Fi接続サービスAnywhere Onlineの事例に戻って考えてみよう。

図4-4-6に示すように、Anywhere OnlineのUX遷移イメージ（例では、アプリ画面）を用意して、どの画面がAARRRのどのフェーズに当たるのかをマッピングしていく。

各フェーズに合わせ、画面の切り分けができたらそれぞれのステージのパフォーマンスを定点観測するための定量的な指標となるKPIを定義していく。

顧客獲得（Acquisition）なら「登録画面に訪れたユニークユーザー数」。使用開始（Activation）なら「ユーザーのサインアップ率」および「（広告視聴など）一連の作業を最後まで完了したユーザーの比率」。Retention（継続利用）なら「サインアップ3日以内の再ログイン率」、売り上げ・コンバージョン（Revenue）なら「ユーザー1人当たりの1日平均広告視聴回数」といった指標がKPIとして想定できる。

さらに、これらのKPIについて測定が難しそうなものがあれば、そのKPIをより細かい指標に因数分解した「サブKPI」を設定し、測定可能な状態にする。

例えばActivationの段階での「（広告視聴など）一連の作業を最後まで完了したユーザーの比率」というKPIは、実際には「メニュー画面の離脱率」や、「視聴途中の離脱率（視聴開始率と視聴完了率から計算できる）」、「広告を見終えた後の使用開始率」といった測定しやすい複数のサブKPIに分割してユーザーの行動を追跡していく。

なぜ、より細かいサブKPIに因数分解して計測することが重要なのか？

それは、顧客がなぜ離脱するかをより精緻に調べるためだ。

例えば、「（広告視聴など）一連の作業を最後まで完了したユーザーの比率」と

注）ユニークユーザー数は、あるウェブページを一定期間内に訪れた人の数。同じ期間内ならば同じユーザーがウェブページを何回訪れても1人と数える。また、サインアップはアプリやウェブサービスなどにユーザー登録すること。

図 4-4-7

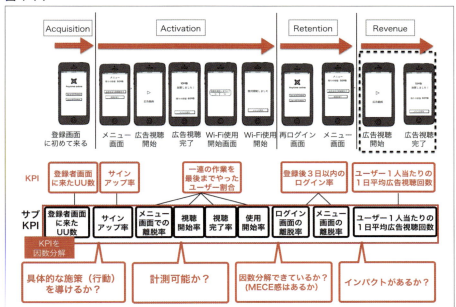

して、広告視聴作業の完了率だけをKPIに定めたとしよう。すると毎日の計測で目標値から程遠いことに気づいたとしても、KPIのスコープが大きすぎるので、何が原因でユーザーが離脱しているのかが分かりにくい。そこでこのKPIを因数分解してサブKPIレベルで見れば、例えば「視聴開始率が低いことが、広告視聴完了率に悪影響を及ぼしている」ということが判明する。そうすれば、アプリの中で「視聴開始率を高める」ためにはどういうストーリーを実装すればよいかという具体的な対策を考えられる。

ただし、これまで全く市場になかったMVPの場合には、最初からどのようなKPI、サブKPIの設定が適切かを判断するのが難しい。

スプリントを回すときに、PMF達成のためにはどんな計測指標が適切なのかを探るところから始め、それが分かったところでMVPを磨き上げていくという作業手順になる。

では、優れた計測指標が持つ特徴は何か。その例をいくつか挙げてみよう。

●改善につなげやすい：指標のスコープが十分に狭く、具体的な対策を立てやすいか。

●計測しやすい：測定ツールやユーザー登録数など、容易に計測できる指標なのか。

●MECE（ミーシー）感がある：プロダクトのUXを通じて重複なく、漏れなくKPIでカバーできているか。

●インパクトがある：プロダクトの全体パフォーマンス（KGI）向上につながる影響力があるか。

プロダクトの最重要KPIは何か？

優れた計測指標が備える4つの条件の最後の1つ、「インパクトがある」という点をもう少し説明しておこう。

インパクトのある指標とは、最終的なゴールを達成するための主因となる指標のこと。スプリントを繰り返して検証が進んでくると、いくつかあるKPIの中で売り上げ・コンバージョンにつながりやすい指標がはっきり見えてくる。

例えば、2014年、サッカーのドイツ代表チームは最重要KPIを「ボールを受け取ってからパスを出すまでの時間短縮」に設定し、徹底的に選手の意識付け

注）MECE（ミーシー）とは、ロジカルシンキングで用いられる用語。Mutually、Exclusive、Collectively、Exhaustiveの頭文字を並べたもので「相互に漏れがなく、全体に重複がない」ことを意味する。

図 4-4-8

	MVPの計測結果（実数）	MVPの計測結果（割合）	目標値
Acquisition（訪問者）	332人	100%	100%
Activation（登録）	305人	92%	95%
Activation（作業完了）	93人	28%	80%
Retention（3日以内再訪）	23人	7%	80%
Revenue（ユーザー1人当たりの1日平均広告視聴回数）	4.2回	4.2回	10回

目標と現状のギャップを認識した上で、そこを埋めるアクションアイテムを導く

比率で表現して確認

をした。

これは、ドイツ代表チームの過去の試合を分析した結果、この時間が短い試合での勝率がかなり高かったことに基づいている。ボールを受け取ってからパスを出すまでの時間を従来のほぼ半分である1.6秒に短縮。よりスピードのあるプレーを実現し、ドイツはその年のワールドカップで優勝している。

スポーツにおける最終的な目標はもちろん勝つことだが、どうしたら勝つかを指標化するのは難しい。ドイツ代表チームは勝つために何を計測するとインパクトがあるかを分析して成果を導き出した。

このように、インパクトのあるKPIは多くの場合、先行指標になる。つまり、このKPIを改善できるとそれに続く結果も大きく改善される。

スマホ用家計簿アプリを手掛けるマネーフォワードは、2017年4月時点で500万人を超えるアプリユーザーを獲得している。同社の辻庸介社長兼CEOによると、マネーフォワードで重点的に追いかけているインパクトのあるKPIは、「ユーザーの銀行口座情報登録率」だそうだ。

同社のアプリは金融機関の口座情報を登録すると、残高などを直接読み込んで管理できる。銀行口座情報と日々の入出金情報がアプリ内で連結され、自分の家計が可視化される。

この瞬間がユーザーに最も価値を感じさせ、定着率が一気に上がるタイミングだということだ。これこそプロダクトが心に刺さるマジックモーメントと呼ばれる瞬間である。

スタートアップはスプリントによるMVPの検証を繰り返す中で、こうしたインパクト指標を見つけることができるかが、PMFを達成するためのキーポイントとなる。

定量的計測が重要な理由

定量的な計測が重要な理由は次の3つに集約される。

●目標に向かって自分たちがどんな位置にいるか正しく認識できる。
●KPIは創業メンバーなど、ステークホルダー間で使える揺るぎない共通言語になる。
●目標と現状のギャップが数値で可視化

図4-4-9

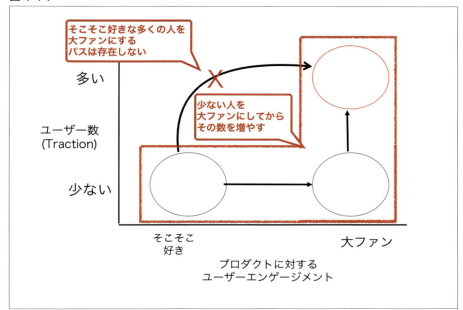

され、そのギャップを埋めるアクションを導きやすい。

「我々は神を信じる。そうでなければデータを持ってきなさい」という品質管理の専門家、エドワーズ・デミング博士の言葉がある。神のように万能ではない人間は、客観的なデータがないと適切な判断ができないという指摘だ。

ユーザーの行動の結果を定量的なデータに落とし込んでいくことで、主観的バイアスや曖昧さを排除することができる。そこで、MVPの場合には、前出のようなAARRR指標を用いる。

AARRR指標を具体的なKPIとして測定したらそれぞれの実数を記録に残すだけではなく、比率で表すとスプリントを回す時の比較が容易になる。

最初のフェーズであるAcquisition数（ランディングページへの訪問者数など）を100%として、そのうち何%がActivation（ユーザー登録、アプリ入手）のページにたどり着いたか、何%がユーザー登録を完了させたか（Activation）、何%が3日以内に再ログインしたか（Retention）、何%が実際に有料版やプロダクトを購入したのか（Revenue）といった形だ（図4-4-8）。

これにより、ユーザーの獲得から有料版で売り上げが立つまでの過程で何割のユーザーが脱落してしまっているのかを頭に入れることができる。また、次のスプリントの時に獲得したユーザー数が違っても、どれだけ定着率が上がったのかを容易に比較できる。

また、KPIを選んだらそれぞれの目標値を決めておきたい。目標値と現状とのギャップが一目で分かるようにしておくと、改善すべきポイントを絞り込むことができる。

MVPの最重要KPIは定着率

多くの顧客を獲得し、多くの人が定着して、コンバージョン（商品を購入する、有料会員になる）するのが、スタートアップの最終ゴールだ。

しかし、PMF達成前のMVPの段階で、全てのKPIを伸ばそうとすると、プレマチュア・スケーリング（時期尚早な拡大）になってしまう。

スタートアップは、まず少人数に熱

注）エドワーズ・デミング博士は、戦後の日本で統計的品質管理を広めた統計学者。博士の業績を記念して設けられた「デミング賞」でその名を知られる。
　エドワーズ・デミング博士の言葉は『Statistical Adjustment of Data』（Dover Publications）による。

図4-4-10

KPIを設定する際に陥りがちな罠

結果指標しか見ていない：
UU、PV、
売り上げ、CPAなど

アクションできない指標を見る：
粒度が粗い新規率、リピート率
を指標にするなど
次の行動が思いつかない

相関指標を見る：
因果関係でなく
相関関係を見てしまう

狂的に愛されるプロダクトを作るべきだ。スタートアップの世界には「Rule of Cross-10（最初の10人に売る）」という原則がある。最初の10人にすら売れないものは、100万人に売れるプロダクトには絶対になり得ないという意味だ。

プロダクトのユーザー数を増やすには順番がある。まず考えるべきは、プロダクトに最初に注目してくれた一部のユーザーをそこそこ気に入ったレベルから熱狂的なファンに育てることだ（図4-4-9）。熱狂的なファンが育つほど魅力があるプロダクトになれば、それに注目して使い始めてくれる人も増える。また熱狂的なファンは周囲にプロダクトを広めてくれる。こうした環境が整ってからユーザー拡大を考えればよい。

では、初期ユーザーがどれだけプロダクトのファンになっているのかを確かめるには、どの指標を見ればよいのか。

プロダクトへの愛着（エンゲージメント）を図る指標は、Activation、Retention、Revenueの3つ。「使ってみたい」「もっと使いたい」「お金を払ってでも使いたい」と考えるユーザーの比率がどの程度あるかが、プロダクトに対する熱狂度を測るものさしになる。

その中でもプロダクトへの定着率を示すRetention（再訪問、再利用）は、現在のプロダクトがカスタマーの心に刺さって、強く記憶されている状態を示すもので、カスタマーの熱狂度合いとの相関が強い指標といえるだろう。

自分が毎日使っているサービスを思い返してほしい。そのサービスの広告を見たから思い出して使うのではなく、自分の記憶の中に深く刷り込まれ、使うことが習慣化しているのである。動画を見るならユーチューブ、フリーマーケットに衣類などを売るならメルカリといったところが自然に思い浮かぶだろう。これらのアプリのように、ユーザーの定着率を上げるためにはユーザーの記憶に深く定着してユーザー自らが使いたいと感じる動機を持つプロダクトを作る必要がある。

虚栄の指標に惑わされるな

MVPがユーザーに評価されているのかを測定するKPIは、スプリントによる評価を繰り返すたびに、より適切なものに磨き込んでいく必要がある。

図 4-4-11　右肩上がりの指標を探して自分を満足させるのは意味がない

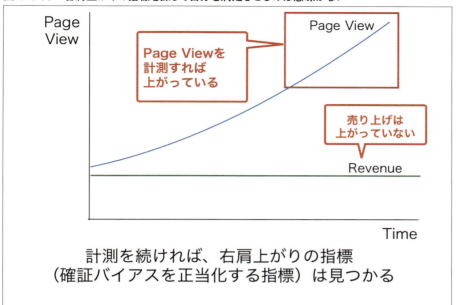

　KPIを設定・変更する際に陥りやすいポイントがあるので、貴重な評価測定の機会を無駄にしないために、いくつか紹介しておこう。

①結果指標しか見ていない

　ウェブサービスの場合なら、ユニークユーザー数、ページビュー数、売上高、CPA（顧客獲得コスト）などは、「結果指標」である。

　結果指標だけでは課題が見えず、課題が見えないと次にどんなアクションを取るべきかが見えてこない。なぜ結果指標が今の値になったのかを説明できる別の指標をKPIに定めるべきである。

②アクションできない指標を見てしまう

　新規ユーザー獲得率といったスコープの大きな指標だけを追っても、次に起こすべき具体的なアクションが見極められない。

　こうした粗い指標ではなく、例えば新規のユーザーがどんなルートからランディングページに来ているか、参照元（リファラー）の構成比を調べてみる。あるブロガーの記事からたどり着いたユーザーが多いと分かれば、似たような記事を書いているブロガーに自社のプロダクトを取り上げる記事を依頼するなど具体的な施策を考えられる。

③一見相関性があるように見えるだけの指標を用いてしまう

　MVPを検証するためには結果指標に大きな影響を及ぼすであろう先行指標（因果指標やインパクト指標）を選ばなくてはならない。

　しかし、データの推移は一見相関関係があるが、因果関係にない指標はよくある。「俳優のニコラス・ケイジの映画出演本数とプールの溺死者に相関関係がある」と話題になったことがあるが、もちろん、実際はグラフの形がよく似ているだけでそこには何の因果関係もない。暇つぶしの話題としては興味深いが、こうした一見相関性があるように見えるだけの指標を選ぶと、無駄にリソースを費やすばかりになるので注意したい。

　スタートアップは、自分たちのプロダクトが広まらずにいると、自分たちが前に進んでいる、評価されているという実感が欲しくなる。そこで、自分を安心さ

注）結果指標とは、取り組みの内容によらず、必ず結果として表れる数字などの指標のこと。

注）参照元（リファラー）とは、スタートアップが用意したランディングページにどこからたどり着いたかを示すリンク元情報のこと。Google Analyticsなどのウェブ分析ツールで調べられる。

Chapter 4　PRODUCT MARKET FIT

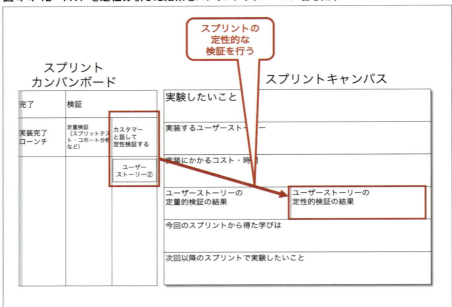

図 4-4-12　MVPを定性分析した結果をスプリントキャンバスに書き出す

せるために、ページビュー数やユニークユーザー数といった、自分たちが評価されているように見えやすい指標にとらわれてしまうことがよくある。

先日、あるスタートアップからピッチを受けた時、私は彼らに「あなたのスタートアップはトラクションがありますか（事業の推進力になるだけのユーザーはいますか）」と尋ねた。

「いや、まだ今はありません。でも、フェイスブックのフォロワーが5000人います」との答えがあった。その答えに、私は「だから何ですか？」と思わず問い返してしまった。フェイスブックのフォロワー数と、プロダクトが顧客に愛されているという事象に直接的な因果関係はない。

投資家としての観点では、どんなKPIを見ているかは創業者の専門性をはっきり示すと考える。だから、フェイスブックのフォロワー数をアピールされた瞬間、投資をする気は全くなくなってしまう。

自分たちが成果を上げていると思い込みやすい指標のことを、スタートアップの世界では"虚栄の指標"と呼んでいる。その例を挙げてみよう。

ページビュー：ユーザーがウェブページを踏んだ数。アフィリエイト型のビジネスモデルでなければ、Revenue（収入）にも結びつかず意味はない。

●訪問者数（ビジター数、ユーザー数）：誰がどれくらいの頻度で来ているのかが分からないので、訪問数だけが伸びてもあまり意味はない。

●ユニーク訪問者数：サイトに来て何をしたかが分からなければ訪問者数だけでは意味がない。どのページにどれだけとどまったのかなどが分からないとMVPの検証にならない。

●SNSのフォロワー、ファン、ライク（いいね）：PMF達成とは直接関係がない（それぞれの数が数千万あると話は別だが）。

●ページの滞在時間：滞在時間だけではなく、どのページに滞在していたかを計測しないと自己満足でしかない（サポートページやFAQにいる時間が長ければ、プロダクトやサイトの使い勝手が悪いことを示唆している）

●メールサインアップ数：配信数だけが多くても、プロモーションのメールを打ってみて実際にどれくらいの数が開封さ

注）アフィリエイトは、自社サイトに掲載した広告経由で商品が売れたなどの成果が上がると、一定額の報酬を受け取れる仕組み。

れたのかを計測しないと意味がない。

　ここで挙げた指標は、ユーザー数などのように次第に積み上がるものが多い。その数字だけを見ていると、プロダクトの評価が右肩上がりで高まるように見え、MVP改善の効果が出ているとスタートアップを安心させる。しかし、これらの数字はいくら伸びても、自社のプロダクトがユーザーに熱狂的に受け入れられるPMFの段階まで育つかどうかは全く分からない。例えばPV数とエンゲージメント率（定着率）は全く関連がない。

　むしろ、こうした指標にとらわれ、間違ったところにリソースを割り振ることは、あなたのスタートアップにネガティブな影響を与えかねない。

定性分析の インタビューで インサイトを得る

カスタマーインタビューをする

　データをもとにして定量的計測をする重要性についてはここまで説明した通りだ。ただし、数字だけを眺めていても、スタートアップがMVPを通して学習できることには限界がある。

　カスタマーのフィードバックを「数字」という形に落とし込むと客観性は確保できるものの、カスタマーの主観的な体感がごっそりそぎ落とされてしまうからだ。

　「Content is king, UX is queen.（プロダクトの良さはもちろん、それと同じくらいUXも大事だ）」という言葉を思い出してほしい。この両方が揃わなければ、MVPは受け入れられない。

　カスタマーのことを本当に理解するには、カスタマーがそのプロダクトにどのように触れて、どのように感じているかの全体像を知る必要がある。そこが把握できないとMVPによる学習は断片的なものになってしまう。

　カスタマーから定性的な情報を引き出すための質問リストを用意した。

MVPカスタマーインタビュー質問リスト
● このプロダクトを使って価値を感じましたか？
● 最も価値を感じたフィーチャー（機能）のトップ3は何ですか？
● なぜそれらのフィーチャーに価値を感じたのですか？
● 使わなかったフィーチャー、価値を感じることができなかったフィーチャーは何ですか？
● なぜ、それらのフィーチャーの価値を感じることができなかったのですか？
● このプロダクトを家族や仲の良い友人に薦めますか？

　プロトタイプの段階で行ったプロダクトインタビューは主に、MVPのあるべき姿を作る前に明らかにするための質問だった。

　MVP投入後のこのカスタマーインタビューでは、カスタマーが実際に使って感じたことを中心に聞き出していく。

　「使わなかったフィーチャー、価値を感じることができなかったフィーチャーは何ですか？」といったネガティブなフィードバックもきちんとヒアリングすることがポイントだ。

　「機能や効能が分かりづらかった」「ボタンをクリックしたら個人情報を吸い取られそうで怖かった」とか、フィーチャーを使わなかった理由も聞き出しておきたい。

　MVPの評価が低かった部分をブラックボックスのまま放置するのでなく、評価の低かった理由を明確にして、次のスプリントに生かしていく。

図4-4-13　創業メンバー全員でMVPからの学びを共有する

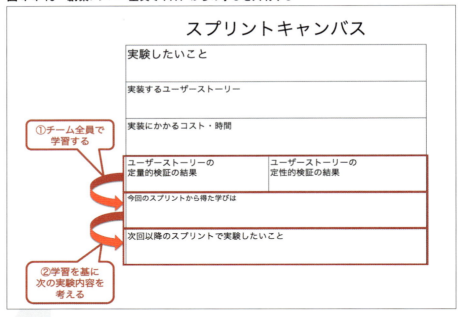

チーム全体で学習する

定量情報と定性情報が集まったら、その意味をチーム全体で言語化し、次に生かせるようにする（図4-4-13）。

カスタマーの声そのものは、プロダクトの専門家ではない素人の表面的な評価や分析であったりすることが多い。カスタマーの声を整理して意図を明確化したり、潜在的なニーズをあぶり出したりするのはファウンダーの役割である。

カスタマーの声に隠れた情報を見つけ出すには、インタビュー内容を付箋で分類し、第2章で触れたKJ法などを用いて整理してみるといい。

特に、プロダクト面での学びとセールス面での学びを分けて整理すると対策を立てやすい。その際に意識するとよい質問リストをいくつか挙げてみる。

プロダクト面の学びを整理する質問リスト

- カスタマーはなぜプロダクトを使ったのか？
- カスタマーはプロダクトのどのフィーチャーに価値を感じたのか？ それはなぜか？
- カスタマーはなぜプロダクトを使わなかったのか？
- 自分たちの立てたプロダクトの価値仮説はどこが正しくて、どこが間違っていたのか？
- カスタマーの考えるプロダクトの評価基準と、自分たちの想定したプロダクトの評価基準は合っていたか、ずれていたか？ どこが合って、どこがずれていたか？
- 今回のスプリント（MVP）を通じた最大の学びは何か？
- 既存フィーチャーのどれを改善すべきか？
- 既存のフィーチャーに廃止すべきものはあるか？
- どのような追加フィーチャーを加える必要があるか？

セールス面の学びを整理する質問リスト

- プロダクト購入の検討に登場する人物は誰か？（BtoBプロダクトの場合）
- もし複数の人が存在するならば、どういった組織相関図に、どういった価値提案をすればよいか？
- どの階層の顧客を入り口として開拓す

図 4-4-14

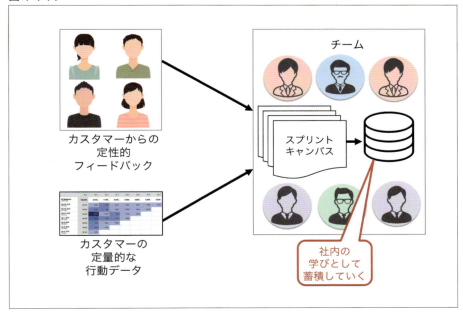

ればよいか？
- 納得して購入してもらうためにはどのような方法が有効か？
- 営業をしてみて、一連のプロセスの中で、使ってもらえないリスクが最も高いのはどのタイミングか？
- どういった反対勢力が想定されそうか？ その勢力が反対する理由は何があるか？

組織的な知識創造を仕組みに

MVP投入後、カスタマーインタビューから創業メンバー全員が学びを得るには、「暗黙知」と「形式知」を分けて考えると整理しやすい。

個人の知識には言語化されていない「暗黙知」がある。経験に基づいていつのまにか身に付いている感覚的な知識だ。その暗黙知を持った人同士で対話を重ねると、そこから客観的な「形式知」が生まれる。そして、その形式知を組み合わせたアイデアやプロダクトを実践していく中で、また個々の中に暗黙知が生まれる。

スプリントを繰り返す仕組みに、知識を蓄積するプロセスを織り込み、限られた時間の中で、いかに多くの知識を創業チームに蓄積できるかが、PMFを達成できるかどうかの分かれ目になる。

スプリントで得た学びは、スプリントキャンバスの「学び」欄に書き込んでおく。

Chapter 4　PRODUCT MARKET FIT

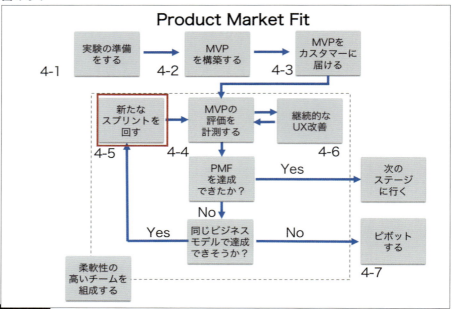

図 4-5-1

4-5　新たなスプリントを回す

PMF達成へ再びスプリントを実行

　MVPを投入し、1回目のスプリントを実行してみて、どんな結果が出ただろうか。最初からMVPがカスタマーの感覚に深く刺さって、熱烈に求められるプロダクトであると判明し、いきなりProduct Market Fitを達成するという幸運な例も中にはあるかもしれない。

　ただ、私の知る限りでは、そうしたケースはごくわずかだ。MVPを市場に投入して最初の学びを得た後は、それを基に軌道修正した2回目以降のユーザーストーリーに取り掛かることになるだろう。

　2回目に投入するMVPで実験するユーザーストーリーは何にすべきか。全く新しいストーリーを試すか、それともスプリントカンバンボードにバックログのステージに残していたストーリーをピックアップするか。1回目のスプリントでの定量分析、定性分析の結果をもとによく考えたい。

　いずれにせよ、スプリントを1回実行すると実験してみたい新しいストーリーが出てくるはずなので、それはスプリントカンバンボードのバックログステージに追加しておく。こうやって、スプリントカンバンボードで進捗を管理しながら、2回目の実験を進めていくことになる（図4-5-2）。

図 4-5-2　1 回目の学びから MVP の新たなユーザーストーリーを追加する

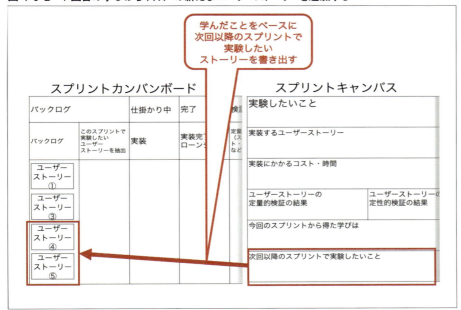

1回目と2回目のMVPを比較する

　2回目以降のスプリントでも、新たなストーリーをMVPに盛り込み、それについてAARRR指標によるKPIを設けての定量分析とインタビューを交えた定性分析を同じように行う。

　2回目以降のスプリントで重要なことは今回作るMVPと前回のMVPを定量分析で比べた時に、数値的な改善が見られているかを確認することだ。

　この時に役立つ手法が、コホート分析である。コホート分析は、自分たちが行った施策がプロダクトのパフォーマンスにどのような影響を与えたのかをユーザーのグループごとに比較して、その結果を次のMVP作成にフィードバックするための考え方だ。

スプリットテストで効果を確認

　コホート分析の手軽な手法としては、「スプリットテスト」がある。実験の対象となるユーザーを2つのグループに分けて、プロダクトAとプロダクトBをそれぞれ実際に使わせて、ユーザーの行動を計測する手法で、ABテストともいう。

　インバウンド旅行者向けのWi-Fi接続サービス、Anywhere Onlineを例に最初のMVPと2回目のスプリントで作成したMVPバージョン2を比較したものが、図4-5-3になる。

　アクティベーション（Activation）の指標では、ランディングページ訪問者のうち、ユーザー登録をした人の割合は変わらないが、広告視聴をした人（作業完了した人）の割合は3%向上し、広告視聴に導くUXの改良が効果を上げたことが分かる。また、広告視聴をしたユーザーが増えたため、ユーザー1人当たりの広告視聴回数は約2回増え、目標に近づいた。

　こうしたスプリットテストを用いたコホート分析は、実際に何人ものユーザーを集めて実施する必要があり、手間がかかる。

　しかし、長い目で見れば定量的な評価システムをスプリントのサイクルに組み込むことで、新しいMVPの成果を素早く知ることができるので、スタートアップにとって貴重なリソースである時間を大幅に節約できる。

Chapter 4　PRODUCT MARKET FIT

図 4-5-3

最初のMVPと
バージョン2の
比較を行う

	MVPの 計測結果（実数）	MVPの 計測結果（割合）	バージョン2 計測結果 （実数）	バージョン2 計測結果 （割合）	目標値
Acquisition （訪問者）	332人	100%	325人	100%	100%
Activation （登録）	305人	90%	299人	92%	95%
Activation （作業完了）	93人	30%	102人	35%	80%
Retention （3日以内再訪）	23人	25%	25人	25%	80%
Revenue （ユーザー 1人当たりの 1日平均広告 視聴回数）	4.2回	4.2回	6.1回	6.1回	10回

PMF達成前は、ウェブサービスなどのサイトに集まる人が少なく、何百人、何千人という被験者を集めることは難しい。被験者が少ないと、スプリットテストの結果が有意な差なのか、誤差なのか迷うこともある。

しかし、ここで重要なのは細かい数字の変化ではない。スプリントを繰り返してMVPを軌道修正した時に、大きな流れとして前回よりも明らかにカスタマーの評価が改善していると分かることだ。スプリントを繰り返して、MVPのバージョンが上がるたびに「このプロダクトがないと私は困る」「このプロダクトは素晴らしい」という顧客のフィードバックが増えているなら、MVPの見直しは正しい方向に進んでいるといってよいだろう。

優れたストーリーは使い手視点

前に触れた通り、ユーザーストーリーを着想するときは、以下のテンプレートで考える。

＜ユーザー＞は、＜ゴール/課題＞を実現したい/解決したい。なぜなら＜理由＞だからだ。そのために＜フィーチャー＞を実装する。

このテンプレートにある通り、MVPに盛り込むユーザーストーリーは必ず「誰にとってのストーリーか」「そのストーリーで何を達成するのか」「なぜそのストーリーが価値を持つのか」をセットで考える必要があるということだ。

mixiから顧客が離れた理由

かつて一世を風靡した日本発のSNSであるmixi（ミクシィ）は、月間のアクティブユーザー数がピーク時には1500万人を超えていた。しかし、現在では、他のSNS（フェイスブック、LINE、ツイッター、Instagramなど）の台頭もあり、あまり使われなくなってしまった。

しかし、mixiがSNSとして使われなくなったのは、競合の増加だけが理由ではない。私が考える衰退の一番大きな理由は、顧客視点で価値のあるストーリーをmixiのサービスで継続的に実装できな

図 4-5-4

ほとんどの製品で、よく使われる機能は全体の数分の1程度である

くなったからだ。

　競合が伸びる中で、mixiはユーザーが求めているものではなく、競合が備えているのと同じような機能を実装することを意識するようになってしまった。これが私の見方だ。

　mixi創業者の笠原健治氏はミクシィ社長を務めていた数年前、mixiとフェイスブック、ツイッターの違いを会見で話したことがある。友人に加えて仕事上の交流もあるフェイスブック、企業や有名人などから関心のある情報を収集する場であるツイッターに対し、ごく親しい友人同士の交流の場がmixiであると、笠原氏は位置付けた。

　それにもかかわらず、mixiはニュース機能を追加するなど、ごく親しい友人同士の交流とは関係ない機能を増やした。

　mixiがユーザーのためのプロダクトを目指し続けるなら、SNSではなく、身近な人同士がコミュニケーションするメッセージプラットフォームに変わるという道もあったかもしれない。

　後付けの解説になるかもしれないが、mixiが方向性を迷っている間に、身近な友人同士がコミュニケーションするプラットフォームの座はLINEが占めるようになってしまった。

　この例に見るように、プロダクトに新しいストーリーを持ち込んで改善をする際は、作り手の視点には立たず、常にユーザーが何を求めているかという視点を忘れてはならない。

新しい機能を無闇に追加しない

　スプリントを続け、MVPのバージョンを上げていくと、必然的に新しいフィーチャーを追加していくことになる。

　この時、新しいフィーチャーの追加を何も考えずに行ってはいけない。カスタマーインタビューの結果、必須な機能が欠けていたと判明した場合には新機能の追加がもちろん必要だが、ユーザーの要求がないにもかかわらずユーザーニーズを探るうちに機能を次々に増やしてしまうことが非常に多い。

　私たちが毎日使う表計算ソフトのエクセルにしてもGmailにしてもたくさんの機能があるが、毎日使うのはそのうち数％程度だろう。

　大企業の製品ならば、従来の製品より

| Chapter 4 | PRODUCT MARKET FIT |

注）グラフは、米Startup Genomeのレポート「Startup Genome Report Extra on Premature Scaling」から抜粋して著者作成

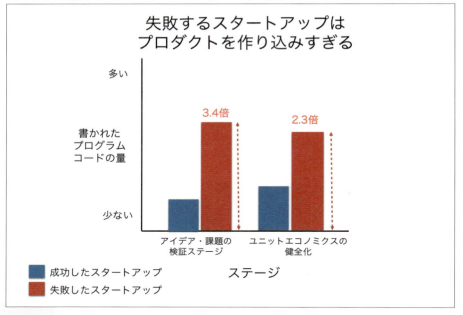

図 4-5-5　失敗するスタートアップは早くからプログラムを書く

魅力を増すためにNice-to-haveな機能の追加は正当化されるかもしれない。

しかし、リソースがないスタートアップが大企業のように振る舞ってはいけない。スタートアップはこれまで世の中にないストーリーを生み出すことだけに専念すべきだ。しかも、機能追加には目に見える工数の増加だけではなく、隠れたコストアップ要因がいくつも存在する。テストや調整、開発進行の複雑化、複数の仕事が並行して走ることによる注意力の低下などだ。

エンジニアは機能を増やしたがる

また、エンジニアにはMVPに不備がなくても機能追加をしたがるタイプが多いので注意が必要だ。MVPの機能追加を考える時には、よほど大きな顧客価値が生まれるものでない限り、創業者は機能追加の相談を受けたら、まず基本的に「NO」と答えるべきだろう。

スプリントを続ける中では、フィーチャーを追加することより、フィーチャーを削るほうがユーザーにとって分かりやすくなり、好結果を生むことがある。

機能を2つ追加したら、現状ではあまり使われていない機能を1つ削除するという開発基準を設けるのもよいかもしれない。

ここまで何度か紹介している「Startup Genome Report」の調査によれば、PMF前のプロダクト検証ステージ（MVPを作る段階）で失敗したスタートアップは、成功したスタートアップの3.4倍もプログラムを書いているという結果が出ている（図4-5-5）。限られたリソースしかないスタートアップは、必要最小限の内容に絞ってMVPの検証をしていくのが成功のポイントと言えそうだ。

PMFは達成できたか?

PMFの達成を判断する基準

新しいユーザーストーリーをMVPに実装し、定量分析とカスタマーインタビューによる定性分析を続ける。このサイ

クルから抜け出す条件は、カスタマーが継続的に欲しがるプロダクトを実現し、PMFを達成した時だ。

PMFが達成していると判断できるのは、およそ次の3つの条件を満たしていることだ。

●ユーザーの高いリテンション（定着率）を保てているか？
●カスタマー獲得から売り上げを獲得するまでの流れは確立できているか？（レベニューを得るまでの流れが言語化、仕組み化できているか）
●リーンキャンバスの項目全体を見て成立しているか？

3つ目の条件について補足しておこう。第1章〜第2章ではリーンキャンバスを使い、アイデアは市場で求められているものか、スタートアップが考える課題仮説がカスタマーの問題解決につながるものかを考えた。現在実現しているMVPがこうした条件を満たしていることが、PMF達成の条件になるというわけだ。

PMF達成には数値による明確な条件があるわけではない。ただ、この3つの条件を満たすようになると、何も宣伝をしなくてもユーザーがプロダクトを求めて集まるようになる。もしくは、SNSなどを通じてプロダクトのことが次々に広まるようになるなど、創業メンバーが実感できる変化が出てくるようになる。

顧客は熱狂しているか？

可能性のあるプロダクトを大きく成長させるノウハウのことを「グロースハック」と名付けた米Qualarooの創業者であるショーン・エリス氏は、プロダクトに対する熱狂度を調べるテスト法を考案している。その名前を取り、「ショーン・エリス・テスト」と呼ばれる。

これは、実際にプロダクトを使っているカスタマーに対して「このプロダクトがなくなったらどう思うか？」と質問をして、40％以上のユーザーが「非常に残念」と答えたのであれば、そのプロダクトは今後も継続的に顧客を獲得できると判断する手法である。40％という数字は様々なスタートアップとの検討の中で決まったものとされる。

いずれにしろ、PMFを達成したかどうかは、定量分析だけでなく、ユーザーの声を実際に集めて判断することが重要といえる。

注）米Qualaroo（クアラルー）は、ウェブを訪れる顧客を定着に導くマーケティングツールを開発する。

Chapter 4　PRODUCT MARKET FIT

図 4-6-1

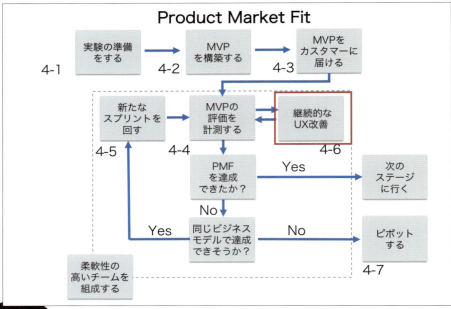

4-6 UXを磨き込む

UXがユーザーの愛着を左右する

UX改善は継続的に行う

　第4章のここまでは、ユーザー視点に立ったストーリーを実装することを繰り返し、ユーザーに求められるMVPに近付けていくスプリントの手法を紹介してきた。
　ストーリーという単位で見直しをかけ、ユーザーに求められている機能をMVPに追加していくという大きな軌道修正に加え、アプリやウェブサイトの使い勝手を見直す「UX改善」という小さな軌道修正を常に継続していくことも、ユーザーの定着率アップには極めて有効だ。
　「Content is king, UX is queen（プロダクトの良さはもちろん、それと同じくらいUXも大事だ）」という言葉を何度も取り上げている通り、いくら優れた機能を提供するプロダクトでも、UXが悪ければ、カスタマーは定着しないからだ。
　ここからは顧客を活性化して定着させるための具体的なUX改善策を取り上げながら、カスタマーをいかにプロダクトに心酔させるかについて解説しよう。UXというと、BtoC向けプロダクトだけで重視される考え方のように感じるかもしれないが、BtoB向けプロダクトでカスタマーを定着させるためにも極めて重要な概念だ。

図 4-6-2　UX 定着モデルの全体像

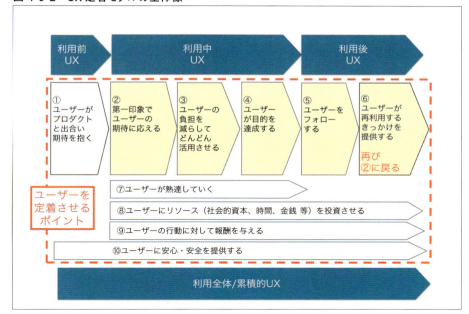

ユーザーを定着させるUXの秘訣

UX定着モデルを理解する

　PMFを達成するには、プロダクトやサービスの魅力を増してカスタマーの定着を促す必要がある。

　このために、多くのスタートアップは、プロダクトの機能を増やそうと考えがちである。しかし、前のパートで解説した通り、これはユーザーの定着にとって、逆効果になることが多い。多くのフィーチャーを追加してもほとんどは使われない。無理な機能追加はせずに必要な機能に絞って、ユーザーが熱中してしまうUXを作り込むことがユーザー定着のポイントである。

　では、ユーザーを定着させるためにUXをどのように磨き上げればよいか？

　UXの改善についての様々な研究やスタートアップを指導してきた私の経験をもとに、UXを改善してカスタマーを定着させる流れを整理したのが図4-6-2だ。

　私はこれを「UXエンゲージメントモデル（UX定着モデル）」と呼ぶ。

　第3章でも説明したが、UXは時間軸に沿って、プロダクトへの期待を盛り上げる「利用前UX」、実際にプロダクトを使う時の「利用中UX」、再び使ってもらえるように盛り上げる「利用後UX」の3つから成り立っている。

　そして、忘れてはいけないのが、これら3つのUXにより、ユーザーがプロダクトの利用全体を通じて感じ取る「累積的UX」だ。利用前〜利用後のUXを改善し、いかに累積的UXというプロダクト全体を通じた体験を魅力あるものにするか。これがカスタマー定着のポイントになる。

　図4-6-2の赤い点線で囲んだ部分がカスタマーの定着を促す具体的なポイントである。

　利用前UXでは、①プロダクトを最初に見た時に使ってみたいと思わせる分かりやすさが重要になる。利用中UXでは、②利用前の印象通りに分かりやすいプロダクトと実感させ、③プロダクトを使うためのユーザーの負担を軽減してもっと

Chapter 4 　PRODUCT MARKET FIT

写真=iStock（天秤）

図 4-6-3

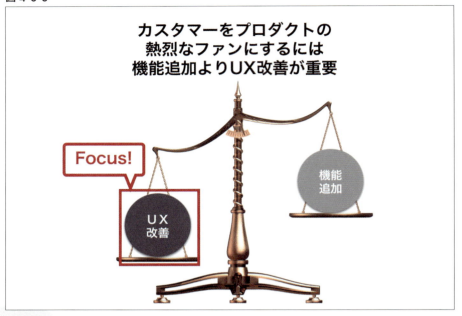

使いたいと感じさせ、④ユーザーを目標達成に導く。ここまでで、ユーザーはプロダクトを使い続けたいと思うようになっている。利用後UXではその盛り上がりを維持するために、⑤ユーザーをフォローし、⑥再利用するきっかけを与える。例えば「こう使うともっと便利になる」といった情報を表示し、再びアプリを起動してくれるように印象を残す。

こうしたフォローがあれば、再びユーザーはアプリを使い、②以降のUXを通じて使い続けたいと思うようになる。MVPのスプリントと同様、UX改善も②～⑥を素早く繰り返すことで累積的UXを高め、ユーザーの定着を実現していく。

また、累積的UXを通じて、ユーザーを定着させるポイントがいくつかある。

まず、プロダクトの「熟達」を促すこと（⑦）。プロダクトの操作に慣れたらより便利だと感じてもらえるからだ。「リソースを投資させること」とは、例えばSNSのアプリでフォロワーや友達を増やすために投資した（使った）時間がもったいないと感じさせることだ（⑧）。また、「ユーザーへの報酬」とは、オークションサイトなどで出品者としての評価が段階的に上がるといった仕組みが該当する（⑨）。

「安心・安全」は、その言葉通り、ユーザーがプロダクトを使い続けた時に安心・安全が確保されると感じさせることだ（⑩）。プロダクトならケガをする恐れがないか、SNSならプライバシーが侵される可能性はないかといった点になる。「累積的UX」については、後ほど改めて詳しく説明する。

1.5億人が熱中するSnapchat

ここまで紹介した「UX定着モデル」の考え方（①～⑩）を、写真付きのインスタントメッセージを送り合う米スナップのSNSアプリ「Snapchat」（図4-6-4）を例に見ていこう。

米スナップは、設立6年後の2017年3月、ニューヨーク証券取引所に上場。現在は若い世代を中心に1億7000万人以上の日間アクティブユーザーがいる。

この爆発的な成長の理由は、カスタマーが思わず使い続けてしまうポイントがアプリの随所に用意されているからだ。

UX定着モデルはスタートアップが提

図 4-6-4

写真＝Snapchat

自分の撮影したものがコンテンツになっているかの確認。
逆に期待以上に面白いものになっている「驚き」という報酬

供するプロダクトとの出合いから始まる。

Snapchatの場合は、周りの友達が使っているのを見て「面白そうだ」と感じたり、既に使っているTwitterやInstagramのユーザーが、「Snapchatは面白い」と書き込むのを見かけたりしてアプリをダウンロードするケースが多いだろう。そうしたきっかけを増やすには、「面白い写真が撮れて楽しそう」と直感的に思ってもらえる必要があり、それがSNSでのシェアにつながる（①）。

ユーザーがプロダクトを使い始める時には、面白そう、ドキドキした体験ができそうといった期待を維持、もしくは増幅させることがポイントだ。その点、Snapchatのアプリを最初に開いた時の画面は、ロゴマークの下に「登録」ボタンがあるだけ。①で盛り上がっているユーザーはボタンを押すだけで使い始められる（②）。

また、Snapchatは操作が実に簡単だ。スマホの連絡先に入っているユーザーを1回の操作でアプリに追加・招待できる。友達とメッセージの交換をすぐに始められる。また、連絡先の登録が済めば、アプリは撮影モードに切り替わる。操作に悩むことなく使い始められるのだ（③）。

写真を撮影して友達に送信できれば、アプリの目的は達成。「簡単に使える！」と思ってもらえれば、ユーザー定着まではあと一歩だ（④）。

友達の評判などから、Snapchatは自分の写真を動物の顔にするなど、写真に楽しいフィルターがかけられると知っていれば、ユーザーはそうした写真を送ってみようと思う。カメラを自分撮りに切り替えて、自分の顔をタッチすればフィルター候補がいくつも表示され、すぐ目的を達成できる。どんな面白い顔を作れるのだろうかと期待は盛り上がり、ユーザーの定着は進む（⑤）。

さらに、面白い写真を送信した友達から返信があると、それがアプリをもう一度使うきっかけになる（⑥）。

このように見ていくと、SnapchatのUXもユーザーの定着を促す仕組みがよく考えられていると実感できる。

Snapchatは「累積的UX」についてもよく考慮されている。アプリを使い続けるうちに、写真に落書きをすることを覚えたり、使えるスタンプの種類が増えたりして自然にユーザーはSnapchatに

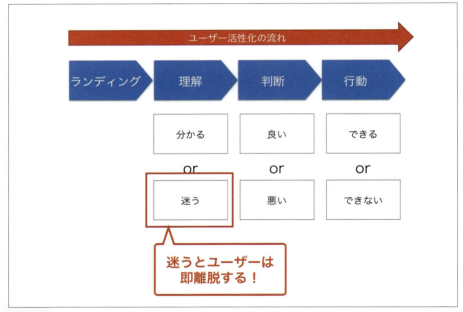
図 4-6-5

「熟達」していく（⑦）。

③の段階で連絡先を登録させる時は、スマホ内の情報をもとに「この友達を追加しますか」という質問が表示される。こうして友達の登録を増やすこと（「投資」させること）で、Snapchatから離れにくい気持ちを呼び起こす（⑧）。

そうした投資の結果、自分が撮った写真が面白いコンテンツになる満足感や、フィルター加工で期待以上の意外な写真ができた時の驚きという「報酬」を受け取り、ユーザーの定着がさらに進む（⑨）。

そして、前にも紹介したように、Snapchatの大きな特徴として、友人に送った写真や動画を最大10秒で強制的に消せる機能がある。自分が失敗した瞬間をネタになると思って送信したものの、後で恥ずかしくなって後悔することはSNSではよくある。このとき、Snapchatは写真をすぐ消去できるので「安心・安全」のUXも充実している（⑩）。

続けて、UX定着モデル（図4-6-2）の要素について、①〜⑩の段階を追い、そのポイントを詳しく見ていこう。

プロダクトと出合うきっかけ

ユーザーにプロダクトといかに出合ってもらえるかが①のポイントになる。

これは、第2章で考えた想定カスタマーのペルソナを思い出せばよい。想定カスタマーが普段、どこで情報を集め、どこで新しいプロダクトと出合っているのかを想像し、その場所に向けて情報を発信してみることだ。ターゲットとなるペルソナが10代の女子ならば、SNSはInstagramを使うことが有効だ。30代のビジネスパーソンならば、フェイスブックが適している。

これまでのインタビューと同じように、プロダクトを持参して想定カスタマーがいそうなコミュニティーを訪問してみてもよいだろう。

カスタマーを集める具体的な手法については、第5章で改めて紹介する。

第一印象が全てを決める

プロダクトを見つけてくれたカスタマーがプロダクトを使い始めてくれるかどうか。ここが②のポイントだ。MVPが

図 4-6-6

画像＝One Tap BUY

ウェブサービスやアプリならば、サイトを訪れた訪問者に対し、直感的にプロダクトの価値を伝えられるかが重要になる。カスタマーが一目で価値を感じれば、ユーザー登録（サインアップ）に進んでくれる。しかし、この段階でプロダクトのどこに価値があるかと迷うようなら、二度とサイトに訪れることはない。

サインアップが済んでアプリを使い始めても、「このサービスはすごく快適だ」という第一印象を与えられなければ、カスタマーはすぐ使用をやめてしまう。

判断のシビアさは、年々増している。原因はスマホの普及だ。今の時代を生きる私たちは、四六時中、刺激や情報の誘惑にさらされている。スマホユーザーの多くには、それが無かった時代に比べると様々な誘惑があり、注意力が相当散漫になっている。これは誰しも認めることだろう。現在は、いかに人の注意を引き付けるかがビジネス成功の鍵である。

プロダクトを使い始めてもらうアクティベーション段階の指標を改善するには、顧客にプロダクトの価値を分かりやすく伝え、想定カスタマーの注意を引くことが重要になる。

分かりやすさがユーザー定着の決め手

5秒で価値が分かる

カスタマーの注意を引くことが重要な「アテンション・エコノミー」の世界で実績のないプロダクトやサービスが勝ち残るには、カスタマーとの最初の接点となるランディングページは徹底的に無駄な情報をそぎ落とし、伝えるべき情報だけをシンプルに伝えたい。

私の感覚では、タイムリミットはランディングページを見てから5秒だ。その間に興味を持てなければ、カスタマーはそのページに再訪問してくれない。

シリコンバレーの食事宅配サービスDoorDashのMVPをもう一度思い出してほしい。

DoorDashのMVP（ウェブページ）の中央には、「パロアルトのおいしいレストランからデリバリーします」というキャッチコピーがすぐ目に飛び込むよう

図 4-6-7

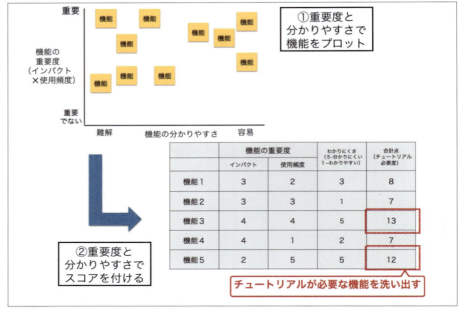

に大きく表示され、3ステップで注文できるようになっていた。

第1章で紹介した想定カスタマーのペルソナを思い浮かべ、表示するメッセージを絞り込みたい。

明解なデモやチュートリアル

最近は、すぐ見終わる短い動画やユーザー事例の要点などをランディングページに掲載し、使う前にユーザーがプロダクトの中核となる機能を体感できるようにするケースが増えている。

ランディングページを訪れてからアクティベーション（ユーザー登録）の段階に至るまでの間、カスタマーの内面では「理解」「判断」「行動」という3つのプロセスを経る。プロダクトを理解し、価値があるかを判断し、必要ならユーザー登録という行動をする。この間に少しでも不明な点があれば、ユーザー登録はしてもらえない。

分かりやすい情報発信でカスタマーを定着まで上手に導いている例に、スマホ用株式売買アプリを開発するOne Tap BUY（東京・港）の例がある（図4-6-6）。アプリをインストールして起動すると、30秒後にはチュートリアル画面で株式購入の疑似体験ができる。

「キャピタルゲイン狙いですか？ 配当狙いですか？」といった株式アプリ特有の問いかけではなく、「興味のあるジャンルは？」「あなたの好きな言葉は？」といったハードルの低い質問から始まるので、どんどん画面をタップして次に進めるうち、ユーザーの答えから判断したお薦めの株が表示される。

チュートリアルを通じ、株式売買の敷居を下げ、自分でも実際に購入してみようというモチベーションが喚起できる。

従来のウェブサイトなどでは、ユーザーがつまずきそうなポイントにはFAQページが用意されることが多かった。しかし、今のようなスピード時代にはFAQなど誰も読まない。プロダクトに少しでも理解できないところがあったら、ユーザーはすぐ離脱することを前提にMVPを用意するようにしたい。

例えば、操作が難しそうな場面ではすぐ説明を表示する、対話型のチュートリアルがあるといったユーザー・ファーストのUXを考えたい。

図 4-6-8

使うときのカスタマー負担を減らす

時間
行動を完了する
までの時間
を減らす

体力
行動を起こすために
必要な
身体的労力を減らす

ブレインパワー
行動を起こすために
メンタル面の
努力と集中を
減らす

社会的承認
その人がプロダクトを
使う時に社会的な
立場から逸脱しない
ようにする

お金
行動を起こすための
財政的な
負担を減らす

日常性
日常からの
逸脱を減らす

安心・安全
安心・安全に
使えるように
する

とはいえ、機能が多すぎるプロダクトはユーザーが定着しないのと同じように、全てのフィーチャーに説明やチュートリアルを付けても煩雑なだけ。

フィーチャー1つずつを「機能としての重要度（機能の独自性と使用頻度）」「機能の分かりやすさ」という2軸で採点し、合計点が一定以上になった場合のみ、説明やチュートリアルを用意すればよい（図4-6-7）。

サインアップを簡素化する

MVPが気に入ってユーザー登録する気持ちになったのに、サインアップ時の入力項目が多すぎて途中で止めてしまったという経験はないだろうか。これほどもったいないことはない。来店して商品も手に取ったのに、レジ待ちの列が長すぎてお客が呆れて帰ってしまうようなものだ。ユーザー登録のUXは、顧客獲得に重要な意味がある。

フェイスブックなどSNSのアカウントを使ったユーザー認証の仕組みが増え、ユーザー登録時の入力が最小限で済むようになって、そのハードルは下がった。

今では、ユーザー認証すらなしに、プロダクトのある程度の機能を非登録ユーザーに開放しているプロダクトも増えてきた。「ここまでの機能をサインアップ前に使わせていいの？」という太っ腹なプロダクトも増えてきている。それくらいサービスをしないとユーザーの注意を引けられない状況になっているといえる。

使用時のユーザー負担を減らす

サインアップにより新たなユーザーを獲得できたら、それを使い続けてもらうためにはユーザーの負担（ストレス）を減らすことが欠かせない（UX定着モデルの③に当たる）。そのための施策をしっかりと検討する必要がある。主な施策には以下のようなものがある。

■**時間的負担を減らす**

行動を完了するまでの時間を減らす。

例えば、前述したSnapchatのフィルター機能には顔認識が使われていて、ユーザーが顔の大きさや目の位置などを指定せずにすぐ加工できるため、作業の大幅な時間短縮が図られている。

図 4-6-9

人間の認知の癖を使いモチベーションを高める

希少効果
残りの数が少なくなる（希少価値が上がる）と欲しくなる

フレーミング効果
同じことでも表現が違うだけで印象が変わる

アンカー効果
カスタマーは一つの基準情報に基づき判断する

バンドワゴン効果
同じプロダクトを使う人が増えると自分も使いたくなる

エンダウド・プログレス効果
目的に近づけば近づくほどモチベーションが向上

コンコルド効果
リソースのサンクコストが増えるとやめにくくなる

■**身体的負担を減らす**

ある結果を得るために必要な身体的労力を減らす。

これまでパソコンやスマホでは、キーボード操作や画面のタップが必要だった。一方、米国で爆発的にはやり、日本にも上陸し始めたAmazon EchoやGoogle Homeなどの音声認識スピーカーは、音声で操作できるので、操作の手間を大幅に軽減している。

■**脳の負担を減らす**

カスタマーの脳にかかる負担を下げる。

アマゾンなどでは「これを買った人はこの商品も見ている」といったレコメンデーション機能がある。これにより、キーワード検索をしたり、関連事項を思い出したりする負担が軽減される。

同様に、魅力的なデザインの型紙をあらかじめ用意するテンプレート機能もデザインや設計に必要な労力を軽減できる。

マウスのポインターをアイコンやボタンにのせるとヒントが表示される「インライン・チュートリアル」の機能も、細かい操作まで記憶する必要がなくなるのでユーザーが定着しやすい。

■**お金の負担を減らす**

利用コストが下がれば、カスタマーの定着率が上がることは言うまでもないだろう。

プロダクトの価格を下げることはもちろん、キャンセル料を無料にする、料金が発生するタイミングを明記する（例えば、ホテル予約の場合、前日キャンセルまで課金されない旨を強調するなど）といった工夫も含まれる。

■**社会的承認の負担を減らす**

人は常に周囲からの評価を気にするものだ。ティーンエージャーはその傾向が特に強い。

いくら機能が良くても堅苦しいデザインのアプリだと、ティーンエージャーは「これを使っていると知られたらクールじゃないと思われるかもしれない！」と不安を抱いてアプリを使わなくなることがある。

想定カスタマーのペルソナを思い浮かべ、ペルソナが周りからどのように受け入れられたいと思っているかを考えた上で、カスタマーに合わせたUXを設計したい。

ユーザーを目的達成に導く

　ユーザーがプロダクトやアプリを使うようになっても、ショッピングアプリで商品を買う、宿泊アプリで予約をするといった目的（コンバージョン）を達成できなければ、アプリを使い続けてはくれない。UX定着モデル④により、ユーザーを目的達成に導くことが必要になる。

　ユーザーを導くテクニックをいくつか紹介しておこう。

■希少効果

　プロダクトの残数が少なくなってきていることや、利用のタイムリミットが近づいていることを知ると、人は希少価値を感じる。「残り5席」「今月だけ無料」などと知らせると、今申し込もうという気持ちが生じる。

■アンカー効果

　「通常価格9800円のところ4800円で販売」などと表示すると、ユーザーは通常価格が判断の基準になる（アンカリングされる）ので、お得感を感じて購入を決断しやすくなる。

■バンドワゴン効果

　ある選択を支持する人が多ければ多いほど、その選択が正しいと思う心理状態になること。「100万人がダウンロードしました」「本日88人の予約が入りました」と販売実績を強調すると、購入や申し込みに対する心理的なハードルが下がる。

■エンダウド・プログレス効果

　ゴールに近づいていると知らせると、ユーザーはあと一歩だから頑張ろうとする気持ちが強くなる。

　ウェブ上の入力フォームに書き込んでもらう際などに、「あと1ステップで完了です」と途中で表示したりすると、最後まで入力する人が増える。

ユーザーとの交流で定着率向上

　ユーザーをゴール（コンバージョン）まで導いた後には、ユーザーの定着をきっちりフォローする必要がある。それがUX定着モデルの⑤だ。

　例えば、商品購入後に「ご購入ありがとうございます」とお礼のメールを送ることだ。ユーザーが宿泊予約をしたなら、予約前日にリマインドメールを送ることもフォローに当たる。こうしたメッセージを送ると同時に、ユーザーにプロダクトやサービスの感想を聞き、UX改善につなげることも重要だ。

　購入や申し込み後のフォローに対するユーザーの期待は年々高まっている。フォローはユーザーがプロダクトに定着するための重要な判断ポイントといえる。

再利用のきっかけを与える

　UX定着モデル⑥の再利用のきっかけをつくることも忘れずにおきたい。一度利用したユーザーに再びサービスを使ってもらえるように、メールを送ったり、使い方や設定のアドバイスをしたりする。

　スタートアップ側からメールやメッセージを送らなくても、Snapchatの例で説明したように、1回目の利用でつながった友達から返信があれば、アプリの仕組みとして再利用を促せる。

　さらに理想的なのは、プロダクトを使い始めてからの「累積的UX」により、プロダクトがユーザーの記憶に定着して「また使ってみたい」と自発的に考えてもらえることだ。

　例えば、グーグルやフェイスブックは、ユーザーの生活に浸透し、運営者の働きかけがなくても多くの人が使う。

ユーザーの熟達を促す

　あるプロダクトを使い続けると、初めて使った時よりも自分のスキルが熟達し

Chapter 4　PRODUCT MARKET FIT

図 4-6-10

カスタマーに投資させる

関連情報入力
カスタマーに関連情報を入力させる

選好の入力
好みなどの情報をカスタマーに入力させる

レベルアップ
投資したリソースや結果によってステータスが上がる

コンテンツ投稿
カスタマーにコンテンツを投稿させる

フォロワー
カスタマーに好意を持った人のフォローが増える

評価
自分の行為に対して他のカスタマーから評価を受ける

て使用するモチベーションが高まる。これも、ユーザーの定着に重要な「累積的UX」だ（UX定着モデルの⑦）。

ゲームなどはその典型だが、Instagramやクックパッドのような UGC（User Generated Contents）も熟達の楽しさがある。こうしたサービスのカスタマーは何度も投稿しているうちに写真の撮影や加工の技術、レシピの編集技術などが上がって他のユーザーからの反応がよいと実感できるだろう。

メルカリやヤフオクといったオークションへの出品も、使えば使うほど、商品をより高い値段で売るスキル（写真撮影、商品のキャッチコピー、値付け、買い手とのコミュニケーション、梱包技術）が蓄積され、使う楽しさが高まる。

ユーザーに投資させる

プロダクトにユーザーを定着させるための考え方をまとめた書籍『Hooked』で興味深い調査結果が紹介されている。

ある折り紙を被験者に見せて価格を決めてもらう実験をしたところ、何の情報も与えず折り紙を見せた場合の価格は平均で約5セントだった。一方、専門家が作った折り紙を見せた被験者の場合は平均約25セントだった。さらに別の被験者には自分自身が折った折り紙に価格付けをさせたところ、平均で約24セントになったという話だ。

この実験は、自分が労力を費やしたこと（投資したこと）に対して人は高く評価する心理があることを示した。

『Hooked』で、著者のニール・イヤール氏らは、カスタマーに投資をさせることの重要性を説いている。

時間、お金、作業、ソーシャルキャピタル（社会的資本、友人関係など）、心理的なコミットメント、個人データといった様々なリソースをカスタマーからプロダクトに対して投資してもらうことで、プロダクトに対する定着率は上がる（UX定着モデルの⑧）。

シリコンバレーでは多くのアプリなどに実装されている、UXによる定着率改善に使えそうなユーザーによる投資行動の代表的なパターンを紹介する。自分のプロダクトへのユーザーの結びつきを高めるアイデアとして参考にしていただきたい。

注）『Hooked ハマるしかけ 使われつづけるサービスを生み出す「心理学」×「デザイン」の新ルール』（ニール・イヤール、ライアン・フーバー著、翔泳社）。プロダクトを使ううちにユーザーが定着するよう促すための仕組み「フックド・モデル」を提唱する。ユーザーへの報酬といった考え方にも触れており、UX作りの基本的な内容がまとまっている。

■関連情報を入力させる：せっかく入力したのだから使い続けたいと感じさせる

プロダクトを使い始める際に、自分のプロフィールを入力する、自分の興味や関心をチェックリストから選ばせる、身分証明書を提出させる……。

カスタマーに関連情報を入力させるこうした作業は時間と手間の投資そのもので、せっかく入力したのだから使い続けようというモチベーションが働く。

わざわざ無駄な情報まで入力させて手間を増やす必要はないが、関連情報を入力させる行為が定着率やサービスへの再訪率に関係することは意識したい。

もちろん、情報を入力させるときは必要以上に負担をかけないよう、対話方式で入力させるとか、見やすいレイアウトで選択肢が選べるようにするといった工夫が重要である。情報の入力が面倒でユーザーが離脱したら本末転倒だからだ。

ユーザーがプロダクトに出合った直後はまず使ってもらうことが大事なので、関連情報を入力してもらう作業は、プロダクトに慣れて定着が進み始めた段階でユーザーに依頼するのがよい。

■好みの選択：ユーザーが使えば使うほどレコメンド（推奨）の精度が上がる

ユーチューブ、アマゾン、グーグル検索、フェイスブック、ニュースアプリのGunosyやSmartNewsなどは、ユーザーの高い定着率を誇る。

これらのプロダクトはユーザーの過去の行動履歴や属性をベースにした商品や情報のレコメンド機能が中核になっている。ユーザーがそのプロダクトで時間を費やせば費やすほど、レコメンドの精度が向上する。精度の高いレコメンド機能は、今後登場するあらゆるプロダクトやサービスにおいて重要な要素となる。

■レベルアップ：実績に応じてステータスを付与する

クラウドワークスには、実績を残したクラウドワーカーにプロクラウドワーカーという称号を付与する制度がある。信用できるクラウドワーカーの証しなので、この認定を受けると仕事の受注率や受注単価も上がるという。

プロダクトやサービスに時間と労力を費やす（投資する）と、メリットが生まれる仕組みだ。

■コンテンツ投稿：過去の自分の投稿が「重石」になる

ユーザーに、コンテンツという形で、リソース（知識、時間、労力、ソーシャルキャピタル）を投資させる方法である。

例えば、あるグルメSNSサイトに何年もレビューを投稿し続け、コンテンツが大量に蓄積されている場合、他のサービスが出てきたとしても簡単に乗り換えようとは思わなくなる。ユーザー自身がためたコンテンツは、一種の「重石」として機能するのである。

■フォローとフォロワー：SNSへの結びつきを強める

SNSなどでのフォローの仕組みもまさに乗り換えに対する心理的な「重石」だ。SNSのようなプロダクト内で互いにフォローすること、されることは、サービス内で時間を投資して蓄積した資本のようなもの。いったんSNS上で資本が増えると、互いの信頼を得やすくなるメリットがある。SNSを乗り換えるとこの蓄積がゼロからやり直しになるので、他に移りにくい気持ちが生まれる。

■カスタマーの評価を可視化する：ユーザーの評価を蓄積する

Airbnbにしても、Uberにしても、利用者による評価機能がなかったらここまで流行することはなかっただろう。

Airbnbのホストがきれいな部屋を用意したり、ちょっとしたサプライズギフト（チョコレートなど）を用意したりして、ゲストを喜ばせようとするのは、高

図 4-6-11

報酬の設定

ソーシャルの報酬
協力や競争により
他人に認められたり
受け入れられたりする
共感の喜びを提供

ハントの報酬
人間は自主性が
大事である。
リソースを自主的に
探させる

達成感の報酬
カスタマーの
アクションによる
成果に対して
報酬を設定

自律性の報酬
カスタマーが
主導権を
持っている
感覚を提供

熟達の報酬
従来よりうまくでき、
自分が有能になったと
認識すると
満足感を得られる

予測不能な報酬
ハラハラするような
未確定要素を
提供して
いるか？

い評価を得るためである。高い評価を得たホストは、低い評価ホストに比べて、高い値段設定ができるようになる。

継続ユーザーに報酬を与える

プロダクトを使い続けるカスタマーへの「報酬」も、カスタマー定着には大事な考え方だ（UX定着モデルの⑨）。

これまで見てきたように、カスタマーが抱える課題を解決することがそのプロダクトを使う最大の報酬であることは言うまでもない。その上で、さらに付加価値として様々な報酬があるとカスタマーに感じさせれば、そのプロダクトに定着する確率は飛躍的に上がる。成功するスタートアップは、報酬の設計が秀逸だ。具体的な例をいくつか挙げておこう。

■ソーシャルの報酬

フェイスブックなどの「いいね！」、ゲームなどのユーザーランキング、他ユーザーが情報を見に来たことを可視化するmixiの「足あと（訪問者）」などが該当する。

ソーシャル型のサービスでは、周囲からの評価が上がると、使い続けたいという気持ちが強まりやすい。人は周囲から認められたい承認欲求を持つ生き物である。他人と関わり、共感を持つことで喜びや充実感を得る。

■ハントの報酬

ハントとは「狩猟」のこと。獲物を追いかけていた時代と同じように、人は情報を追いかけることに自然と熱を上げる。その点で、メルカリのUXは秀逸だ。ユーザーは探したい商品のキーワードを入れると、関連する商品がタイル状に並んで表示される。ユーザーは、お目当ての商品を見つけるべく、画面をどんどん下にスクロールさせて商品を見たくなる。

フェイスブックの投稿を表示する欄「ニュースフィード」もこのハントの報酬を満たす秀逸なUXといえる。私たちがフェイスブックを開くとき、もっと面白いものを見たいとニュースフィードをスクロールダウンさせてしまうのは、未知の情報との運命的な出合い（セレンディピティー）を期待するからだろう。

フェイスブックの説明によると、ニュースフィードに表示すべき投稿はユーザ

図 4-6-12

写真＝メルカリ

ー1人当たりの平均で1日に1500件ある。そこから、投稿者とユーザーのつながりの強さや過去の記事への反応をもとに約300の投稿を表示している。表示内容をユーザーごとに細かく調整することで、もっと見たいという気持ちを引き出す。

■達成感の報酬

「ポケモンGO」のモンスターコレクションのように、あといくつ集めればそろうのかといったゴールが明確でそこに近づいていることが体感しやすい仕掛けがあると、人はそれを使い続けやすい。ダイエットの進捗、受験勉強の進捗と育成ゲームを合わせたアプリなども同様の効果がある。英単語学習などユーザーの努力とコミットメントを要するスキル習得系のサービスでもよく使われる。ユーザーがカリキュラムを終えるごとに認定証を発行したりして、達成感を満たす。

■自律性の報酬

ユーザーにある程度の裁量を与えること。キャラクターをカスタマイズできるだけでもカスタマーはそのプロダクトを使いこなしている感覚を味わえる。例えば、ポケモンGOのようなゲームでは初期設定で、アバター（主人公）の服装や髪形など見た目の設定を細かく変更できるようにしている。メッセージアプリやSNSなどで、メインページの背景やアイコンの色を変えたりできるようにしているのも同じ。ユーザーが自分の部屋の模様替えをするような感覚で、一手間、二手間かけて居心地をよくしたいと思う気持ちを引き出し、定着につなげる。

■予測不能な報酬

デート相手を探すマッチングアプリのTinderは、画面をスワイプするたびに新しい相手が表示されるので、毎回ワクワク感を味わえる。

人の脳は未来予測マシンのようなもので、常に物事の因果関係を探している。そこに法則のないランダムな情報が入り込んでくると思考は一瞬かき乱されるが、その一方で新しい情報への集中力が高まり、プロダクトへの定着率も向上する。

予定調和で進むだけでは、人間は飽きてしまう。アプリにランダム性をうまく取り込んで次に何が起きるか分からないという展開を演出したい。

Chapter 4　PRODUCT MARKET FIT

図 4-7-1

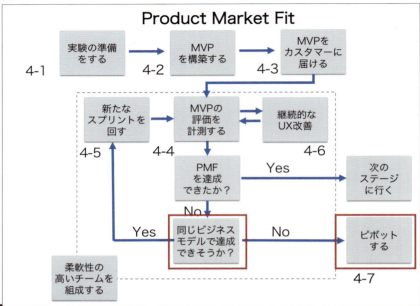

4-7 ピボットを検討する

ピボットをするか辛抱するか

ピボットにもリスクが伴う

　MVPを市場に投入し、定量的にも定性的にもその結果を検証した。ユーザーのフィードバックをベースにスプリントを繰り返し、プロダクトの機能改善をいくつか実現した。ユーザーがプロダクトに愛着を覚えるための継続的なUX改善も行ってきた。

　それにもかかわらず、PMFを達成できない場合は、プロダクトのピボット（軌道修正）を検討するタイミングだ。

　苦しい状況のまま辛抱して、同じ課題、同じユーザーセグメント、同じソリューション、同じビジネスモデルでMVPの開発を続けることもできるが、カスタマーが十分定着しない場合は思い切ってピボットをすることが選択肢になる。

　MVPで徹底的に学んだ結果としてピボットが最善であると判断したら、躊躇せず実行したい。決断の遅れはリソースの浪費を招くからだ。

　ただし、MVPの分析に基づくスプリントの繰り返しやUXの追加など、打つべき手を全て打つ前に安易にピボットしてはいけないことは言うまでもない。

　ピボットをすること自体にも、UXの改善や新たなストーリーの実現などより大きな費用がかかる。出費を低く抑えれば、事業を継続できる期間は長くなるの

図 4-7-2

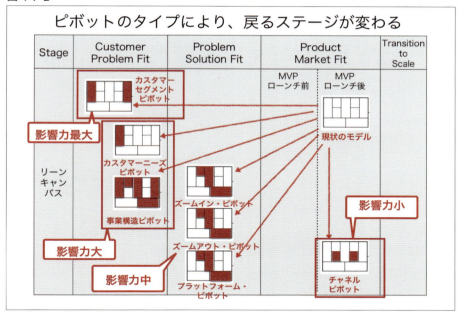

で、スタートアップとして燃え尽きる前に何度かピボットできるかもしれない。しかし、ピボットをできる回数には限度があることを忘れてはいけない。

無傷で終わるピボットはない

ピボットは「軌道修正」という意味だが、実施して無傷で済むことはない。これまで積み上げたカスタマーとの関係をいったん白紙に戻すこともあるだろう。全員で議論して作り上げたプロダクトをまたゼロからやり直す事態になることもあり得る。

それに、MVPによる定量分析、定性分析を徹底できたとしても、リソースには限りがある中なので、あらゆる可能性を全て検討し尽くせるわけではない。

このため、ピボットをするかどうかを決めるのは、創業メンバーによる主観的な判断になる。メンバーの中には自分が力を入れてきたプロダクトがピボットにより捨てられることに反発を感じる人も出てきてしまう。ピボットをする場合には、こうした組織内の人間関係も含めて考慮する必要がある。

ピボットをする前には、創業者がチームメンバー全員にしっかり理由を説明し、納得感を醸成することが重要だ。

ピボットを実施するか否かを判断するための主なポイントを次に挙げておくので参考にしてほしい。

- プロダクトのスプリントを回してUXを改善しても、ユーザー定着率が伸びない。
- ユーザー定着率は伸びているが、今の成長ペースでは市場で支配的なポジションを取れない。
- 受けている投資の5〜10倍のリターンを生み出せる見通しが立たない。

ピボットの種類とそのインパクト

ピボットにはいくつかのタイプがあり、そのタイプによって、どのステージからやり直す必要があるかが変わってくる。第2章のCustomer Problem Fit（CPF）から、第3章のProblem Solution Fit（PSF）、第4章のProduct Market Fit（PMF）まで、それぞれのステージに後戻りする場合が出てくる。前のステー

注）信用がないスタートアップ初期の資金は自己資金またはVCからの調達によることが多い。VCはエグジットの際に、投資額の5〜10倍のリターンを求めることが多い。

ジに戻るピボットほど工程の後戻りが大きく資金が必要になるので、経営への影響が大きくなると意識しておきたい。

ピボットのタイプと戻るステージの関係を以下に示しておく。

カスタマー・プロブレム・フィットの段階に戻るピボット（第2章に戻る）

●カスタマー・セグメント・ピボット（想定顧客の変更）
●カスタマー・ニーズ・ピボット（想定課題の変更）
●事業構造ピボット（事業構造の変更。BtoBからBtoCへの変更など）

プロブレム・ソリューション・フィットに戻るピボット（第3章に戻る）

●ズームイン・ピボット（プロダクトの一部を抜き出して集中する）
●ズームアウト・ピボット（限定的だったプロダクトのスコープを広げる）
●プラットフォーム・ピボット（アプリケーションからプラットフォーム運営への変更。またはその逆。またはプラットフォーム自体の変更）

PMFステージにとどまるピボット

●チャネル・ピボット（販売・流通チャネルの変更）

ピボットがプロジェクトにもたらす影響力（手戻りの大きさ）で見ると、影響が最も大きいのが「カスタマー・セグメント・ピボット」だ。リーンキャンバスをもう一度作成し、事業の前提条件であるカスタマー・セグメントの設定からやり直すことになる。

同じくらい影響力が大きいのが「カスタマー・ニーズ・ピボット」と「事業構造ピボット」だ。対象とするカスタマーは同じだが、注目するニーズが変わるの

で、再び、課題仮説を立てるところから始める。

事業構造ピボットは、課題は同じだが、BtoCからBtoB（もしくはBtoBからBtoC）に変更するピボットだ。

ズームイン・ピボットやズームアウト・ピボットは、基本的に、顧客セグメントはピボット前と共通なので、その顧客が持つ課題は同じだ。ソリューションをより絞り込んだり、逆により広範囲に広げたりする軌道修正を図る（中にはソリューションを変えることにより、課題やカスタマーの想定から変更が必要になる場合もあるが）。

成功したピボットの事例

クーポン共同購入サイトのGrouponは、2007年にスタートした当初は「The Point」という名称で、同じ問題を抱える人たちがロビー活動のための署名を集めるプラットフォームとしてスタートしている。

「The Point」のリーンキャンバスを考えてみると、カスタマーセグメントはロビー活動家で、想定されている課題は「（法律や条例を変えたいと思っても）1人では影響力がない」ということだった。その解決のソリューションとして「共同署名」の機能を提供していた。

「The Point」は、そこそこのユーザー定着率を確保していたが、爆発的なヒットにはなっていなかった。そこで、2008年に想定カスタマーを「共同署名したい人」から「共同購入したい人」に切り替えるカスタマー・セグメント・ピボットを実施した。

共同購入をしたい人たちは、ロビー活動の共同署名と同様にメーカーや流通企業などに対し、共同で影響力を持ちたい人たちだ。このカスタマーに対し、共同購入でお金を節約できるという価値提案仮説を立て、新たなプロダクトを市場に投入した（つまり、「1人では影響力が

図 4-7-3

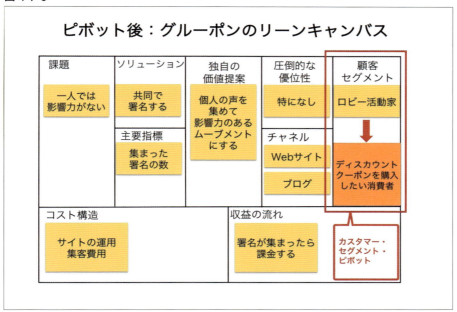

注）Grouponのリーン・キャンバスは、これまでの報道などを基に著者作成。

ない」という課題設定は変わっていない）。

共同購入サイトにピボットしてみると、ユーザーが影響力を確保できるだけでなく、共同購入の対象となるレストランや美容室も集客効果を期待できるという発見があった。こうした店はこれまで大きな予算をかけていた広告を節約でき、CPA（顧客獲得コスト）を大幅に下げることができるようになった。

GrouponはAirbnbと同様、デマンド側（クーポン購入者）とサプライ側（小売りなどの店舗）の課題を同時に解決できるプラットフォームになったのだ。カスタマー・セグメントをピボットしてからGrouponは怒涛のスピードで成長を遂げ、2011年には時価総額130億ドルでNASDAQに上場を果たしている。

ピボットに成功したスタートアップとして、Instagramにも触れないわけにはいかないだろう。写真投稿アプリで今や若い世代に圧倒的な支持を受けるInstagramは、当初「Burbn（バーボン）」という現在地（位置情報）を共有できるソーシャル・チェックインアプリとしてスタートした。写真を撮影して共有することもできたが、位置情報共有アプリの一つの機能に過ぎなかった。人気の観光地や飲食店などに行ったことがあるかを共有し合うFoursquareのようなアプリだったわけだ。

しかし、MVPを市場に投入してどの機能が最も使われているかを検証してみると、多くのユーザーは写真の共有のために使っていることが判明した。そこで、よりユーザーの心に刺さるアプリにしようと、写真共有に機能を絞り込むズームイン・ピボットを実施した。

「写真共有もできる位置情報サービス」から「位置情報機能を持つ写真共有サービス」に変更したのである。「写真をきれいに加工できるフィルター機能」「写真のアップロード高速化」など写真を楽しむための機能も強化した。

つまり、「ユーザー目線でプロダクトを磨き込むこと」でPMFにたどり着いたのだ。サービス開始からわずか1年半ほどの2012年、フェイスブックはInstagramを約10億ドルで買収した。この時、Instagramの売り上げはまだゼロで、社員はわずか13人。「フェイスブックは、高い買い物をした」と批判する人も当時はいた。しかし、今や

注)「Tune in Hook Up」は、「このチャンネルに合わせて（相手と）つながろう」といった意味。

注）スタートアップの運営に必要となる、家賃、人件費、開発費など1カ月当たりの費用のことをBurn rate（バーンレート＝燃費）と呼ぶ。

注）Runwayは滑走路の意味。スケール（事業拡大）という離陸を達成する前に、いつまで走り続けられるかを示す。詳しくは後述。

Instagramのアクティブユーザーは7億人に達し、Facebookが行った数々の買収の中で最も成功したケースと言われるようになっている。

動画共有サイトのユーチューブも実はピボットを経ている。ユーチューブは2005年に「Tune in Hook Up」という名前の動画を使ったデート相手のマッチングサイトとして始まった。写真とテキストだけだと相手のことがよく分からないので動画を使ってミスマッチを減らすという価値提案をしていた。

ユーザー数が思ったように伸びなかった上、創業チームの課題仮説とは裏腹に、純粋に動画共有サービスとして利用するユーザーが多かった。そこで、デート相手を見つけるための動画サイトというアプリケーションではなく、動画共有サイトになるというプラットフォーム・ピボットを実施したのである。ユーチューブは創業からわずか1年半の2006年に16億5000万ドルでグーグルに買収された。

残り何回ピボットできるか？

資金枯渇まで残り何カ月あるか

スタートアップの仕事は、カスタマーとの対話と定量的な計測を通じてカスタマーに愛されるプロダクトを作ることである。粘り強くUXの改善を行い、機能の磨き込みや追加をやりきってもカスタマーが欲しがるものを作れない場合（PMFを達成できない場合）はピボットをすることになる。

繰り返しになるが、ピボットにはリソースとコストがかかる。つまり、無傷では済まないのだ。スタートアップの資金が枯渇（Burn out）してしまうまでの期間をランウエー（Runway）という。

つまり、滑走路があるうちにJカーブを描いて離陸することができなければ、スタートアップの運命は尽きる。

資金が枯渇する前に、あなたのスタートアップは何回ピボットができるかを考えておきたい。

エリック・リース氏は『リーン・スタートアップ』の中で、PMFを達成する前にスタートアップの創業者が注目すべき財政指標として次の3つを挙げている。

①バーンレート（Burn rate、現金がなくなる速さ）
②資金がいつ枯渇（Burn out）するか？
③枯渇するまでに何回ピボットできるか？

スタートアップはまず、①のバーンレートをきちんと管理する必要がある。プロダクトが市場で受け入れられる前に拡大しようとして多くのスタートアップが死んでいってしまうのは、人を雇いすぎたり、PMFを達成していないのに、広告などで無理に顧客を獲得しようとして、バーンレートを抑えることができなくなるからだ。

PMF前はできるだけキャッシュアウトを減らすため、報酬代わりのストックオプション発行、プロダクトの内製、広告代わりにブログを書くコンテンツマーケティングなどの施策に力を入れ、ランウェイを引き伸ばして、PMFを達成できるビジネスモデル・プロダクトの実現を目指していく。

この時、スプリントを繰り返してもなかなかユーザーの定着率が伸びなければピボットを検討することになる。いざという時のために、これまで紹介してきた様々な種類のピボットを実施するとしたら、1回当たりどの程度の資金が必要になるのかをあらかじめ計算して備えておきたい。こうした準備がない闇雲なピボットは資金の浪費になり、バーンアウトまでの時間を縮めるだけにしかならない。

よくありがちなダメなピボット

スタートアップが実施しがちな、ダメなピボットには次のようなものがある。

■エンジニア不足で行うピボット

プロブレム・ソリューション・フィット(PSF)の段階で課題があることが実証できたのに、エンジニア不足が原因でそのアイデアを泣く泣く捨ててピボットするケースを私は何度も見てきた。非常にもったいないことだ。

このケースは、優れたエンジニアをチームに巻き込んでいないスタートアップが多い。ビジョンを語り続けて、優秀な人材を集めることがスタートアップの仕事の半分を占めるといってよい。何とか人材を探し、エンジニアのリソースが足りないことを理由にピボットすることはできるだけ避けるべきだ。

■カスタマーの声と無関係にピボット

業務提携先や投資を検討している投資家の意向に振り回されてしまい、顧客の声(一次情報)を軽視してピボットをしてしまうケースがある。

特に、PMF達成前に、大手企業と業務提携をしてしまうと、顧客の声に耳を傾けるより、パートナーの動向に耳を傾けることに注意が向いてしまう。

結果として、カスタマーの課題に根ざすのではなく、作り手側の一方的な都合によるピボットを行うことになってしまうことなる。

これではピボットをしても、想定カスタマーが欲しがるプロダクトを作れる可能性はほとんどないだろう。

■検証結果によらない主観的なピボット

「なんだかしっくりこない」

「もっと良さそうなアイデアを思い付いた」

いずれも、定性分析、定量分析による学びがなく、ピボットをする正当な理由になっていない。こういう創業メンバーの主観で決定してしまうピボットも非常に多い。主観性を100%排除するのは難しいが、カスタマーのプロダクトへの定着をできるだけ定量的に捉えることを心がけたい。また、定量的なデータは、ピボットの判断に対するメンバーの納得感を引き出すためにも必要だ。

■やりきっていないピボット

これもよくありがち。UX改善や機能の磨き込みなどをきっちりやり切らず、早々にピボットしてしまうケースだ。多くの場合、原因は起業家の粘り強さが不足していることだ。スタートアップは大胆に動くことやスピードも重要だが、粘り強さも求められる。一度、市場に投入したプロダクトは、あまり早いタイミングで見切りをつけず、必要な学びを得るまで、じっくりと粘って検証を続けることが重要だ。安易なピボットを積み重ねても学びを得られず、バーンアウトを早めるだけだ。

Chapter 4　COLUMN

PMF達成へ
柔軟性の高いチームを作る

　MVPを投入してプロダクト・マーケット・フィット（PMF）の達成を目指す段階のスタートアップは、初期創業メンバーを含めて3〜10人程度の規模になっていることが多い。

　その業務の中心はMVPの構築だが、この段階から徐々にユーザー獲得やUXの磨き込み、さらにマネジメント体制の強化も進める必要が出てくる。資金調達ラウンドでいうとプレシードからシード期に当たる時期になる。

　PMFを目指している段階で、ピボットを実施したら色々な前提条件がひっくり返る可能性がある。この段階のチームに求められる要件は大きく3つあると考えている。

①柔軟性

　変化していくことを前提に仕事ができ、なおかつ状況に合わせてリソースを配分し、仕事のプロセスとパフォーマンスを（トップダウンではなく）主体的に調整できるチームを作る必要がある。

　第4章で紹介してきたスプリントキャンバスやスプリントカンバンボードなどのツールはMVP開発の進捗状況をメンバー全員で共有するためのツール。こうしたツールを用いてメンバー間のコミュニケーションを密にし、現場主導でプロジェクトの進め方を柔軟に変えられる体制を築くようにしたい。

②粘り強さ

　ストレス耐性、レジリエンシー（精神的回復力）、へこんでも回復する力など色々な表現ができるだろうが、こうした粘り強さはスタートアップに必須の力だ。

　とにかくスタートアップは不安定な状

図 4-8-1

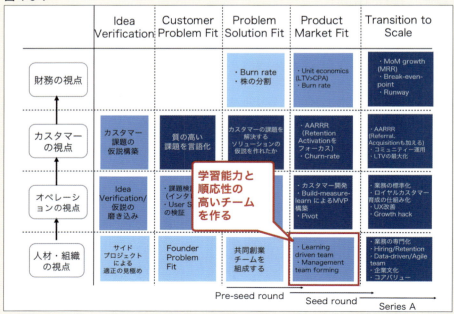

況がずっと続く。投資やプロダクトの販路開拓などで断られ続けてメンタル的に参ってしまうことも多いし、MVPとして市場投入したプロダクトも最初はバグだらけで、時にはユーザーからクレームが殺到するかもしれない。そんな中でも、通常の精神状態に戻り、やるべきことを継続できるメンタルの回復力や弾力性が必要である。

③学習能力の高さ

ソリューションや仮説を作っては捨てる、スクラップ・アンド・ビルドが連続することになる状況下で、うまくいったことはもちろんだが、うまくいかなかったことからもスタートアップは継続して学び続ける必要がある。仮説を立て続け、その仮説を検証し、実際に正しかったことや、反証されたことを学びに変えていく。初期スタートアップのメンバーにはこうした高い学習能力が求められる。

成功するスタートアップのチームを定義するのは難しい。

しかし、失敗するスタートアップのチームを定義するのは簡単だ。上記の要素のどれか一つでも欠けていたら、失敗する可能性は非常に高くなる。専門性やスキルはもちろんのこと、メンタル的な側面もスタートアップにとって不可欠な要素になる。初期メンバーを集める時は、プログラム能力など分かりやすい目に見えるスキルや知識に惑わされるのではなく、じっくり話し合うなどしてメンタル面にもしっかり目を向けたい。

図 4-8-2

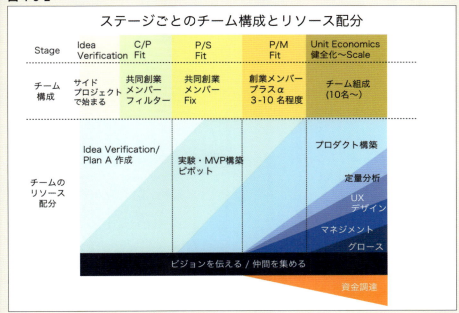

Chapter 5
TRANSITION

章の目的
- カスタマー1人当たりの採算性を測定する(5-1)。
- カスタマー1人から得られる利益(LTV)の最大化と顧客獲得コスト(CPA)の最小化を実現し、スケール(事業拡大)できる体制を確立する(5-2、5-3)。

　スタートアップにとって最大の難関である、熱烈に欲しがられるプロダクトの実現(PMF)に向けてチーム一丸となって走り抜けてきた。
「いよいよスケール(事業拡大)して、これまでの投資を回収する段階が来た!」
　そう考える前に、見直すべきことがある。
　ユニットエコノミクス(顧客1人当たりの採算性)を健全化することだ。ユニットエコノミクスとは、ユーザーを1人獲得した時に、利益が出ているのか損失が出ているのかを表す指標だ。あまり聞きなれない言葉かもしれないが、スタートアップにとっては極めて重要な指標だ。
　多くのスタートアップは、PMF達成に必死で取り組むあまり、ここまで自分たちのプロダクトがユニットエコノミクスを達成できているのかをほとんど考えていなかったはずだ。
　もし、顧客1人当たりの採算がとれていない状況のまま、プロダクトを市場に投入してスケール

TO SCALE
【スケールするための変革】

に走れば、スタートアップは赤字を膨らますだけの存在になってしまう。

　あれだけ苦労してPMFを達成して、求められるプロダクトを手にしたにもかかわらず、あなたのスタートアップは、遅かれ早かれ資金の枯渇（バーン・アウト）に直面することになる。

　つまり、ユニットエコノミクスは、スタートアップの生死を判別する指標ということだ。

　ユニットエコノミクスを計算することは難しくない。プロダクトのカスタマー1人から得られる生涯利益(LTV)から、そのカスタマーを獲得するためのコスト(CPA)の差を求めればよい。

　仮に採算がとれていなくても慌てることはない。この段階では大抵のスタートアップで、ユニットエコノミクスが赤字であり、LTV向上とCPA削減に取り組めば、スケールによる大きな果実を得ることは難しくない。最終章となる第5章ではその手法を具体的に説明していこう。

図 5-1-1

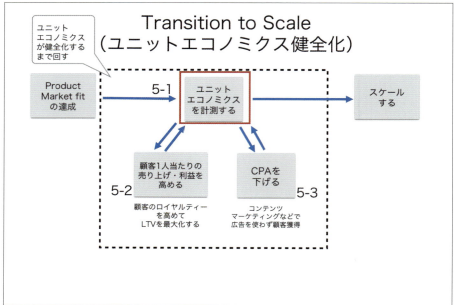

5-1 ユニットエコノミクスを計測する

顧客が増えれば利益も増える形に

部分最適から全体最適へ

　PMFを達成するまでは、顧客と向き合い、MVPによる実験を繰り返してチームとして学習することに取り組んできた。それと並行しながら顧客を定着させる快適なUXを作り上げることも地道に続けてきた。こうした活動の大きな狙いは、少ない人数のスタートアップが限られたリソースの中で、カスタマーに確実に求められるプロダクトを作り上げることだった。

　MVPによる実験の結果、カスタマーの定着に成功し、ついにPMFを達成したら、顧客に熱狂的に受け入れられるプロダクトを武器にスケール（事業拡大）を目指す段階に入る。

　これまではMVPに対する評価を定量分析するためのAARRR指標のうち、顧客の定着を重視するために、アクティベーション（ユーザー登録）とリテンション（継続利用）の比率に特に注目してきた。

　スタートアップがスケールを実現するには、これまでは注目してこなかった残り3つの指標、アクイジション（顧客獲得）、リファラル（他のカスタマーによる紹介）、レベニュー（売り上げ獲得）を意識する。これにより、ユニットエコノミクスを健全な状態に変え、顧客が増えると利益も増える形をつくる。

図 5-1-2　PMF 達成後は AARRR 指標全てに注目

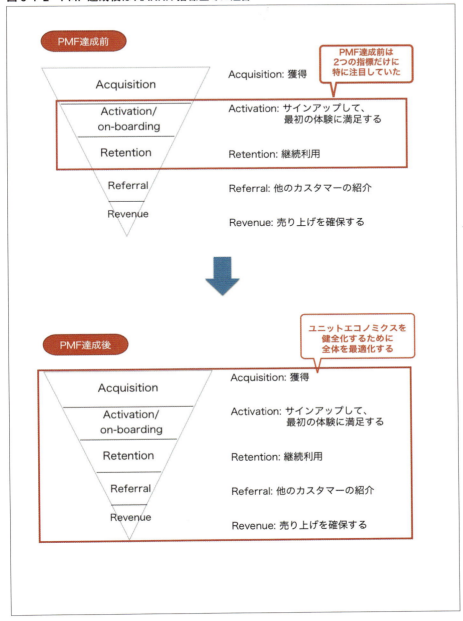

　ユニットエコノミクスとは顧客1人当たりの採算性を示す指標のこと（BtoBのプロダクトなら1社当たりの採算性で考える）。具体的には、顧客1人当たりの生涯価値（LTV）から顧客獲得コスト（CPA）の差がユニットエコノミクス。LTVからCPAを引いてプラスになればユニットエコノミクスは健全な状態となる（LTV>CPA）。

　ユニットエコノミクスをプラスにするには、より少ないコストでカスタマーを獲得できる施策を打つ（CPAを下げる）ことと、できるだけ長い期間にわたりプロダクトを使い続けてもらって顧客1人からより大きな利益を得られる（LTVを上げる）ようにすることだ。

　なぜスタートアップがスケールする前に、ユニットエコミクスの健全化が重要

図 5-1-3

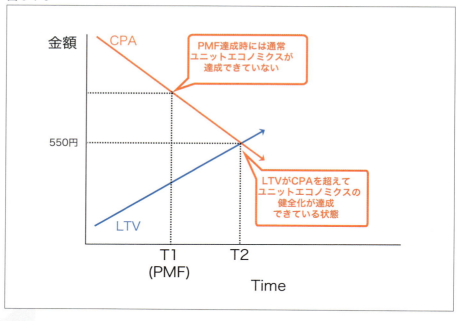

になるのか。それは、PMFを達成した直後のスタートアップは、一般的にこのユニットエコノミクスがマイナスになっている(LTV<CPA)ことが多いからだ。PMF達成まで、スタートアップのチームメンバーはいかにカスタマーに愛されるプロダクトを作るかだけに集中してきた。この段階までLTVを計測していないスタートアップは多い。

スタートアップがスケールする前に消えてしまう一番の理由はPMFを達成する前に資金が枯渇してしまうことだが、二番目に多い理由は、LTVに比べてCPAが高すぎて成長途上で資金がショートしてしまうことだ。

こうした危機を回避するには、ユニットエコノミクスの現状を確認し、ビジネスをスケールさせた時に利益がついてくる状態を確立する必要がある。

ユニットエコノミクスを具体的に考えてみよう。

例えば、PMFを達成したタイミングでCPAが800円で、LTVが400円だとすると、顧客が1人増えるたびにスタートアップは400円を失うことになる。この状態でスケールすると、出血する傷口をさらに広げてしまうようなことになる。

本章ではユニットエコノミクスを改善する手法を解説していくが、一つ注意してほしい点がある。ユニットエコノミクスを健全化する施策には即効性がないものもある。当然ながら施策の実施にコストがかかるので、短期的にキャッシュフローが少し悪化したり、黒字化の達成ポイントが遅れたりすることがある。

ユニットエコノミクスを健全化するために短期的なキャッシュフローが目減りすることを気にする必要はない。スタートアップが継続的に利益を生み出せる仕組みを確立することこそが重要になる。

スケールしないことをしろ

ユニットエコノミクスの健全化を考慮せずにスケールした結果、資金が枯渇して失敗した事例を紹介しよう。

2013年に創業した米国のスタートアップ、Washioは、必要な時に洗濯物を取りに来てくれるオンデマンド型のドライクリーニングサービスを展開していた。2014年には約1000万ドルの資金調達に成功し、成長軌道に乗ろうとしていた。

図 5-1-4

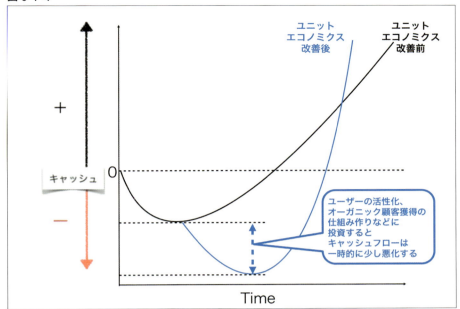

ところが、彼らは最初にサービスを始めた都市で毎月数万ドル相当のキャッシュを流出させていた。結局、彼らはユニットエコノミクスの改善をしないまま全米6都市にサービスを展開してしまった。売り上げやユーザー数の拡大を追い求めた結果、毎月の赤字が50万ドルにまで拡大した。調達した資金が底を突きそうになって追加の資金調達を試みたが、ユニットエコノミクスが健全化していないことが露呈した状況ではうまくいかなかった。ついにはオペレーションを止めて、身売りすることになった。

Washioの場合、競合が参入してきていたので、市場を早く押さえてネットワーク効果によるスケールメリットに頼らざるを得ない状況に追い込まれていたのは事実だ。しかし、プロダクト自体のユニットエコノミクスが確立できていなければ拡大は無謀だった。

Washioのように、当初は何百万ドルもの資金調達を実現した有望なスタートアップがユニットエコノミクスを健全化できずに潰れるケースは後を絶たない。

Y Combinatorのポール・グレアム氏は「スケールしないことをしろ」と述べているが、これを私はPMFを達成した後、「ユニットエコノミクスの健全化が実現できるまではスケールを目指すな」という意味に解釈している。

本業の売り上げにフォーカスする

ユニットエコノミクスを計測する上で重要な前提がある。自社の売り上げをリカーリング・レベニュー（本業の売り上げ）とノンリカーリング・レベニュー（それ以外の売り上げ）の2種類に分け、前者だけを計測の対象とすることだ。

リカーリング（Recurring）とは「循環する、繰り返し起こる」といった意味を持つ言葉。もう少し詳しく説明すると、リカーリング・レベニューとはコアビジネスがもたらす「本業からの継続的な売り上げ」で、SaaS・サブスクリプション（定期更新）型のネットサービスなら毎月カスタマーに請求する金額、EC（ネット通販）なら商品の売り上げ、ネットオークションのようなマーケットプレイス型の場合はカスタマーの取引高に対する販売手数料収入のことを指す。

一方、ノンリカーリング・レベニュー

注) ポール・グレアム氏の発言は同氏の個人サイトより引用。
http://paulgraham.com/ds.html

注) SaaSは、Software as a Serviceの略。これまでシステムまたはパッケージで納入していたソフトをクラウドに置いてサービスとして提供するもの。ユーザーはシステムの保守管理費用を軽減できる。

注) マーケットプレイス型サービスとは、ネットオークションのように供給者（商品の出し手）と需要者（買い手）を結び付ける市場を運営し、手数料で稼ぐビジネスモデルのこと。

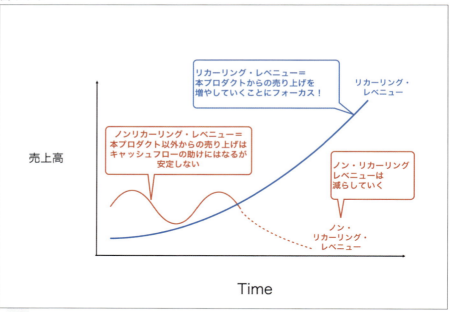

図 5-1-5

はコアビジネス以外から来る「本業以外からの（継続的でない）売り上げ」のことで、プロダクトの受託開発料やコンサル料、アドバイス料、カスタマイズ手数料、実装費用など、不定期で入る売り上げのことを意味する。

本業以外からの売り上げはキャッシュフローの助けにはなるが、本業の売り上げではないので、ユニットエコノミクスの計算に含めてはいけない（しかも、受託開発のようなモデルは、スケールすることが難しい。スタートアップが事業の柱として手掛けるビジネスではない）。

できるだけノンリカーリング・レベニューは減らし、本業の売り上げを伸ばすことに集中したい。

開発のフォーカスやリソースが本業とそれ以外に分散してしまっては、日常の仕事に追われて、スケールするタイミングを逸してしまいかねない。フェイスブックのCEOであるマーク・ザッカーバーグ氏も2004年のサービス開始当初はエンジニアとしての才能を生かして受託業務をしていたが、フェイスブックが急激に伸び出したタイミングで受託開発はやめて、本業に集中している。

LTV（生涯価値）を計測する

LTVの計測①
定期更新型は「解約率」が肝

ユニットエコノミクスを計測するために、まずLTVの計測例をいくつか見ていこう。

LTVは様々な取り組みの結果を示す結果指標だ。LTVを最大化するためには、LTVに影響を与える（インパクトがある）キードライバーとなるKPIは何かをよく考える必要がある。インパクトがないKPIに着目していくら改善を進めても、LTVは変わらないという事態になりかねない。労力やリソースが無駄になってしまうことがあるので要注意だ。

動画視聴サービスなどに代表される、SaaS・サブスクリプション型におけるLTVは、カスタマーと契約が続いている期間にカスタマーが生み出す利益の累積になる。LTVは売上高の累積ではなく、利益の累積であることに注意してほしい。

サブスクリプション型のビジネスで

図 5-1-6

注）D列の「カスタマー1人の1カ月当たり平均売上高」は、毎月の売り上げを継続率100%の時の人数で1人当たりにならした額を示す。

	A	B	C	D=B×C	E	F=D×E	Σ（F）
	月の解約率（Churn）	継続率	顧客平均単価	カスタマー1人の1カ月当たり平均売上高	粗利率	カスタマー1人の1カ月当たり平均利益	累積利益（LTV）
1カ月目	5%	100%	$100	$100	50%	$50	$50
2カ月目	5%	95%	$100	$95	50%	$48	$98
3カ月目	5%	90%	$100	$90	50%	$45	$143
4カ月目	5%	86%	$100	$86	50%	$43	$185
5カ月目	5%	81%	$100	$81	50%	$41	$226
6カ月目	5%	77%	$100	$77	50%	$39	$265
7カ月目	5%	74%	$100	$74	50%	$37	$302
8カ月目	5%	70%	$100	$70	50%	$35	$337
9カ月目	5%	66%	$100	$66	50%	$33	$370
10カ月目	5%	63%	$100	$63	50%	$32	
:	:	:	:	:	:	:	
Nカ月目	5%	0%	$100	$0	50%	$0	$1000

SaaS・サブスクリプション型ビジネスモデルのLTVの求め方

サブKPI（A、C、E列）／メインKPI（Σ（F）列）

LTVを算出するために必要な要素は以下のようなものになる。

A：月の解約率（チャーン率）
B：継続率（100%−A）
C：顧客平均単価
D：1人当たりの月間平均売上高（B×C）
E：粗利率
F：1人当たりの月間平均利益（D×E）
Σ（F）：累積利益（LTV）

このようにLTVを因数分解すると、キードライバーとなるKPIが分かってくる。サブスクリプション型で利益を伸ばすために重要なのは、チャーン率(毎月の解約率)である。

解約率は累積で効いてくる。平均単価や粗利率などの条件が同じでも、解約率が1%変わるとLTVは大きく左右される。

ちなみに、解約率の目標値は、BtoBサービスの場合、顧客企業の規模が大きいほど低いのが普通だ。なぜなら、顧客企業の規模が大きいほど、別のサービスに乗り換えるためのスイッチングコストが高くなるので解約率は下がるからだ。

企業規模が大きいほど、セールスにかける時間は長くなり、契約までの費用は大きくなる。しかし、いったん契約が決まると、長期間の契約が続くことが多い。このため、BtoBのスタートアップはユニットエコノミクス達成のため、大手企業に狙いを定めることが多い。

一方、個人事業主や中小企業の解約率はやや高い。小さな企業は事業内容そのものを転換したり、廃業したりしてしまうケースも頻繁にある。このため、サブスクリプション型サービスを解約することが比較的多くなるからだ。

シリコンバレーのベンチャーキャピタリストによると、サブスクリプション型の解約率は、個人事業主・中小企業で1カ月当たり3~7%、大企業では1カ月当たり0.5~1%が目標だという。

また、一般にサブスクリプション型ではLTVがCPAの3倍を超えている状態が理想とされる。CPAは顧客がサブスクリプションを始める前に掛かるコストだが、LTVは徐々にキャッシュとして蓄積されるため、資金繰りのためには数々のスタートアップの経験則として3倍程度が望ましいとされる。

ユニットエコノミクスを改善するため

注）サブスクリプション型ビジネスモデルの解約率は、米レッドポイント・ベンチャーズ所属のベンチャー・キャピタリスト、トマス・タングス氏のブログを参考にした。
http://tomtunguz.com/saas-innovators-dilemma/

図 5-1-7

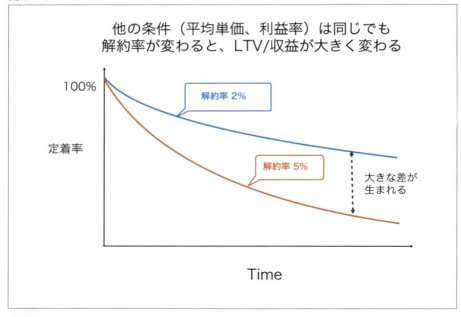

注）改めて補足すると、コホート分析とは、スタートアップが行った施策がプロダクトのパフォーマンスにどんな影響を与えたのかをユーザーグループごとに比較して、施策を修正していく手法だ。

注）EC型ビジネスモデルで扱う商品とKPI向上策の関係は、『Lean Analytics―スタートアップのためのデータ解析と活用法』（アリステア・クロールほか著、オライリー・ジャパン）をもとに、著者が一部簡略化して作成。

には、コホート分析による顧客の解約率の推移を追跡しながら、解約率低減のための改善を続ける（図5-1-8）。

コホート分析は、第4章で定量的な検証をする際に紹介した。分析結果で、解約率の低減が進んでいなければ、その理由をインタビューなどで明らかにし、優先的にその不満解消に取り組むべきだ。

なお、お気づきだと思うが、ユニットエコノミクスの改善を目指す段階になると、スタートアップはMVPのような実験をするプロジェクトではなくなり、ビジネスとして収益を追い求めるようになる。明確な収益目標を立て、それを達成するためにどうオペレーションを最適化するべきかがチーム内の論点になる。ユニットエコノミクスの健全化を追求する中で、スタートアップはスケールするための組織（一般的な会社組織）に変革（Transition）していくことになる。

LTVの計測②
EC型は商材ごとにKPIが異なる

EC型モデルでLTVを計算するための要素は次のようなものになる（図5-1-9）。

A：月間購入率
B：購入1回当たりの平均購入数
C：1人当たりの平均月間購入数（A×B）
D：購入1回当たりの平均売上高
E：1人当たりの平均月間売上高（C×D）
F：粗利率
G：1人当たりの月間利益（E×F）
Σ（G）：累積利益（LTV）

EC型のビジネスモデルにおいてLTV上昇のキードライバーとなるKPIは、粗利率、購入回数、平均売上高の3つだ。ただし、ECで扱う商品によって、以下のようにKPIを引き上げるための施策が変わってくることに留意したい。

● 中古車、住宅、結婚式場、保険など
高額で年間再購入率が低いので、新規顧客の獲得にフォーカスする
● 民泊、航空券、セミナーなど
新規顧客獲得とロイヤルティー向上の施策を組み合わせる
● 化粧品、洋服、サプリメント
年間再購入率が高いので、カスタマーのロイヤルティー向上に力を入れる

図 5-1-8

注）なお、左に示した有料会員のコホート分析では、解約率ではなく、会員データから容易に割り出せる「継続率」を用いて分析を行っている。

コホートで顧客の定着率を計測する

毎月の有料会員継続率（%）

	16/6	16/7	16/8	16/9	16/10	16/11	16/12	17/1	17/2	17/3	17/4	17/5
16/6	100	40	20	11	9	7	6	6	5	5	4	3
16/7		100	41	21	12	9	7	6	6	5	5	4
16/8			100	41	22	12	10	8	7	6	6	5
16/9				100	42	22	12	10	8	7	7	6
16/10					100	43	23	13	11	9	8	7
16/11						100	43	24	14	11	9	8
16/12							100	43	25	14	12	10
17/1								100	44	26	15	12
17/2									100	44	27	16
17/3										100	45	28
17/4											100	45
17/5												100

（顧客が有料会員になった月）

> 時間の経過とともに、顧客の定着率が改善しているかどうかを計測する

LTVの計測③
マーケット型は手数料がカギ

3つ目の例はネットオークションなどのマーケットプレイス型。この場合、LTVは以下の要素で計算する。A～Eまでは1人当たりの値を示す（図5-1-10）。

A：月間購入率
B：1回当たりの平均購入数
C：月間平均購入数（A×B）
D：購入1回当たりの平均売上高
E：平均月間取引高（C×D）
F：取引手数料率（テークレート）
G：利益率
H：1人当たりの月間利益
　　（E×F×G）
Σ（H）：累積利益（LTV）

マーケットプレイスを運営するスタートアップの月間売上高は、取引高に取引手数料率を掛けると求められる。そこから得られる利益の累積がLTVとなる。

ただし、取引手数料率を上げると、売り手の取り分が減るので出店が増えず、取引高そのものが伸びなくなってしまう。

取引手数料と取引高は相反する関係にあり、そのバランスをどう考えるかが運営側の腕の見せどころとなる。

マーケットプレイス型のスタートアップがLTVを向上させる時にフォーカスすべきは、取引高を伸ばすことではなく、取引手数料率をどの程度に設定するかである。取引手数料は、出店料、売上手数料、広告掲載料などで構成される。

手数料を上げていくと、1人当たりの月間売上高が伸びてLTVも上昇する。しかし、手数料を上げすぎると参加者に敬遠されるようになり、LTVは減る。ちょうどよい手数料の額を見極めることがLTVを高く維持するポイントになる。

また、マーケットプレイス型のモデルは、より多くの人が参加するネットワーク効果を高めることがキーとなる。買い手（消費者）は売り手（出店者）の参加が増えると、商品の選択肢が増えるために、このマーケットプレイスにより価値を感じる。当然、売り手側も、買い手が多いと取引が増え、マーケットプレイスに参入するインセンティブが高まる。

このように、マーケットプレイス型モデルではネットワーク効果が重視される

Chapter 5　TRANSITION TO SCALE

図 5-1-9

EC型ビジネスモデルのLTVの求め方

	A	B	C=A×B	D	E=C×D	F	G=E×F	Σ (G)
	カスタマー1人当たり							
	毎月の購入率	購入1回当たり平均購入数	毎月の平均購入数	購入1回当たり平均売上高	毎月の平均売り上げ	粗利率	カスタマー1人の1カ月当たり利益	累積利益(LTV)
1カ月目	100%	1.2個	1.2個	$105	$126	40%	$50	$50
2カ月目	40%	1.5個	0.6個	$103	$62	40%	$25	$75
3カ月目	24%	1.5個	0.36個	$99	$36	40%	$14	$90
4カ月目	18%	1.5個	0.27個	$97	$26	40%	$10	$100
5カ月目	15%	1.5個	0.23個	$97	$22	40%	$9	$109
6カ月目	13%	1.5個	0.2個	$96	$19	40%	$7	$116
:	:	:	:	:	:	:	:	:
10カ月目	8%	1.5個	0.12個	$102	$12	40%	$5	$140
11カ月目	7%	1.5個	0.11個	$102	$11	40%	$4	$144
12カ月目	7%	1.5個	0.11個	$103	$11	40%	$4	$148

A〜F：サブKPI、$148：メインKPI

図 5-1-10

マーケットプレース型ビジネスモデルのLTVの求め方

	A	B	C=A×B	D	E=C×D	F	G	H=E×F×G	Σ (H)
	カスタマー1人当たり								
	毎月の購入率	1回当たり平均購入数	1カ月当たり平均購入数	購入1回当たり平均売上高	1カ月当たり取引高(GMV)	取引手数料	利益率	カスタマー1人の月間利益	累積利益(LTV)
1カ月目	100%	1.2個	1.2個	$105	$126	20%	60%	$15	$15
2カ月目	40%	1.5個	0.6個	$103	$62	20%	60%	$7	$23
3カ月目	24%	1.5個	0.36個	$99	$36	20%	60%	$4	$27
4カ月目	18%	1.5個	0.27個	$97	$26	20%	60%	$3	$30
5カ月目	15%	1.5個	0.23個	$97	$22	20%	60%	$3	$33
6カ月目	13%	1.5個	0.2個	$96	$19	20%	60%	$3	$35
7カ月目	11%	1.5個	0.17個	$97	$16	20%	60%	$2	$37
:	:	:	:	:	:	:	:	:	:
11カ月目	7%	1.5個	0.11個	$102	$11	20%	60%	$1	$43
12カ月目	7%	1.5個	0.11個	$103	$11	20%	60%	$1	$44

A〜G：サブKPI、$44：メインKPI

ので、立ち上げ初期のKPIとしては取引高にも注目したい。

手数料を下げて参加者を拡大

　ネットオークションの代表格であるメルカリの場合は、まず取引高を伸ばすことの重要性を理解していたので、サービス開始最初は、手数料をゼロに設定し出店者が増えるようにした。出店者が増えて商品が充実してくると消費者の参加も増え、取引高も拡大した。

　同様に、クラウドファンディング運営のCAMPFIRE（東京・渋谷）が、業界

図 5-1-11

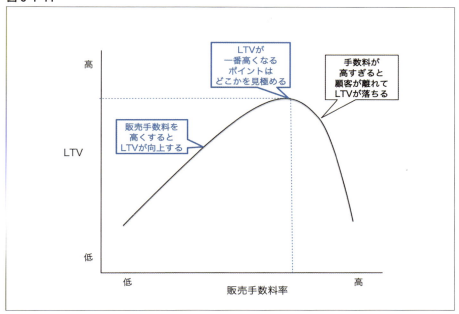

図 5-1-12

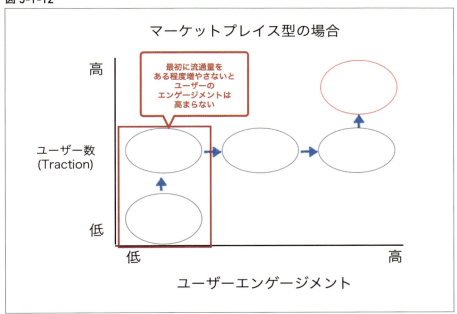

平均が20%程度だった手数料を2016年に5%まで下げたのは、クラウドファンディングを活用する際のハードルを下げ、市場をもっと拡大させるべきと判断したからだと見ている（2017年現在は8%）。

メルカリやCAMPFIREのように、マーケットプレイス型のビジネスでは、参加者にインセンティブを与えるなどして、まず流通量・取引高の拡大を目指すべきである。流通量拡大をある程度達成できたら、それに注目してユーザーが集まってくるので、もっとサービスを使いたくなるような仕掛けを施してユーザーの定着率を高めていくとよい（図5-1-12）。

Chapter 5 TRANSITION TO SCALE

図 5-2-1

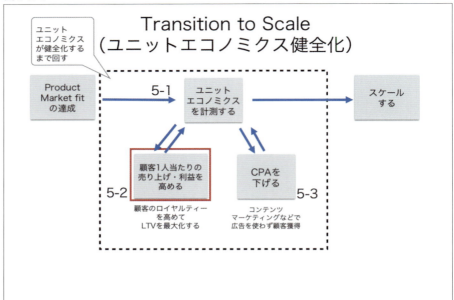

5-2 顧客1人当たりのLTVを高める

顧客を長く定着させるには秘密がある

顧客を定着させてLTVを改善

　ユニットエコノミクスを健全な状態に変えるには、既存顧客の定着率を高めてLTVをどれだけ伸ばせるかが重要なポイントになる。

　なぜなら新規客を集めるためのCPAは既存顧客を維持するコストの5、6倍はかかると言われている。それを考慮に入れると、新規顧客に対する利益率が5～20%の場合、既存顧客に対する利益率は60～70%にも達する。こう考えると、既存顧客の定着を増やすことはLTVの改善に必須の仕事といえる。

　既存顧客のロイヤルティーを高めるために、スタートアップは新規顧客をプロダクトに熱狂する顧客にどう育てるかを十分に検討する必要がある。その手法をいくつか紹介していこう。

マジックナンバーを超えさせる

　顧客に定着してもらう一つの方法は、プロダクトへの愛着を感じてもらうためのマジックナンバー（AHAモーメント）を見つけ、それを顧客に達成してもらうことだ。

　マジックナンバーとは、顧客がプロダ

図 5-2-2

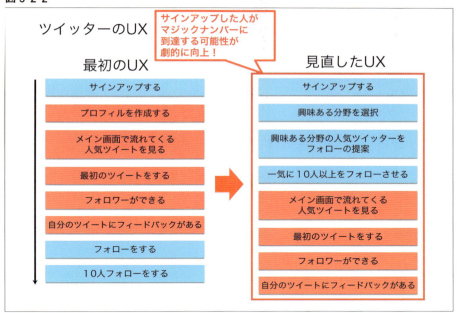

注）左図の色分けは、青色が早めに体験してもらうべきUX、赤色が後で体験してもよいUXを示す。

クトを使う中である特定の行動を一定回数以上行ったり、ある体験をしたりすると、顧客のエンゲージメント（定着、結びつき）が劇的に向上するマイルストーンのことを意味する。

クラウド型ファイル管理サービスのDropboxなら「ファイルを1つアップロード」すれば、外出先からでもファイルにアクセスできる便利さを理解できる。フェイスブックなら「14人以上の友達を持つ」と、つながる楽しさが分かる。

配車サービスのUberなら初めて車を呼べた瞬間、Airbnbならゲストがホストの家に着いた瞬間に、顧客には「このサービスを使って良かった」と感じるAHAモーメントが訪れる。

新規獲得した顧客をいきなりプロダクトへのエンゲージメントが高いロイヤルカスタマーに育てるのは簡単ではない。まず、顧客がプロダクトに愛着を感じるためのマイルストーンとなるマジックナンバー（AHAモーメント）の達成により早く顧客を導くことを目指したい。

そのためには、自らのプロダクトのマジックナンバーは何か、AHAモーメントは何かを分析し、そこに導くために

UXの調整・改善をすることを考えたい。

プロダクトを投入した当初は、自社のプロダクトのマジックナンバーやAHAモーメントが何か見当もつかないだろう。MVPの実験と同様に、ユーザーの行動やインタビュー、利用状況を調べた定量的なデータの分析をして、ユーザーの利用継続期間と比較すると、ユーザーがいつ、どこで何をきっかけにプロダクトに愛着を持つのかが見えてくる。

Twitterは10人以上をフォロー

Twitterのマジックナンバーは「10人以上をフォロー」すること。この数を超えると、趣味や考え方が近い人の情報を集める楽しさが分かるという。

サービス初期の頃はチーム内でこのマジックナンバーが全く言語化されていなかった。そのため当時のTwitterのUXは今と比べるとおざなりな部分があった。サインアップをした後にプロフィールを入力させ、人気ツイートをいくつか閲覧させてから最初のツイートをしてもらうという流れだった。ただの操作チュートリアルでしかなかった。このようなUXだ

Chapter 5　TRANSITION TO SCALE

図 5-2-3

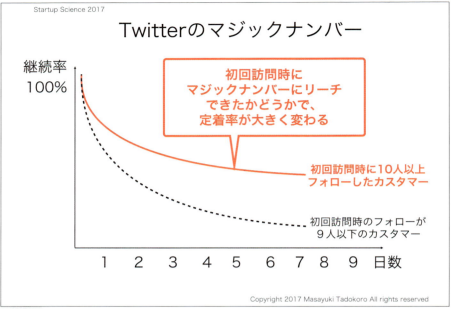

注）右の図は、イメージを理解するために作成したもので、実際の継続率などとは異なる。

図 5-2-4

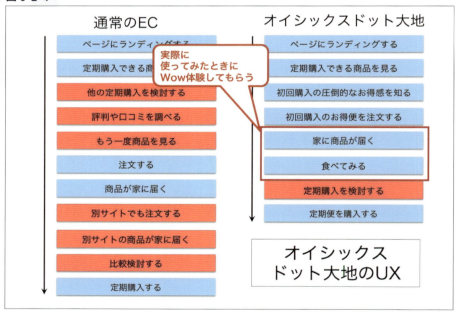

注）左図の色分けは、青色が早めに体験してもらうべきUX、赤色が後で体験してもよいUXを示す。

ったため、少なくとも初回訪問で「10人以上フォローする」というマジックナンバー達成までたどり着くユーザーはごく一部に限られていた。

その後、Twitterはユーザーの分析などにより、10人をフォローしたユーザーのほとんどが利用を継続するという事実を学習し、サインアップ時のUXを改めた。

新しいUXでは、サインアップが済むと、カスタマーが興味のある分野は何かを尋ねてくる。興味のある分野をいくつか入力すると、それに関係するユーザーがリストアップされ、新規ユーザーでも

図 5-2-5

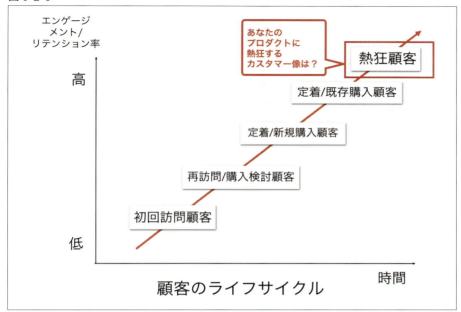

自然に10人以上のフォローができるような流れになった。これにより、使い始める時からアプリの画面には興味のある情報に関するつぶやきが並び、Twitterの楽しさを実感できる。

TwitterのUX改善は、サインアップ時のプロセスの順番を入れ替えただけなのだが、初回訪問時のマジックナンバー達成率が上がり、定着率は大きく改善しているという。

お得な商品でまず心をとらえる

有機野菜などの宅配で知られるオイシックスドット大地。同社の顧客獲得戦略がユニークだと私が感じる点は、いかに一瞬にしてユーザーの関心を引きつけて、他社製品と比較させないかというマーケティングにフォーカスしていることだ。

通常、インターネットで食材の定期便に申し込む人は、他の類似サービスも検索し、内容や価格を比較して決めることがあるだろう。中には、単発の注文で色々な会社の商品を取り寄せて比べてから、利用するサービスを決めるというユーザーもいる。しかし、これでは、いつまでたってもユーザーが定着してくれず、コンバージョン効率が上がらない。

そこで、オイシックスドット大地が打ち出した戦略は、どんな購入者が見てもそのボリュームとコストパフォーマンスの良さに驚く（Wow体験がある）ような「初回限定特別価格セット」を手ごろな値段で大々的に売り出すことだった（2017年9月時点では1980円で通常より多い16品の野菜や果物が入る）。

お買い得感が圧倒的だと、宅配契約のことも他社のサービスのことも一瞬忘れて、反射的に注文してしまう。

オイシックスドット大地からすればその初回限定セットで利益が出なかったとしても、おいしい野菜を1回食べ満足してもらえば、会員として定着してもらいやすくなる。オイシックスドット大地は、この初回特別セットにより、利用者にAHAモーメントを与えて「熱狂的な顧客」を作り出そうとしているのだ。

熱狂顧客を作り出す

熱狂顧客を作り出すためにはカスタマーが、プロダクトへの愛着を深めるごと

に、各ステージでどのような心理になるのかを知っておく必要がある。これを把握しておかないと、初回訪問、初回利用のカスタマーを一段上のステージに引き上げて自社に対する愛着がより強い顧客に育てるための対策は立てにくい。カスタマー視点のストーリーを描くことが難しいからだ。

ステージごとのカスタマーの定義と、段階に応じたカスタマーの心理について、まとめてみた。

熱狂顧客：プロダクトに完全に心を奪われている人。プロダクトがなくなると強い痛みを感じる。プロダクトの背景にまで賛同しており、プロダクトを広めるエバンジェリストになってくれる。

忠誠顧客：かなり高頻度にプロダクトを使う人。プロダクトなしでは痛みを感じるレベル。さらに価値提案できれば、有料のプレミアムサービスを使って熱狂顧客に育つ可能性もある。

定着顧客：定期的にプロダクトを使う人。プロダクトに強い関与を始めており、プロダクトを使ってみて、事前の期待レベルは十分超えていたと感じている。

プロダクトを使い込むことでカスタマー自身の情報蓄積が進めば、もっとプロダクトを快適と感じて熱狂度は高まりそう。

再訪問顧客：最初だけで使うのをやめていたプロダクトに戻ってきた人。プロダクトへの関与を深めようとしている。

プロダクトのことはおよそ理解できているので、UXの工夫で、マジックナンバー（AHAモーメント）を演出して期待に応えられるかどうかが定着のカギ。

初回訪問顧客：初めてプロダクトを使う人。まだプロダクトのことを理解しておらず、離脱する（再使用しない）可能性

が最も高い段階。このユーザーもマジックナンバーの達成にいち早く導くことが重要になる。

顧客全体をひとかたまりで捉えていてはなかなか定着のための対策は打ちづらい。

図5-2-5のように、プロダクトに対する愛着の高さで顧客をステージごとに分類してみると、一段上のステージに引き上げるための対策が具体的に考えやすくなる。それぞれの顧客の心理にうまく応えることで愛着度を高めて、LTV向上を実現したい。

定着率が低い理由を分析する

顧客の満足度を高めて定着率を向上するには、プロダクトに対するネガティブな見方がなぜ生まれるのかも分析しておく必要がある。

定着せずに離脱してしまった顧客などにヒアリングする機会を設けるなどして、「なぜサインアップ（購入）しなかったのか」「なぜ定着しなかったのか」といった点を情報収集するとよい。

ヒアリングの際に各ステージのユーザーに次のような点を尋ねると、LTV向上のきっかけが見いだせるだろう。

再訪問しなかった顧客には
- なぜ初回訪問したのですか？
- なぜ再訪問しなかったのですか？
- 利用前の段階での期待と、実際に利用してみた<プロダクト>に何かズレはありましたか？（もしあるならば）それはどこですか？
- プロダクトの価値提案で分かりにくいところはありましたか？
- プロダクトの使い方で分かりにくいところはありましたか？
- 再訪問を検討するには、どういった価値提案が必要ですか？
- サインアッププロセスで、どこかつま

ずいたところはありましたか?

再訪問したが定着しなかった顧客には
●なぜ再訪問したのですか?
●なぜ再訪問したのに、継続利用に至らなかったのですか?
●どういった価値提案やフィーチャーがあれば、プロダクトを継続利用したいと思いますか?
●なぜ、そのような価値提案やフィーチャーに価値を感じるのですか?
●なぜ商品を購入(サインアップ)しなかったのですか?

定着顧客には
●なぜ定期的に訪問しているのですか?
●さらに訪問の頻度を上げるには、どういった要素やフィーチャーがあればよいと思いますか?
●どういった追加機能があればお金を払ってでも使ってみたいですか?
●このプロダクトを家族や親しい友人に薦めたいと思いますか? それはなぜですか?

有料会員になった後、解約した顧客には
●なぜ解約してしまったのですか?
●どういった不満がありますか?
●どういった機能やUXがあれば、再び有料会員に戻りたいですか?

カギは「顧客の成功を売ること」

　マーケティング支援ソフトを手掛ける、米国のスタートアップ、HubSpotの共同創業者でCTOのダーメッシュ・シャア氏は「ビジネス成功のカギはソリューションやビジネスを売ることではなく、顧客の成功を売ることだ」と語っている。SaaS型のビジネスモデルのように、顧客の成功をサービスとして売る「Customer Success as a Service」を目指せということである。
　自分がどうすれば成功できるかは、顧客自身すら分かっていない。それを先に見つけて提案することがスタートアップとしての究極の目標だ。
　今、それを実現しているのが、フェイスブック、グーグル、Instagram、LINE、クックパッドなどのサービスだ。これらも、かつては数人の創業メンバーから始まった誰も知らないスタートアップのサービスだった。
　これらが世の中から欠かせない存在になったのは、彼らのカスタマーの成功を他の誰よりも深く考え抜き、期待を超えるソリューションとUXを継続的に提供してLTVを改善してきた結果なのだ。

注)ダーメッシュ・シャア氏の発言は以下から引用。https://www.youtube.com/watch?v=dnfwckhZiLc

Chapter 5 | TRANSITION TO SCALE

図 5-3-1

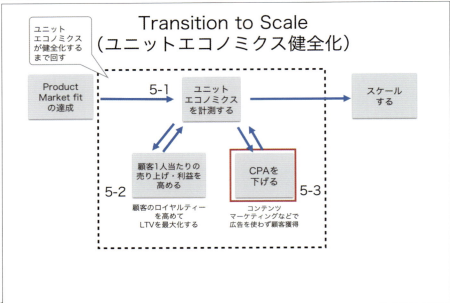

5-3 顧客獲得コスト(CPA)を下げる

PMF直後のCPAを把握する

オーガニックの顧客獲得をする

ユニットエコノミクスを改善するには、LTVを向上させるとともに、CPAをいかに下げるかも重要な柱になる。

まずCPA低減を具体的に考えるために、顧客獲得を「オーガニックの顧客獲得」と「有料の顧客獲得」を分けて考える。

オーガニックの顧客獲得とはネットマーケティングの用語で、有料広告を使わない顧客獲得のことを言う。オーガニックという言葉は有機栽培という意味もあるように、有料広告を使わず"自然に"顧客を集める方法と考えればよい。実際には、ブログ、動画、ポッドキャスト、電子ブックなどのコンテンツ、ソーシャルメディア(ツイッター、フェイスブック、Instagramなど)を通じて情報を発信し、それらに興味を持った顧客を獲得することだ。

一方、有料の顧客獲得はその言葉通り、リスティング広告(検索キーワード広告など)、ディスプレイ広告(ウェブサイトの広告枠に表示される広告)、フェイスブック広告などの有料広告を通じてユーザーを獲得することを指す。

もちろん、費用を払って顧客を獲得する広告のほうが即効性は高い。

一方、オーガニックな顧客獲得法は中長期で見たパフォーマンスが高くなる。

図5-3-2　顧客獲得コストは「オーガニック」と「Paid（有料）」に分かれる

	チャネル	A 制作/運用人件費	B 広告出稿費	C=A+B 総費用	D コンバージョン数	E=C/D CPA
オーガニックCPA	Blog	$1000	$0	$1000	32人	$31
	ツイッター投稿	$100	$0	$100	2人	$50
	フェイスブック投稿	$100	$0	$100	3人	$33
	グーグル投稿	$0	$0	$0	55人	$0
	ユーチューブ投稿	$1000	$0	$1000	20人	$50
	Total			$2200	112人	$20
Paid CPA	リスティング	$100	$2000	$2100	60人	$34
	リターゲティング	$100	$1000	$1100	80人	$14
	フェイスブック広告	$50	$1000	$1050	25人	$41
	展示会	$1000	$5000	$6000	50人	$120
	Total			$10250	215人	$48
	Total CPA			$12450	327人	$37

（図中注釈）オーガニックな顧客獲得／広告による顧客獲得

リーチできるセグメントが広く、プロダクトの良さをじっくり伝えられるので、コンバージョン率が高くなりやすい。プロダクトを深く理解して購入・利用してくれるので、結果的に解約率も低く抑えられることが多い。CPAを下げるには有効な手法といえる。

図5-3-2に示したのがCPAを計測していく時のテンプレートだ。要素としては次のようになる。

A：制作/運用人件費
B：広告出稿費用
C：総費用（A+B）
D：コンバージョン数（ユーザー獲得数）
E：CPA（1人当たり顧客獲得費用＝C/D）

上のようにオーガニックな顧客獲得法と有料の顧客獲得法を別の表に分けて管理すると、CPAを把握しやすい。オーガニック、有料それぞれについてチャネルごとにブレークダウンして数値を整理し、チャネルごとに数字を管理できるようにする。どの施策、どのキャンペーンからどれくらいの顧客を獲得できたのかを正確に把握することが、CPAの効果測定では重要となるからだ。

こうしたチャネルごとのCPA計測により、中長期的により安価に顧客獲得ができる方法を見いだすことが、ユニットエコノミクスの改善につながる。それこそが、PMF後のスタートアップの命運を決めるといってよいだろう。

マーケット型は初期CPAが高い

ネットオークションのような、人と人、人と店を仲介するプラットフォームを提供するマーケットプレイス型のプロダクトでは、サービス初期のCPAが高くなりやすい。

その理由は、本章の「ユニットエコノミクスを計測する」のところで触れた通り、マーケットプレイス型のビジネスモデルでは、ユーザーや出店者がある程度増えてマーケットが活発にならないとユーザーが定着しないからだ。

ユーザーは自分が欲しいものを検索した時に見つかる可能性（マッチング率）が低ければ使い続けたいと思わない。逆にユーザーが少なければ出店者も集まりにくくなる。

図 5-3-3　マーケットプレイス型のビジネスモデルはCPAが変化する

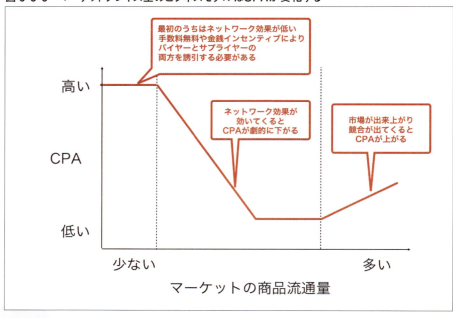

そこで、多くのマーケットプレイス型のスタートアップは、一時的にCPAを上げてでも顧客を獲得しようとする。

配車サービスのUberはドライバーの登録が少なかった初期に、時給を支払ってドライバーを雇っていた。ある程度の待ち時間で車が来なければ、ユーザーに利便性が伝わらないからだ。

メルカリがサービス開始初期に手数料を無料にしてマーケットの活性化を図ったことも、売り上げに占めるCPAの比率を高めることになった。

このように、顧客獲得のために過剰な金銭インセンティブを用意するとキャッシュフローが悪化する。インセンティブの額が大きくなりすぎると、スタートアップの運営に大きなダメージを与えることを忘れてはならない。

マーケットプレイス型プロダクトのCPAと商品などの流通量の関係を示したのが上のグラフだ。

サービス開始初期は出店者（供給者）と購入者の両方を集めないとマーケットが活性化しないので、CPAは高くなる。やがてマーケットが活性化すると、それが魅力になって出店者も購入者も引き寄せることができてCPAは低くて済むようになる。さらにマーケットがよく知られるようになると、競合プロダクトが登場する。集客のために広告を打つようになると、またCPAは上がり始める。

マーケットプレイスのCPA削減法

マーケットプレイス型モデルのスタートアップがユニットエコノミクスを見直そうとするなら、ユーザーが少ない初期段階で、クーポン発行や利用料金の値下げといった金銭的なインセンティブという切り札を出す前に、まず知恵を絞るべきだろう。

ここではその代表的な方法をいくつか紹介する。

■自ら動いて、「鶏が先か、卵が先か」のジレンマを解消する

マーケットプレイス型のプロダクトでは、出店者が増えないと購入者が集まらないし、購入者が増えなければ出店者も増えない。いわば「鶏が先か、卵が先か」といったジレンマがある。

この相反する構造を変えるために、ク

ラウドソーシングのクラウドワークスでは、サービス開始前に、創業者の吉田浩一郎社長が自ら著名なアプリ開発者30人を1人ずつ口説き落として回った。彼らにクラウドソーシングのサイトに登録してもらい、「これだけ有名なエンジニアが登録しているサービスです」と告知するサイトを用意したところ、彼らが登録しているような有力なサービスならと、1300人のエンジニアが後を追って登録してくれた。

次に、吉田社長はその1300人ほどのエンジニアが並んだリストを持って企業を回り、「これだけのエンジニアに仕事を発注できます」と営業して、30社程度の契約を取り付けた。広告を出すなどCPAを増やす代わりに、自らの足で顧客を増やすことに成功した事例だ。

■需要に対して供給が足りない特殊な状況を狙う

ある特定の状況では、需要に対して供給が足りなくなることがある。その状況を予測してピンポイントで狙いを定めてサービスを提供すれば、広告などがなくても新規顧客を増やすことができる。例えば配車サービスのUberは多くの人が外出する祝日や、大きなコンサート、スポーツイベントなどが開催されるタイミングを狙っていた。

イベント開催時には宿泊場所や駐車場も不足するので、民泊サービスや駐車場マッチングサービスなどでもCPAを上げずに顧客を獲得するチャンスになる。

■自らプロデューサー、サプライヤーとして振る舞う

ファウンダー自らがあらゆる業務をする「何でも屋」に徹すれば、当然CPAは抑えられる。

AirbnbのCEOであるブライアン・チェスキー氏は、既に紹介した通り、自らカメラマンとなってホストの家を1軒1軒訪ねて写真を撮影して回った。これは

顧客の生の声を聞いて課題仮説やMVPの磨き込みができるだけではなく、CPAを上昇させることなく、写真撮影が面倒で躊躇していたホストのサイトへの登録を促す効果もあったことになる。

■他のサービスやプラットフォームを間借りして情報発信

これは、サブセット・ストラテジー（Subset Strategy）と呼ばれる手法で、他社が作ったサービスやプラットフォームに間借りする形でコストをあまりかけずに顧客獲得を目指すこと。

例えばAirbnbは2009年当時、地域情報コミュニティーサイトの最大手であったCraigslistのシステムを解析（ハッキング）して、ホストが部屋のオファーを出したら自動的にCraigslistに表示させるようにしていた。

また、ユーザーコミュニティーを育成するために、フェイスブックグループを立ち上げたりするのも、広い意味では、この手法に該当する。

オーガニックで
CPA低減

コンテンツマーケが効果的

顧客を獲得するためのマーケティング施策には様々なものがある。

ユーザーとのエンゲージメント（定着・結びつき）の強さ、対象となるユーザーのボリュームの2軸で様々なマーケティング施策を一覧表にまとめてみた（図5-3-4）。

スタートアップに強く推奨したいのは、ブログなどを使ってコンテンツを蓄積するコンテンツマーケティングなどによるオーガニックな顧客獲得だ。

コンテンツマーケティングのメリッ

図 5-3-4

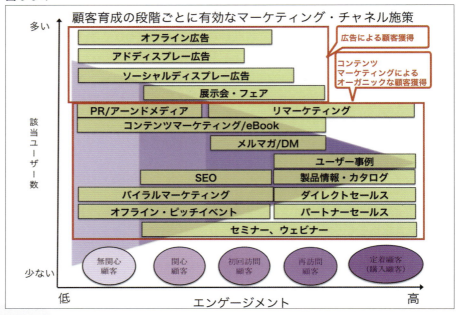

メリット・デメリットを以下に整理してみた。

メリット
- 費用を抑えることができる。
- 質の高いブログや動画を出すことで、その業界のオーソリティーになれる。
- より広い潜在カスタマーにリーチできる。
- 上質なコンテンツ（記事や動画）はインターネット上で拡散するので、より広い層にリーチできる。
- イベントやセミナーを開催してコミュニティーを作ることができる。
- イベントやセミナーを開催して、顧客接点を増やせる。
- イベントやセミナーの参加者が満足すれば、情報を自然な形で拡散できる。

デメリット
- 広告に比べて、即効性がない。
- 広告に比べて、顕在カスタマーへの訴求が弱い。
- リソース（人、時間）を要する。

コンテンツマーケティングを実施する前提条件は、顧客にとって価値ある関連情報を発信できることだ。

そもそも、そういった情報発信ができないなら、あなたがその分野でスタートアップを始めるべきではないだろう（既に述べた通り、スタートアップの創業者にとって専門性を持つことは必須要素である）。

また、特筆すべき点として、コンテンツマーケティングでリーチできるカスタマーの数は、有料広告のターゲットにできるカスタマーの数よりも圧倒的に多いことが挙げられる。

図5-3-5のように、有料広告は「すぐ欲しいカスタマー」（ニーズが顕在化していて今すぐ欲しい人）をすくい取るのに向く。

一方、コンテンツマーケティングは「（まだニーズが顕在化していない）カスタマー」を育成する効果がある。

コンテンツマーケティングでリーチすることで、「低関心カスタマー（まだ関心そのものが低い人）」を「関心ありカスタマー（ある程度、プロダクトに興味や関心は持っている人）」に育てられる。もっと情報を提供すれば「ニーズ顕在カスタマー（ニーズは顕在しているが今す

注）顕在カスタマーとは、プロダクトが「今すぐ欲しい」と考えている人。

図 5-3-5　カスタマーを育成して「すぐ欲しいカスタマー」にする

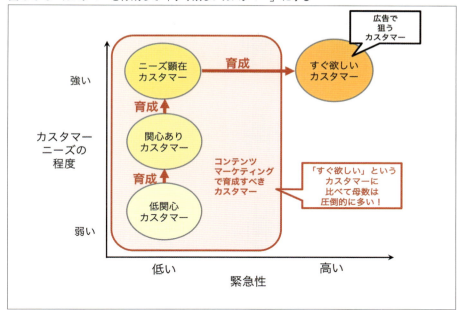

ぐ欲しい理由がない人）」まで育ち、最終的には「すぐ欲しいカスタマー」になってくれる。カスタマーの母数としては「すぐ欲しいカスタマー」以外の潜在カスタマーのほうが圧倒的に多い。その獲得に手間をかける価値は十分にある。

コンテンツ活用のポイント

　コンテンツマーケティングは適切に用いれば効果は高い一方で、コンテンツ作成には人や時間というリソースはかかる。作成したコンテンツを無駄にしないために、カスタマー獲得に効果があるコンテンツを作成するための確認ポイントをいくつか挙げておく。

コンテンツ作成時のチェックポイント
- ✔ コンバージョンのゴールはどこか？：コンテンツマーケティングを通じ、最終的にどういうコンバージョンを達成したいのか（サインアップ、初月無料登録、プロダクトの購入など）。
- ✔ 誰に対して発信するか？（ペルソナは誰か？）：誰に伝えたいかによって、コンテンツの作り方や表現方法、盛り込む内容が変わってくる。一番コンテンツを届けたいカスタマーの姿をあらかじめはっきりさせておきたい。
- ✔ どんなコンテンツを作るのか？：ペルソナの困りごとや関心ごとは何か、どんな情報を必要としているのかを確認し、ペルソナの課題に合うコンテンツを用意したい。
- ✔ なぜ提供するのか？：ともすれば、コンテンツ作成も作り手側の発想になってしまいがちだ。そのコンテンツはカスタマーに対してどのような価値提案を提供できるのかを確認したい。
- ✔ どのように提供するのか？：作成するコンテンツがペルソナと出合う接点はどのような場面、チャネルなのか（友達からの口コミ、インフルエンサーの口コミやブログ、ユーチューブ、スタートアップ関連メディアの記事などの手段を具体的に想定する）
- ✔ レバレッジが効くか？：作成するコンテンツは他のチャネルや別形態のコンテンツに変えて多重活用できるか。

　コンテンツ作成はコストがかかる。後で詳しく触れるように、想定カスタマー

Chapter 5 TRANSITION TO SCALE

図 5-3-6 コンテンツマーケティングで潜在顧客に訴求する仕組み

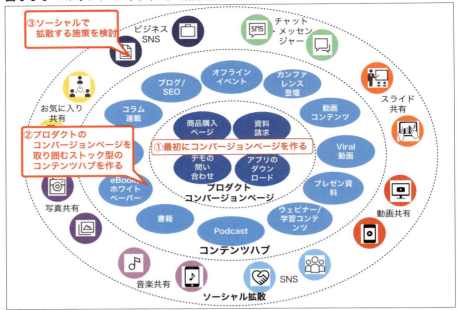

を招いてセミナーを開き、その様子をブログに書いてもらったり、録画してユーチューブに公開したりするなど複数チャネルで発信できるとユーザーとの接点が広がって効率的だ。

作成や準備には時間がかかるかもしれないが、後から多様な活用ができるキラーコンテンツを1つ用意しておくことをお勧めしたい。

コンバージョンページが核に

コンテンツマーケティングでカスタマーを育てる仕組みは図5-3-6のような3段階で構築するとよい。①集まってきたカスタマーがプロダクトを購入したり、サインアップしたりできるコンバージョンページを用意する。②コンバージョンページへカスタマーを導くための魅力的なコンテンツを用意する。③コンテンツをフェイスブックやツイッターのようなソーシャルメディアでシェア、発信してもらい、さらに潜在カスタマーへのリーチを広げるという流れだ。

①でどんなコンバージョンページを用意するかは目的により異なる。商品購入、資料請求の申し込み、デモ実施の問い合わせ、アプリのダウンロードなど、プロダクトに合わせて自社サイトなどにウェブページを用意する。

②では、カスタマーを誘因するには、どのようなチャネルがよいかを考える。デジタルコンテンツとしては、ブログや自社サイトでのコラム連載、インフォグラフィックス、動画コンテンツ、ウェビナー（ウェブ上のセミナー）、プレゼン資料、メールマガジンといった選択肢がある。

さらに、書籍、オフラインイベント、カンファレンスの登壇などリアルなイベントもあるだろう。

もう一つ有効な手段として、エバンジェリストカスタマーが多く目にしているようなメディアに寄稿したり、潜在顧客に事前に会って話したりする方法がある。デザイナーをカスタマーとして集めたい場合には、デザインを専門とするクラウドソーシングで案件を公募して、そこに応募してきた人全員に会ってみるなどの方法もある。

コンバージョンページに顧客を集めるコンテンツを作る仕掛けができたら、そ

のコンテンツを広く拡散する③の施策を検討する。

ここで大事なのは、やはりプロダクトやサービスを利用してほしい想定顧客はどこにいるのかを見極めることだ。

現在は、広く情報を拡散できる様々な情報チャネルがある。グーグル、Yahoo!のような検索エンジン、フェイスブック、ツイッター、InstagramなどのSNS。さらに、ユーチューブのような動画サイト、キュレーションメディアとも呼ばれる情報まとめサイトなどもある。

こうした情報チャネルのうち、プロダクトのターゲットとなるカスタマーはどのチャネルをよく使っていそうかを考えていく。

ターゲットに合う発信手段を選ぶ

年代、性別などによって、よく利用する情報チャネルは大きく変わってくる。例えば、女性のほうが男性に比べて、インフルエンサーによる口コミを気にする傾向があると言われる。

もし、あなたが、女性向けのサービスを提供しているなら、自らブログを書くよりも、インフルエンサーに依頼してブログやInstagramにプロダクトに関する記事を投稿してもらうほうが効果的だろう。

このように、あなたのプロダクトに出合いたい、それを使ってみたいと思っているカスタマーの特性に合わせて利用する情報チャネルを選び、効果的なメッセージを送り続けることがポイントだ。

続けて、それぞれの情報チャネルごとにどのようなコンテンツを用意すべきかを見ていこう。

集客コンテンツ①
使い方次第でベストな「ブログ」

ブログは比較的安い制作コストでコン

テンツをストックしていくことができる。定期的にブログを更新する仕組みをつくることができれば、費用対効果が高いチャネルになる。

オーガニック顧客獲得のポイントは、将来的にカスタマーになりそうな潜在顧客の「ニーズ顕在カスタマー」「関心ありカスタマー」「低関心カスタマー」と接点を持ち、「すぐ欲しいカスタマー」に育成することだ。

ブログでは、潜在カスタマーが頻繁に読みたくなるような、ハウツー情報、プロダクト関連業界の最新トレンド、プロダクトの比較記事などを企画して、公開してみるのが有効だ。

ブログの効果を示す事例をいくつか紹介しておこう。

Marketoは、2006年創業でマーケティング活動を自動化する「マーケティング・オートメーション」のツールを提供している米国のスタートアップだ。現在はスタートアップから大きくスケールしている。

Marketoはマーケティングオートメーションのプロダクトを市場に出す前から「開封率が高まるメールマガジンのタイトルの付け方」「クリック率を高める広告10のポイント」といった想定カスタマーにとって有益な情報を自社のブログで次々と発信し続けた。

プロダクトの市場投入前の段階で、約1万4000人分の見込み顧客リストを集め、プロダクトを投入した初月にはその中から数百人が有料会員になった。

ブログを書き続けたことでプロダクトを投入する前から顧客との接点を持てたことに加え、有益な情報を無料で提供し続けたことで顧客の信頼感を得るという効果もあった。

ブログは徐々に具体的にする

家計簿アプリを開発している米国のMintは、ブログによるコンテンツマー

注）マーケティング・オートメーションとは、メール開封率やウェブサイトの訪問履歴などをもとに、顧客の興味や関心に合わせたマーケティングを自動的に行う仕組み。

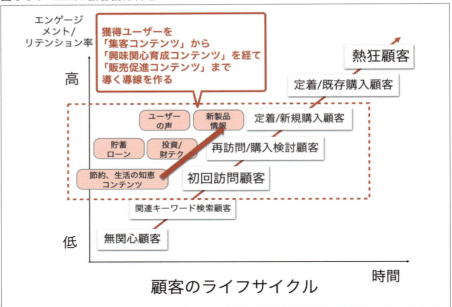

図 5-3-7　Mintの顧客獲得戦略

注）Mintは、家計簿アプリによる個人向け資産管理サービスのスタートアップとして2006年創業。2009年に資産管理ソフト大手であるインテュイット傘下となった。
https://www.mint.com/

注）SEOはSearch Engine Optimization（検索エンジン最適化）のこと。検索エンジンの仕組みに合わせ、ウェブページを検索上位に表示できるようにすること。訪問者のページ滞在時間が長いことも、有用なページとして上位に表示する根拠になるとされる（検索エンジンの仕組みにより異なる）。

ケティングに力を入れ、150万人ものユーザーを獲得している。

　Mintの顧客戦略は図5-3-7のような考え方に基づいている。まず「節約術」「生活の知恵」といった、自社の家計簿アプリとの関連は薄いが、潜在顧客の共感を呼びやすく集客効果の高いコンテンツを発信し続けた。

　徐々に顧客が集まり始めると、「貯蓄・ローン」「投資・財テク」など、実践的でやや高度な内容のブログを増やし、読者の金融全般に対する興味や関心を育成することに軸足を移した。

　こうして金融についてのリテラシーが高まったユーザーに対して、自社アプリの情報や「ユーザー事例」のコンテンツを発信。こうして信頼を得ながら潜在顧客の開拓をしたことで、多くのブログ読者が有料会員になった。

　Mintがブログを通じて行った「広く興味を引くコンテンツで集客」「集まった顧客をコンテンツで育成」「コンテンツに信頼感を持った顧客に販促（コンバージョンへの誘導）」というサイクルは、ブログに限らずマーケティング施策を考える上では、常に念頭におくべき考え方

だ。どのステージの顧客をターゲットにしているかを意識してマーケティングを進めるとよいだろう。

集客コンテンツ②
「動画」はシェアされやすい

　動画コンテンツによるマーケティングはここ最近、その有効性が一気に高まってきた。制作コストは多少かかるが、フェイスブック、InstagramなどのSNSでシェアされやすく、自社サイトの滞在時間を延ばすことができる。SEOの効果も見込めるのでスタートアップにとって有効な方法の一つだ。

　私が創業に関わり、ウェブデザインやプログラミングなどのオンラインスクールを運営するスキルハブ（東京・目黒）は、顧客獲得広告費を使わず、動画コンテンツだけで1万2000人の質の高い（LTVの高い）ユーザーを集めることに成功した。

　スキルハブのとった戦略も、先ほどのMintと同様に集客用コンテンツで見込み顧客を増やし、徐々に興味や関心を育成し、最終的にコンバージョンを促す流れになっている（図5-3-8）。

図 5-3-8 スキルハブの顧客獲得戦略

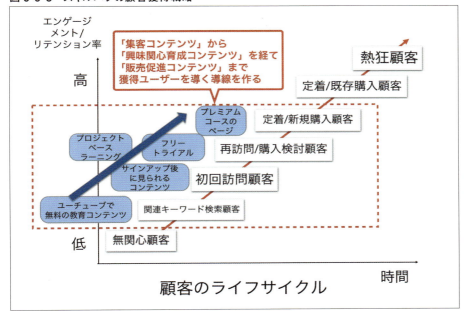

その集客に使ったのが、ユーチューブに配信し続けた無料の動画教育コンテンツだ。その数は、なんと300本ほどもある。

大量の動画コンテンツでユーザーとの接点を増やして、自社サイトへ誘引する。すると、そこにはサインアップすれば視聴できる動画がさらに豊富に用意してある。無料動画で学ぶ楽しみを実感してきたユーザーの多くはここでためらうことなくサインアップするという流れだ。

スタートアップのプロダクト特性、ターゲットユーザーの特性によって、それぞれ最適な導線は異なる。どうすれば興味を引けるか、どうすれば興味を深めてもらえるかと順を追って考えながら、コンテンツの蓄積をするとよいだろう。

集客コンテンツ③
企業向けはeBookやウェビナー

BtoBのプロダクトを持っていて、専門性の高いコンテンツで集客したいのであれば、eBook（電子ブック）やホワイトペーパー（白書）、ウェビナー（ウェブ上のセミナー）などの施策もぜひ検討したい。

eBookやホワイトペーパーは、BtoBプロダクトのターゲットになる顧客が抱えていそうな悩みやソリューションの事例などをいくつも集めて作成する。ウェビナーは、同様の情報をウェブを通じたセミナーの形で公開するものだ。

BtoBのプロダクトでは、顧客である企業が導入を検討する時に、プロダクトの内容だけでなく、プロダクトを提供している企業がどれだけ業務について精通しているかといった専門性なども考慮している。

専門性の高さをアピールするために、eBookやホワイトペーパーのようなコンテンツは効果がある。情報量が多いコンテンツなので作成には時間とリソースを要するが、その価値は十分にある。

eBookなどの作成メリット
● 自社の専門性、業界における権威をアピールでき、信頼を得やすい。
● 他のコンテンツ形態に再活用できる（ブログ、セミナー、書籍など）
● 見込み客の興味・関心の方向や検討段階を把握でき、営業の効率が上がる（どのeBook、ホワイトペーパーを

図5-3-9　enteloの顧客獲得戦略

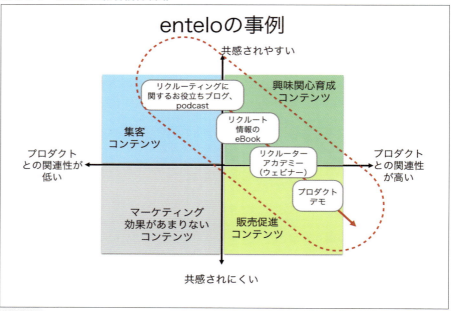

ダウンロードしたかによって、顧客の特性をつかむことができる）
●顧客に詳しい情報を事前に伝えることができ、初回の商談から前提となる説明を簡単に済ませて具体的な話ができる。

　eBookやホワイトペーパーといったコンテンツを使う場合も、プロダクトのサインアップや購買に結び付ける導線は、やはり「集客」「育成」「販促」の3段階で設計するとよい。
　エンジニアのリクルーティング支援を手掛ける米国のスタートアップ、enteloのSaaS型サービスを例に見てみよう（図5-3-9）。
　このスタートアップでは集客コンテンツとして、まずブログやポッドキャストでリクルーティングに関する役立つ情報を発信し続けている。必然的にこの情報に集まってくるのは顧客ターゲットである人事関係者ばかりなので、そんな読者やリスナーを見込み顧客にするために、この会社ではリクルーティングに関するトレンドやヒントをまとめたeBookをダウンロードできるようになっている。

ダウンロードの際には、エントリーフォームに企業名や連絡先などを入力してもらうが、ここで連絡先を集めた見込み顧客に対して、いきなり営業攻勢をかけることはしない。
　これらの見込み顧客に対して定期的に「リクルーターアカデミー」というウェビナーを開催して、自社に対するエンゲージメント（定着）を高めてから、コンバージョンのためのプロダクトデモの申し込みページに誘導する。eBookやウェビナーを通じてenteloの専門性の高さに対する評価が定着したところで、販促活動を進めるという流れだ。

集客コンテンツ④
「リアルイベント」を開催する

　オフラインの場で見込み顧客を集めて開催するリアルイベントも重要なコンテンツである。
　運営に手間とコストがかかるのがネックだが、対面でコミュニケーションができるので顧客との接点を増やしやすく、会場にわざわざ足を運んでくれた参加者がその場でプロダクトにサインアップし

図 5-3-10

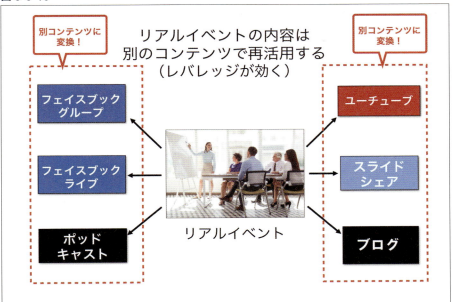

写真（中央）=Created by Katemangostar - Freepik.com

てくれる可能性も高い。

また、そのイベントにその分野の専門家や著名人を呼んで講演やパネルディスカッションなどをしてもらえば、それをユーチューブ動画やブログ記事、スライドシェア、フェイスブックライブ、ポッドキャストなど、別の形でコンテンツ化してストックし、多重活用できる。

情報をストックして幅広い層にリーチ

ストック型とフロー型の違い

ここで、ストック型マーケティング（コンテンツマーケティングなど）とフロー型マーケティング（広告など）の違いを整理しておこう（図5-3-11）。

有料広告は、即効性があるが効果は一時的なフロー型の顧客獲得方法だ。広告出稿が止まった瞬間に自社サイトなどへの見込み顧客の流入がなくなる。

一方、ストック型であるコンテンツマーケティングの場合、一度発信した情報は、ブログや動画の形で蓄積できる。

質の高いコンテンツを定期的にアップし続ければ、あなたのプロダクトに将来出合いたいと思っている「関心ありカスタマー」といった潜在カスタマーとの接点を増やし続けることができる。

ストック型のコンテンツは制作に手間がかかり、顧客に対する効果が目に見えるようになるまで時間がかかる場合もある。しかし、うまくいけば有料広告よりも安価に成果を得られる。

ただ、ビジネスモデルやタイミングによってはフロー型の広告が重宝される場合もある。一気にスケールするために幅広いユーザーを獲得したいときはテレビCMなどが有効だろう。

「バイラル」で一気に広げる

バイラルマーケティングで顧客獲得を図る方法もある。バイラルマーケティングとは、口コミを利用して低コストで顧客の獲得を図るマーケティング手法のことをいう。

そのメリットは、いくらお金を積んで

注）バイラル（Viral）とは、「ウイルス性」という意味。ウイルスが感染するように、爆発的な口コミを広げる手法をいう。

図 5-3-11

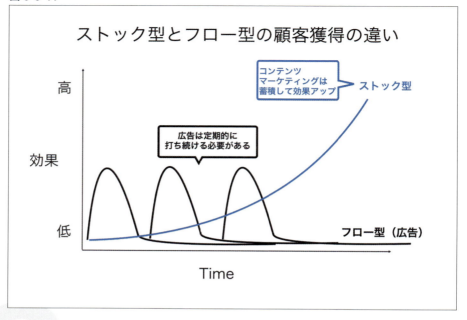

も広告キャンペーンではなし得ない圧倒的な初速の高さがあり、その影響が長続きする（バズが継続する）ことだ（図5-3-12）。一気に話題となり、アーリーアダプターだけでなく、一般ユーザーに対する認知度も一気に高められる。

米国のDollar Shave Clubは、安価で高品質のひげそりを定期的に会員の自宅に届けてくれるサービスを提供している。創業者自らが出演してミュージックビデオのような雰囲気で自社のひげそりの切れ味をアピールする動画をユーチューブに公開したところ、それがSNSで一気に話題になり90秒の動画がわずか2日間で何百万回も再生された。

この結果、1万2000人がひげそりの購入を申し込むという現象が起きた。

なお、Dollar Shave Clubは2016年に約10億ドルでユニリーバに買収されている。

マーケティングも「リーン」手法で

健全なコンテンツマーケティングやオフラインのコミュニティーづくりをすることは、CPAを下げる効果があるだけではなく、プロダクトの認知度、信頼性、ブランド力、採用力の向上などポジティブな副次効果を生み出す。

PMFを達成できたスタートアップは、スケールに向けてカスタマーを効果的に獲得するためのマーケティング施策についてメンバー同士でブレストする機会を設けるとよい。

互いに議論しておくべきブレストのテーマは次の通りだ。

- 我々のプロダクトのターゲットカスタマーは誰か？
- そのターゲットカスタマーはどのチャネルを利用しているのか？
- そのチャネルにどれくらいの顧客がいるか？
- そのチャネルにおける顧客獲得費用はいくらか？
- それぞれのチャネルごとのマーケティング施策が、顧客のライフサイクル（認知、育成、購入、利用継続）のどの段階に効果がありそうか？
- どの程度のコンバージョンが見込めるか？
- そのマーケティング施策を打つのに、

注）Dollar Shave Clubの動画は下記で公開されている。爆発的な口コミを呼ぶプロダクトの例として見てみるとよいだろう。
https://www.youtube.com/watch?v=ZUG9qYTJMsl

図 5-3-12

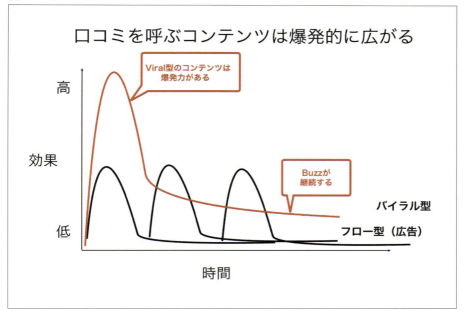

どの程度の時間がかかるか？
●テストに必要な期間はどの程度か？

マーケティングの施策を洗い出すことができても、いきなり多くの予算やリソースを投入して本格的に動き出す必要はない。

まずは思いついた施策を低予算で実施して、その効果を検証してみることだ。プロダクトが市場に受け入れられるかを実験したMVPならぬ、MVC（Minimum Viable Campaign、実用上最小限のキャンペーン）を試してみればよいのだ。効果的な施策が見えてきたら、一気に予算を投じればよい。

ここまで、MVPを達成したスタートアップがLTV向上とCPA低減を組み合わせ、いかにユニットエコノミクスを達成するかを見てきた。

マーケティング施策の実施についても「MVC」でまず検証してみることが有効であるとお勧めした。このことに象徴されるように、本書では全体を通じ、『リーン・スタートアップ』で打ち出された『Build（構築）－Measure（測定）－Learn（学習）』のループをいかに効率よく回し、どれだけカスタマーの反応を精緻に捉えるかを繰り返し説いた。

スケールをすることで、スタートアップは一般企業へと自己変革をしていく段階を迎えるが、『Build－Measure－Learn』のループを回すことの有効性はこれからも変わらない。

おわりに

　冒頭にも書いたが、本書の読者像（ペルソナ）として設定したのは、シリコンバレーで起業し、暗中模索を続けていた数年前の自分である。「あの頃、この本に出合えていたら、自分と自分が始めたスタートアップの運命が大きく変わったか」を基準に本書の内容を磨き上げた。

「スタートアップは世界をより良い場所にすることができる」

　私は心からそう信じている。20世紀の後半から、21世紀の前半を振り返った時、世界に最もインパクトを与えたものの一つがスタートアップではないだろうか（アップル、グーグル、フェイスブック、ヤフー、アマゾン、マイクロソフトなどが、この世に存在しなかったら、今の世界がどれくらい変わっているのかを考えてみてほしい）。

　14〜16世紀のルネサンス期を迎えたイタリア・フィレンツェにはヒト・モノ・カネが集まり、人類の知の爆発が起きた。21世紀のシリコンバレーでも、世界中からヒト・モノ・カネが集まり、スタートアップを通じて、人類の知の爆発が起きている。

　ルネサンス期のフィレンツェでは、メディチ家が、多くの芸術家、科学者、建築家のパトロンとなったように、現在のシリコンバレーはベンチャーキャピタル（VC）が、多くの起業家に投資してスタートアップを育てている。

　100年後の歴史の教科書では、アップル共同創業者のスティーブ・ジョブズ氏やテスラ共同創業者のイーロン・マスク氏といった起業家たちをレオナルド・ダビンチと同じように扱うだろう。

ルネサンス期に、新しいテクノロジーの勃興を可能にしたのは、ヒト・モノ・カネというリソースが豊富だっただけではない。ガリレオ・ガリレイが、「自然という書物は数学という言葉で書かれている」と喝破したように科学的手法の確立がこの時代に重なったからだ。

　2010年に、エリック・リース氏が提唱した手法「リーン・スタートアップ」は、スタートアップの起業に科学的手法（PMFを目指すためのプロダクト投入はまさに実験である）を最初に持ち込んだ。

　私は、本書を通じて、エリック・リース氏が提唱した科学的手法をさらに実践的、包括的なものに発展できないかと試みた。

　その実験が成功したかの検証は、2、3年後に読者というカスタマーから「『起業の科学　スタートアップサイエンス』を読んで成功することができました」というメッセージをいただけるかどうかによる。

　スタートアップや新規事業にかかわる多くの人々がこの本を手に取り、この世界をより良い場所にするためのご自身のプロジェクトに役立てていただけたら、これ以上の喜びはない。

　最後に、書籍化のオファーをいただき、膨大なスライドと格闘していただいた日経BP社の宮坂賢一氏、編集にご協力いただいたブックライターの郷和貴氏、素晴らしい装丁を作っていただいたアートディレクターである、トリプルラインの中川英祐氏に感謝を述べたい。

2017年9月　田所雅之

田所雅之
（たどころ・まさゆき）

　1978年生まれ。大学を卒業後、外資系のコンサルティングファームに入社し、経営戦略コンサルティングなどに従事。独立後は、日本で企業向け研修会社と経営コンサルティング会社、エドテック（教育技術）のスタートアップの3社、米国シリコンバレーでECプラットフォームのスタートアップを起業した。

　日本に帰国後、米国シリコンバレーのベンチャーキャピタルFenox Venture Capitalのベンチャーパートナーを務め、国内外のスタートアップに対する投資を担当している。また欧州最大級のスタートアップイベントのアジア版、Pioneers Asiaのスタートアップ担当責任者を務める。これまで世界中のスタートアップ1500社以上の評価を行ってきた。

　日本とシリコンバレーのスタートアップ数社の戦略アドバイザーやボードメンバーを務めながら、事業創造会社ブルー・マーリン・パートナーズ（東京・港）のCSO（最高戦略責任者）、ウェブマーケティング会社ベーシック（東京・千代田）の新規事業担当CSOも務める。2017年、新たにスタートアップの支援会社も設立した。

　その経験を生かして作成したスライド集『スタートアップサイエンス2017』は全世界で5万回シェアされた。

起業の科学
スタートアップサイエンス

2017年11月6日　　初版第1刷発行
2017年11月16日　初版第2刷発行
2017年12月6日　　初版第3刷発行
2017年12月11日　初版第4刷発行
2018年1月9日　　初版第5刷発行

著者	田所雅之
発行者	高柳正盛
発行	日経BP社
発売	日経BPマーケティング
	〒105-8308　東京都港区虎ノ門4-3-12
ブックデザイン	中川英祐（トリプルライン）
DTP	關根和彦（クオモド・デザイン）
編集協力	郷 和貴
編集	宮坂賢一（日経トップリーダー）
印刷・製本	図書印刷

本書の無断転写・複製（コピー等）は著作権法上の例外を除き、禁じられています。
購入者以外の第三者による電子データ化及び電子書籍化は、私的使用を含め一切認められておりません。
本書籍に関するお問い合わせ、ご連絡は下記にて承ります。
http://nkbp.jp/booksQA

©Masayuki Tadokoro 2017
Printed in Japan,　ISBN978-4-8222-5975-4